高等学校应用型特色规划教材

单片机原理与应用技术(第 2 版)

黄仁欣 主 编

张 琴 副主编

清华大学出版社
北 京

内容简介

本书以目前使用最广泛的 MCS-51 系列单片机为主,从应用角度介绍了单片机的基本工作原理、内部各功能部件的结构及应用、程序设计方法、系统扩展及接口技术等,系统地阐述了汇编语言和 C 语言两种编程方式,并介绍了一些新型的接口器件。通过设计实例——多户电子电能表的研制,介绍单片机应用系统的开发方法和技巧。最后一章介绍了单片机应用的一些实用程序,可以作为课程实训、设计的选题,也可供进行其他单片机应用系统开发参考。

本书选材合理、条理清晰、叙述简洁。每章均有大量应用实例,并且每章均有小结,方便读者自学和复习,且附有习题供课后练习。

本书可作为普通高等院校和高职高专电子、电气、自动化、机电一体化等专业的教材,也可作为自学和从事单片机工作的工程技术人员的参考用书。

本书封面贴有清华大学出版社防伪标签,无标签者不得销售。
版权所有,侵权必究。举报:010-62782989,beiqinquan@tup.tsinghua.edu.cn。

图书在版编目(CIP)数据

单片机原理与应用技术/黄仁欣主编;张琴副主编. —2 版. —北京:清华大学出版社,2010.1(2021.1重印)
(高等学校应用型特色规划教材)
ISBN 978-7-302-21450-2

Ⅰ. ①单… Ⅱ. ①黄… ②张… Ⅲ. ①单片微型计算—高等学校—教材 Ⅳ. ①TP368.1

中国版本图书馆 CIP 数据核字(2009)第 207320 号

责任编辑: 刘天飞
装帧设计: 杨玉兰
责任校对: 李玉萍
责任印制: 刘海龙

出版发行:清华大学出版社
  网 址: http://www.tup.com.cn, http://www.wqbook.com
  地 址: 北京清华大学学研大厦 A 座 邮 编: 100084
  社 总 机: 010-62770175 邮 购: 010-62786544
  投稿与读者服务: 010-62776969, c-service@tup.tsinghua.edu.cn
  质量反馈: 010-62772015, zhiliang@tup.tsinghua.edu.cn
  课件下载: http://www.tup.com.cn, 010-62791865

印 装 者: 北京建宏印刷有限公司
经 销: 全国新华书店
开 本: 185mm×260mm 印 张: 17.25 字 数: 416 千字
版 次: 2010 年 1 月第 2 版 印 次: 2021 年 1 月第 10 次印刷
定 价: 49.00 元

产品编号: 035058-03

前　言

随着微电子技术的高速发展，单片机在国民经济的各个领域得到了广泛的应用。单片机以体积小、功能全、性价比高等诸多优点，在工业控制、家用电器、通信设备、信息处理、尖端武器等各种测控领域的应用中独占鳌头，单片机开发技术已成为电子信息、电气、通信、自动化、机电一体化等专业的学生，以及相关专业技术人员必须掌握的技术。

全书共 10 章，包括单片机基础知识、MCS-51 单片机的系统结构、指令系统、中断系统及内部定时/计数器、串行数字通信、汇编语言程序设计、单片机的 C 语言程序设计、系统扩展与接口技术、单片机应用系统的开发、实训练习——实用程序的设计。本书以目前使用最广泛的 MCS-51 系列单片机为主，从应用角度较为详细地介绍了单片机的基本工作原理、内部各功能部件的结构及应用、程序设计方法、系统扩展及接口技术等；系统地阐述了汇编语言和 C 语言两种编程方式，并介绍了不少新型的接口器件；通过一个设计实例——多户电子电能表的研制，介绍单片机应用系统的设计、开发方法和技巧。最后一章介绍单片机应用的一些实用程序，可以作为课程实训、设计的练习，也可供进行其他单片机应用系统开发时参考。

本书主要特点是：
- 全书选材合理、条理清晰、叙述简洁。每章均有大量应用实例，章后有小结方便读者自学和复习，并附有习题供课后练习。
- 在内容的编排上注意由浅入深，方便自学，以"必须"、"够用"、"适用"、"会用"为度，通过大量的典型例题，使学生重点掌握基本原理、基本的分析方法和软硬件的设计方法，全书多以表格、流程图的形式出现，使基本理论的表述一目了然。
- 单片机技术是一门应用性很强的专业课，编写过程中，注意理论联系实际，作者总结了几年来不同院校、不同专业单片机技术课程的教学经验，力求在内容、结构、理论教学与实践教学的衔接方面充分体现高职教育的特点。
- 实用性强。C 语言程序设计是单片机开发、应用的重要趋势之一，通过实例阐述了 C 语言编程的方法和特点。多户电子电能表的研制是编者刚主持完成的项目。所介绍的单片机应用的一些实用程序，可以作为课程实训和设计练习。

本书可作为普通高等院校和高职高专电子信息、电气、通信、自动化、机电一体化等专业学生的教材，也适合自学和从事单片机工作的工程技术人员参考。

本书由黄仁欣主编，张琴副主编。黄仁欣编写了第 3、4、5、7、9 章，并负责全书的组织和定稿。张琴编写了第 1、2、6 章，马彪编写了第 9 章的设计实例，马应魁、李红萍编写了第 10 章，欧阳慧平编写了第 8 章。

由于单片机技术的发展日新月异，加之编写时间仓促，作者水平有限，书中错误和不妥之处在所难免，恳请读者指正，不胜感激。

目 录

第1章 单片机基础知识 1
1.1 单片机的发展概述 1
1.1.1 单片机的发展过程 1
1.1.2 单片机的发展趋势 2
1.2 单片机的特点及分类 3
1.3 单片机的应用领域 5
1.4 小结 6
习题 6

第2章 MCS-51单片机的系统结构 7
2.1 总体结构 7
2.1.1 内部结构 7
2.1.2 引脚定义及功能 8
2.1.3 片外总线结构 10
2.2 CPU和时钟电路 11
2.2.1 CPU结构 11
2.2.2 时钟电路 11
2.2.3 CPU时序 12
2.2.4 复位电路 13
2.3 存储器 15
2.3.1 程序存储器 15
2.3.2 数据存储器 16
2.3.3 特殊功能寄存器 17
2.4 并行 I/O 口 21
2.4.1 P0 口 21
2.4.2 P1 口 22
2.4.3 P2 口 22
2.4.4 P3 口 23
2.5 小结 24
习题 24

第3章 MCS-51单片机的指令系统 26
3.1 概述 26
3.1.1 MCS-51单片机指令格式 26
3.1.2 指令的字节 27
3.1.3 MCS-51单片机的助记符语言 28
3.1.4 常用符号说明 29
3.2 寻址方式 29
3.2.1 立即寻址 30
3.2.2 直接寻址 30
3.2.3 寄存器寻址 31
3.2.4 寄存器间接寻址 31
3.2.5 变址寻址 32
3.2.6 位寻址 33
3.2.7 相对寻址 33
3.3 数据传送与交换指令 34
3.3.1 内部数据传送指令 34
3.3.2 外部RAM数据传送指令(4条) 37
3.3.3 查表指令(2条) 37
3.3.4 堆栈操作指令(2条) 38
3.3.5 数据交换指令(5条) 39
3.4 算术运算指令 40
3.4.1 加减法指令 40
3.4.2 乘法和除法指令 44
3.5 逻辑运算及移位指令 44
3.5.1 逻辑运算指令 44
3.5.2 移位指令(4条) 46
3.6 控制转移指令 47
3.6.1 无条件转移指令(4条) 47
3.6.2 条件转移指令(8条) 49
3.6.3 子程序调用和返回指令(4条) 51
3.7 位操作指令 53
3.8 伪指令 56

3.9 小结 58
习题 58

第4章 中断系统、内部定时/计数器 60

4.1 中断系统 60
    4.1.1 中断系统概述 60
    4.1.2 中断源 62
    4.1.3 中断系统的控制 63
    4.1.4 中断响应 65
4.2 中断程序设计 67
    4.2.1 汇编语言中断程序设计 67
    4.2.2 C语言中断程序设计 69
4.3 定时/计数器 70
    4.3.1 定时/计数器的结构 70
    4.3.2 定时/计数器的工作原理 71
    4.3.3 定时/计数器的工作方式 71
4.4 定时/计数器的编程 75
    4.4.1 定时/计数器的初始化
           编程 75
    4.4.2 应用编程举例 76
4.5 小结 77
习题 77

第5章 串行数字通信 79

5.1 串行通信概述 79
    5.1.1 同步通信和异步通信 79
    5.1.2 串行通信的制式 81
    5.1.3 串行通信的信号传输 81
5.2 串行口的结构及工作原理 84
    5.2.1 串行口的结构 84
    5.2.2 串行口的控制 85
    5.2.3 串行口的工作方式 86
5.3 MCS-51串行口的应用 87
    5.3.1 串并变换 87
    5.3.2 单片机的双机通信 89
    5.3.3 单片机与PC的通信 93
5.4 小结 96
习题 97

第6章 汇编语言程序设计 98

6.1 汇编语言 98
6.2 基本程序结构设计 99
    6.2.1 顺序结构程序设计 99
    6.2.2 循环结构程序设计 100
    6.2.3 分支结构程序设计 104
6.3 子程序设计 106
    6.3.1 子程序的概念 106
    6.3.2 子程序的设计 107
6.4 实用程序举例 109
    6.4.1 代码转换程序 109
    6.4.2 延时程序 112
    6.4.3 查表程序 113
    6.4.4 运算程序 115
6.5 小结 119
习题 120

第7章 单片机的C语言程序设计 122

7.1 单片机编程语言介绍 122
7.2 C51的程序结构 123
7.3 C51的数据与运算 123
    7.3.1 数据类型 123
    7.3.2 数据的存储 124
    7.3.3 MCS-51结构的C51定义 126
    7.3.4 C51的指针类型 127
7.4 单片机的C语言程序设计 128
    7.4.1 顺序结构程序的设计 128
    7.4.2 循环结构程序的设计 128
    7.4.3 分支结构程序的设计 129
7.5 汇编语言和C语言的混合编程 131
7.6 小结 133
习题 133

第8章 MCS-51的系统扩展与
接口技术 135

8.1 最小系统的概念 135
8.2 并行I/O口的扩展 137
    8.2.1 并行I/O口的简单扩展 137

8.2.2 用8255芯片扩展I/O口 138
8.3 存储器的扩展 143
　8.3.1 程序存储器的扩展 143
　8.3.2 数据存储器的扩展 144
8.4 键盘接口 145
　8.4.1 键盘消抖原理 145
　8.4.2 独立式键盘 147
　8.4.3 矩阵式键盘接口 148
　8.4.4 键盘输入程序设计 149
　8.4.5 键盘扫描方式 153
8.5 显示接口 154
　8.5.1 LED显示接口 154
　8.5.2 液晶显示器接口 158
8.6 A/D接口 163
8.7 D/A转换接口 166
　8.7.1 8031单片机与DAC0832的接口 166
　8.7.2 8031单片机与AD7520的接口 169
8.8 小结 171
习题 171

第9章 单片机应用系统的开发 173

9.1 单片机的开发系统 173
　9.1.1 单片机开发系统的构成 173
　9.1.2 单片机开发系统的功能 174
9.2 典型单片机开发系统介绍 175
　9.2.1 DVCC单片机开发系统 175
　9.2.2 WAVE单片机开发系统 178
9.3 单片机应用系统的研制过程 181
　9.3.1 总体设计 182
　9.3.2 硬件设计 183
　9.3.3 软件设计 183
9.4 单片机应用系统开发实例——多户电子电能表的研制 186
　9.4.1 电能计量原理 186
　9.4.2 显示电路的设计 187
　9.4.3 存储电路的设计 190

9.4.4 单片机系统电路设计 200
9.5 小结 202
习题 202

第10章 实训练习——实用程序的设计 204

10.1 单片机交通灯控制器 204
　10.1.1 控制任务与控制原理 204
　10.1.2 系统硬件设计 205
　10.1.3 系统软件设计 205
　10.1.4 要点与思考内容 209
10.2 单片机低频信号发生器 209
　10.2.1 控制任务与控制原理 209
　10.2.2 系统硬件设计 212
　10.2.3 系统软件设计 212
　10.2.4 要点与思考内容 216
10.3 学校作息时间单片机控制 216
　10.3.1 控制任务与控制原理 216
　10.3.2 系统硬件设计 218
　10.3.3 系统软件设计 219
　10.3.4 要点与思考内容 226
10.4 单片机汉字显示控制 227
　10.4.1 控制任务与控制原理 227
　10.4.2 系统硬件设计 228
　10.4.3 系统软件设计 230
　10.4.4 要点与思考内容 233
10.5 单片机音乐演奏控制器 234
　10.5.1 控制任务与控制原理 234
　10.5.2 系统硬件设计 235
　10.5.3 系统软件设计 236
　10.5.4 要点与思考内容 240

附录1 MCS-51单片机按功能排序的指令表 241

附录2 MCS-51单片机按字母排序的指令表 245

习题答案 249

目录

8.2.2 用8255实现打印机I/O口 138
8.3 行输出接口 143
8.3.1 数字式磁带机接口电路 143
8.3.2 软盘驱动器接口电路 144
8.4 键盘接口 145
8.4.1 非编码键盘原理 145
8.4.2 消除键抖动 147
8.4.3 非标准化键盘接口 148
8.4.4 键盘输入数据显示 149
8.4.5 键盘扫描程序 153
8.5 显示接口 154
8.5.1 LED显示接口 154
8.5.2 液晶显示器接口 157
8.6 A/D接口 163
8.7 D/A接口 166
8.7.1 8031单片机与DAC0832的接口 166
8.7.2 8031与并行D/AD7520的接口 169
8.8 小结 171
习题 171

第9章 单片机应用系统的扩充 173
9.1 单片机的扩充方式 173
9.1.1 并行扩充及总线的构成 173
9.1.2 串行扩展及总线的构成 174
9.2 串行扩充接口及其扩展技术 175
9.2.1 DVCC串行扩展及技术 175
9.2.2 IVB单片机串行扩展技术 178
9.3 多片单片机系统的扩展技术 181
9.3.1 公共总线 182
9.3.2 通信接口 183
9.3.3 主从系统 185
9.4 单片机应用系统实例及分析 186
 多个分布式系统实例 186
9.4.1 电路工作原理 186
9.4.2 接口电路的设计 187
9.4.3 软件的设计 190

9.4.4 单片机系统的设计 200
9.5 小结 202
习题 202

第10章 实训课题——实用程序的设计 204
10.1 单片机应用实训基础 204
10.1.1 实训任务与步骤 204
10.1.2 系统配置与元件 205
10.1.3 实验软硬件 205
10.1.4 程序设计基本内容 209
10.2 单片机应用设计基本步骤 209
10.2.1 单片机应用系统设计 209
10.2.2 系统硬件设计 212
10.2.3 系统软件设计 212
10.2.4 单片机系统的调试 216
10.3 实例程序设计与应用 216
10.3.1 控制程序的编制实例 216
10.3.2 实验程序设计 218
10.3.3 实验软件设计 219
10.3.4 实验研究程序 220
10.4 单片机及其应用实例 227
10.4.1 单片机实验系统简介 227
10.4.2 实验软件 228
10.4.3 实验硬件设计 230
10.4.4 实验应用方法 232
10.5 单片机实验及应用设计 234
10.5.1 程序设计与实验实例 234
10.5.2 实验硬件设计 235
10.5.3 实验软件设计 239
10.5.4 硬件与软件调试 240

附录1 MCS-51单片机指令的
       排序的指令一览表 241

附录2 MCS-51单片机按功能
       排序的指令一览表 245

习题答案 249

第1章 单片机基础知识

本章要点

- 单片机的发展概述
- 单片机的特点及分类
- 单片机的应用领域

单片微型计算机(Single Chip Microcomputer)简称单片机，它是把微型计算机的各个功能部件，即中央处理器 CPU、随机存储器 RAM、只读存储器 ROM、定时/计数器及 I/O 接口电路等集成在一块芯片上，构成一个完整的微型计算机。

本章将简单介绍单片机的发展、特点、分类及应用领域。

1.1 单片机的发展概述

单片机是将 CPU、存储器、定时/计数器、I/O 接口电路和必要的外设集成在一块芯片上，构成一个既小巧又完善的计算机硬件系统，可实现微型计算机的基本功能，因此早期称为单片微型计算机，简称单片机。随着科学技术的发展，单片机芯片内扩展了各种控制功能，现今的单片机集成了许多面向测控对象的接口电路，已经突破了微型计算机的传统内容，国际上逐渐采用微控制器(Micro Controller Unit，MCU)来代替。因为在国内"单片机"一词已约定俗成，故仍继续沿用。

1.1.1 单片机的发展过程

自从 1974 年美国 Fairchild 公司研制出第一台 8 位单片机 F8 以来，单片机就以惊人的速度在发展，各公司竞相推出自己的产品，各种新、高性能单片机不断涌现。迄今为止，单片机的发展主要可分为以下 4 个阶段。

第一阶段(1974—1978 年)：初级单片机阶段。以 Intel 公司的 MCS-48 为代表，这个系列的单片机在片内集成了 8 位 CPU、并行 I/O 口、8 位定时/计数器、RAM 等，无串行 I/O 口，寻址范围小于 4KB。

第二阶段(1978—1982 年)：高性能 8 位机阶段。这个阶段的单片机均带有串行 I/O 口，具有多级中断处理系统，定时/计数器为 16 位，片内 RAM 和 ROM 容量相对增大，且寻址范围可达 64KB，有的片内还带有 A/D 转换接口。这类单片机的典型代表有 Intel 公司的 MCS-51 系列、Motorola 公司的 6801 系列和 Zilog 公司的 Z8 系列等。这类单片机的应用领域极其广泛，其结构和性能还在不断地改进和发展。

第三阶段(1982—1990 年)：8 位单片机巩固、完善及 16 位单片机推出阶段。在此阶段，一方面不断完善高档 8 位机，改善其结构以满足不同用户的需求；另一方面发展 16

位单片机及专用单片机。16 位单片机工艺先进、集成度高、内部功能强，而且允许用户采用面向工业控制的语言，如 Intel 公司的 MCS-96 系列单片机。

第四阶段(1990 年—现今)：单片机全面发展阶段。继 16 位单片机出现不久，几大公司先后推出了代表当前最高性能和技术水平的 32 位单片机系列。32 位单片机具有极高的集成度，CPU 可与其他微控制器兼容，指令系统进一步优化，运算速度可动态改变，具有强大的中断控制系统、同步/异步通信控制系统。这类单片机主要应用于汽车、航空航天、高级机器人、军事装备等方面，它代表着单片机发展的高新技术水平。

1.1.2 单片机的发展趋势

单片机的发展趋势将是大容量、高性能化、低功耗化、外围电路内装化等。为满足不同用户的需求，各公司竞相推出能满足不同需要的产品。

1. 高性能化

高性能化主要是指进一步改进 CPU 的性能，加快指令运算的速度和提高系统控制的可靠性，并加强了位处理功能、中断和定时控制功能；采用流水线结构，指令以队列形式出现在 CPU 中，从而有很高的运算速度，尤其适合于作数字信号处理用，这类单片机的运算速度比标准的单片机高出 10 倍以上；采用串行总线结构，从而大大减少了单片机的引线，降低了单片机的成本。

2. 存储器大容量化

运用新的工艺可使内部存储器大容量化，得以存储较大型的应用程序，这样可适应一些复杂控制的要求。当今单片机的寻址能力早已突破早期的 64KB 限制，内部 ROM 容量可达 64MB，RAM 容量可达 2MB，今后还将继续扩大。

3. 外围电路内装化

随着集成度的不断提高，可以把众多的外围功能器件集成在片内。除了一般必须具有的 ROM、RAM、定时/计数器、中断系统外，随着单片机档次的提高，以适应检测、控制功能更高的要求，片内集成的部件还有 DMA 控制器、中断控制器、锁相环、频率合成器、声音发生器、CRT 控制器和译码驱动器等。

4. 片内 I/O 口的改进

大多数单片机 I/O 引脚输出的都是微弱电信号，驱动能力较弱，需增加外部驱动电路以驱动外围设备。现在增加并行口的驱动能力，这样可减少外部驱动芯片，有些单片机可以直接输出大电流和高电压，不需额外驱动模块即可驱动外围设备。

为进一步加快 I/O 口的传输速度，有的单片机设置了高速 I/O 口，能以更快的速度触发外部设备，也能以更快的速度读取外部数据。

5. 低功耗化、宽电压

现在的单片机基本都采用了 CMOS(互补金属氧化物)化，其特点是功耗低。而 CHMOS 工艺是 CMOS 和 HMOS(高密度、高速度 MOS)工艺的结合，同时具备了高速和低功耗的特点；不断采用的新工艺使功耗从 mW 级降到 μW，甚至 1μW 以下。工作电压在 2～6V 范围内均能正常运行。

1.2 单片机的特点及分类

单片机具有结构简单、控制功能强、可靠性高、体积小、价格低等优点，在许多行业都得到了广泛应用。在航空航天、地质、石油、冶金、采矿、机械、电子等诸多领域，单片机都发挥了巨大的作用。

1. 单片机的特点

单片机以其卓越的性能，得到了广泛的应用，已深入到各个领域。单片机应用在检测、控制领域中，具有以下特点。

(1) 单片机具有体积小、控制功能强、成本低等特点，可非常方便地嵌入到各种应用场合，组装各种智能式控制设备和仪器，做到机、电、仪一体化。

(2) 可靠性好，适用温度范围宽，芯片本身是按工业测控环境要求设计的，能适应各种恶劣的环境，这是其他机种无法比拟的，且程序指令、表格数据等可固化在 ROM 中，不易被破坏。

(3) 易于扩展，很容易构成各种规模的应用系统。片内具有计算机正常运行所必需的部件，芯片外部有许多供扩展用的三总线及并行、串行 I/O 口，为应用系统的设计和生产带来极大方便。

(4) 低电压、低功耗；单片机广泛应用于便携式产品和家电消费类产品。对此类产品，低电压、低功耗尤为重要。许多单片机可在 2.2V 电压以下工作。目前，0.8V 供电的单片机问世，工作电流为 μA 级，一粒纽扣电池就可使单片机长期运行。

(5) 可以方便地实现多机和分布式控制，从而使整个控制系统的效率和可靠性大为提高。

2. 单片机的分类

单片机可按以下几种方式进行分类：CPU 处理字的长度、使用范围和主要产品系列。

1) CPU 处理字的长度

就 CPU 处理字的长度而言，有 4 位、8 位、16 位、32 位单片机。

4 位单片机字长为 4 位，一次并行处理 4 位二进制数据，单片机的问世、开发及利用是从 4 位机开始的。其特点是价格便宜、结构简单、功能灵活，既有相对的数字处理能力，又有较强的控制能力。该类单片机主要应用于诸如洗衣机、微波炉等家用电器及高档电子玩具中。

8 位单片机已成为单片机中的主要机型。在 8 位单片机中,一般把无串行 I/O 接口和只提供小范围寻址空间(小于 8KB)的单片机称为低档 8 位单片机,如 Intel 公司的 MCS-48 系列和 Fairchild 公司的 F8 系列就属此类。把带有串行 I/O 接口或 A/D 转换以及可进行 16KB 以上寻址的单片机称为高档 8 位单片机,如 Intel 公司的 MCS-51 系列、Motorola 公司的 MC6801 和 Zilog 公司的 Z8 系列就属此类。近年来,为了发展和提高 8 位机的性能,就把 16 位以上机型的高性能、高技术下移到 8 位机上,以达到 8 位字长不变而又增加功能的发展模式。其中,最具有代表性的是 MC68HC11 系列,增强了 16 位变址寄存器、16 位堆栈指针、2 个 8 位累加器(可联成 1 个 16 位累加器),因而实现内部 16 位运算。另设有 4~7 组并行 I/O 口、2 个串行通信口、多功能定时系统、8 路 8 位 A/D 转换、实时中断及多种监控系统,既可单片工作又可外部扩展。8 位机的特点是功能强,价格低廉,品种齐全,因而被广泛应用于各个领域,成为单片机的主流。

目前主要的 16 位单片机有 Intel 公司的 MCS-96 系列、NS 公司的 HPC16040 系列等。其中,MCS-96 系列是得到实际应用的最具有代表性的产品。

32 位单片机最具有代表性的有 Intel 公司的 MCS-80960 系列、Motorola 公司的 MC68HC332 的 32 位系列。

2) 使用范围

单片机可分为通用单片机和专用单片机两大类。通用单片机将开发资源(如 ROM、I/O 口等)全部提供给用户使用,适应性较强,应用非常广泛。专用型单片机是针对各种特殊需要专门设计的芯片。与其他集成电路芯片一样,单片机也可按所能适用的环境温度分为 3 个等级,即民用级 0~70℃、工业级-40~85℃和军用级-65~125℃。

3) 主要产品系列

目前,国际上单片机生产厂商各有自己的系列产品,至少有 50 个系列、400 多个品种。Intel 公司推出的 MCS-51 系列单片机,在众多通用 8 位单片机中影响最为深远,如表 1.1 所示。本书以应用最为广泛的 MCS-51 系列 8 位单片机为模型来介绍单片机的原理及应用。

MCS-51 系列分为 51 和 52 两个子系列。其中,51 子系列是基本型,而 52 子系列则属增强型。在 MCS-51 系列里,所有产品都是以 8051 为核心电路发展起来的,它们都具有 8051 的基本结构和软件特性。从制造工艺上看,MCS-51 系列单片机采用两种半导体工艺生产,一种是 HMOS 工艺,即高速度、高密度、短沟道 MOS 工艺;另一种是 CHMOS 工艺,即互补金属氧化物的 HMOS 芯片。在表 1.1 中,芯片型号中带有字母"C"的为 CHMOS 芯片,其余均为一般的 HMOS 芯片。CHMOS 是 CMOS 和 HMOS 的结合,除保持了 HMOS 高速度和高密度的特点外,还具有 CMOS 低功耗的特点。因此,在便携式、手提式或野外作业仪器设备产品中都使用了 CHMOS 的单片机芯片。

MCS-51 单片机片内程序存储器有 3 种配置形式,即掩膜 ROM、EPROM 和无 ROM。这 3 种配置形式对应 3 种不同的单片机芯片,它们各有特点,各有其适用场合,在使用时应根据需要进行选择。一般情况下,片内带掩膜型 ROM 适用于定型大批量应用产品的生产;片内带 EPROM 适用于研制产品样机;外接 EPROM 的方式适用于研制新产品。

表 1.1 MCS-51 系列单片机

子系列	片内 ROM 形式			片内ROM容量	片内RAM容量	寻址范围	I/O 特性			中断源
	无	ROM	EPROM				计数器	并行口	串行口	
51子系列	8031	8051	8751	4KB	128B	2×64KB	2×16	4×8	1	5
	80C31	80C51	87C51	4KB	128B	2×64KB	2×16	4×8	1	5
52子系列	8032	8052	8752	8KB	256B	2×64KB	3×16	4×8	1	6
	80C32	80C52	80C52	8KB	256B	2×64KB	3×16	4×8	1	6

89 系列单片机与 MCS-51 系列单片机的指令和引脚完全兼容,是目前市场上占有率较大的单片机芯片,其主要特征是采用了可反复电擦除改写的内部程序存储器。市场上主要有美国 Atmel 公司的 AT89 系列和荷兰 Philips 公司的 P89 系列单片机,表 1.2 所示为 AT89 系列单片机概况。

表 1.2 AT89 系列单片机概况

型号	档次	Flash	内部RAM	I/O	定时/计数器	中断源	串行口	EEPROM	片内振荡器
AT89C51	标准型	4KB	128KB	32 根	2 个	5 个	1 个	无	有
AT89C52	标准型	8KB	256KB	32 根	3 个	6 个	1 个	无	有
AT89C1051	低档型	1KB	64KB	15 根	1 个	3 个	1 个	无	有
AT89C2051	低档型	2KB	128KB	15 根	2 个	6 个	1 个	无	有
AT89S8252	高档型	8KB	256KB	32 根	3 个	9 个	1 个	2KB	有

1.3 单片机的应用领域

单片机的应用范围很广,根据使用情况大致可分为以下几类。

1. 在智能仪器仪表中的应用

单片机应用于各种仪器仪表中,使得仪器仪表数字化、智能化、微型化,使功能大大提高,如精密数字温度计、智能电度表、智能流速仪、微机多功能 pH 测试仪等。

2. 在工业测控中的应用

用单片机可以构成各种工业控制系统、自适应控制系统、数据采集系统等,如 MCS-51 单片机控制电镀生产线、温度人工气候控制、报警系统控制等。在军事工业中,单片机可用于导弹控制、鱼雷制导控制、智能武器装置及航天导航系统等。

3. 在计算机网络与通信技术中的应用

单片机具有通信接口，为单片机在计算机网络与通信设备中的应用提供了良好的条件。例如，MCS 系列单片机控制的串行自动呼叫应答系统、列车无线通信系统、无线遥控系统等。

4. 在日常生活及家电中的应用

目前，各种家用电器已普遍采用单片机控制取代传统的控制电路，如洗衣机、电冰箱、空调、微波炉、电饭煲及其他视频音像设备的控制器，各类信号指示、手机通信、电子玩具、智能楼宇及防盗系统等。

5. 在办公自动化领域的应用

现代办公室使用的大量通信、信息产品多数采用了单片机，如通用计算机系统中的键盘译码、磁盘驱动、打印机、绘图仪、复印机和传真机等。

6. 在汽车电子与航空航天电子系统中的应用

在汽车工业中，可用于点火控制、变速器控制、防滑刹车控制、排气控制及自动驾驶系统等；在航空航天中，可用于集中显示系统、动力监测控制系统、通信系统及动态监视器等。

1.4 小　　结

单片机是在一块集成电路上把 CPU、存储器、定时器/计数器及多种形式的 I/O 接口集成在一起而构成的微型计算机。

通过本章对单片机的发展概述、特点、分类及应用领域的学习，读者对单片机技术有了一个大概的了解，为后面章节的学习打下坚实的基础。

习　　题

1. 什么叫单片机？与一般微型计算机相比具有哪些特点？
2. 简述单片机的发展过程及其主要发展趋势。
3. 当前单片机有哪些主要产品？各有何特点？
4. 单片机主要应用在哪些领域？
5. MCS-51 系列中 8031、8051、8751 有什么区别？

第 2 章　MCS-51 单片机的系统结构

本章要点

- 单片机的基本组成
- CPU 的结构和 CPU 时序
- 存储器的组织结构
- 并行 I/O 口的基本原理和操作特点

本章难点

- CPU 的结构。
- CPU 时序。

本章从应用的角度出发讨论单片机的硬件结构，主要涉及与程序设计、系统扩展相关的硬件资源及其使用方法。通过学习，应掌握单片机的基本组成、CPU 的结构及时序、存储器的组织结构、并行 I/O 口的基本原理和操作特点。

2.1　总 体 结 构

2.1.1　内部结构

MCS-51 系列单片机的典型产品有 8031、8051、8751。它们的差别只在程序存储器方面：8031 无内部程序存储器 ROM，必须外接 EPROM 程序存储器；8051 内部有 4KB 工厂掩膜编程的程序存储器 ROM；8751 内部有 4KB 用户可编程的 EPROM。除此之外，其内部结构完全相同，都具有以下结构。

- 8 位 CPU，片内时钟振荡器，频率范围为 1.2~12MHz。
- 4KB 程序存储器，片内低 128B 数据存储器 RAM。
- 片内有 21 个特殊功能寄存器 SFR。
- 可寻址外部程序存储器和数据存储器空间各 64KB。
- 4 个 8 位并行 I/O 口，1 个全双工串行口。
- 2 个 16 位定时/计数器。
- 5 个中断源，2 个中断优先级。
- 位寻址功能，适用于布尔处理的位处理机。

现以 8051 为例，描述 MCS-51 系列单片机的内部总体结构，如图 2.1 所示。

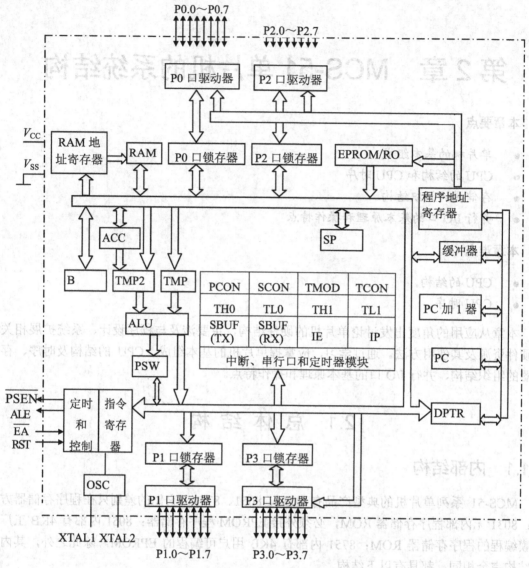

图 2.1 MCS-51 系列单片机内部结构总图

2.1.2 引脚定义及功能

MCS-51 是标准的 40 引脚双列直插封装(DIP)方式集成电路芯片，引脚排列如图 2.2 所示，从引脚功能看，可将引脚分为 3 个部分。

1. 电源及时钟引脚

V_{CC}：接+5V 电源。

V_{SS}：接地。

XTAL1 和 XTAL2：时钟引脚，外接晶体引线端。当使用芯片内部时钟时，此两引脚端用于外接石英晶体和微调电容；当使用外部时钟时，用于接外部时钟脉冲信号。

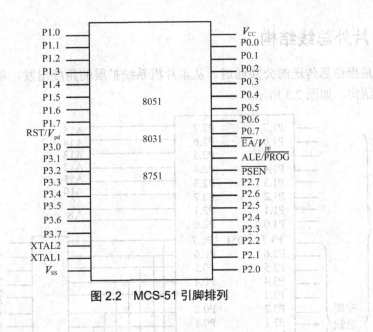

图 2.2 MCS-51 引脚排列

2. 控制引脚

RST/V_{pd}：RST 是复位信号输入端，V_{pd} 是备用电源输入端。当 RST 输入端保持 2 个机器周期以上高电平时，单片机完成复位初始化操作。当主电源 V_{CC} 发生故障而突然下降到一定低电压或断电时，第 2 功能 V_{pd} 将为片内 RAM 提供电源以保护片内 RAM 中的信息不丢失。

ALE/$\overline{PROG}$：地址锁存允许信号输出端。在存取外存储器时，用于锁存低 8 位地址信号。当单片机正常工作后，ALE 端就周期性地以时钟振荡频率的 1/6 固定频率向外输出正脉冲信号。此引脚的第 2 功能 $\overline{PROG}$ 是对片内带有 4KB EPROM 的 8751 固化程序时，作为编程脉冲输入端。

$\overline{PSEN}$：程序存储允许输出端。$\overline{PSEN}$ 信号是片外程序存储器的读选通信号，低电平有效。CPU 从外部程序存储器取指令时，$\overline{PSEN}$ 信号会自动产生负脉冲，作为外部程序存储器的选通信号。

$\overline{EA}/V_{pp}$：程序存储器地址允许输入端。当 $\overline{EA}$ 为高电平时，CPU 执行片内程序存储器指令，但当 PC 中的值超过 0FFFH 时，将自动转向执行片外程序存储器指令；当 $\overline{EA}$ 为低电平时，CPU 只执行片外程序存储器指令。对 8031 单片机而言，$\overline{EA}$ 必须接低电平。在 8751 中，当对片内 EPROM 编程时，该端接 21V 的编程电压。

3. I/O 口引脚

P0.0～P0.7：P0 口 8 位双向 I/O 口。
P1.0～P1.7：P1 口 8 位准双向 I/O 口。
P2.0～P2.7：P2 口 8 位准双向 I/O 口。
P3.0～P3.7：P3 口 8 位准双向 I/O 口。

2.1.3 片外总线结构

总线是指信息传送的公共通道。从单片机系统扩展的角度出发，单片机的引脚可以构成三总线结构，如图 2.3 所示。

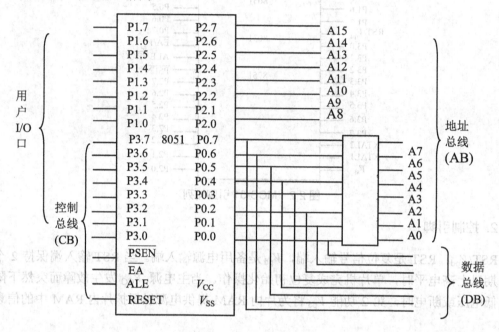

图 2.3 单片机总线模型

1. 数据总线

数据总线(Data Bus，DB)是指数据传送的公共通道，传送的是存储单元或 I/O 设备的数据。CPU 内有许多部件，有的要输出数据，有的要输入数据，多部件之间的数据传送不是通过不同的线路来传送，而是输出数据的部件把数据输出至数据总线上，接收数据的部件从数据总线上取数据。这样就大大节省了数据传送的线路，但是采用总线以后，每一个瞬间，只能有一个数据在总线上传输，使数据传送速度减慢。

在 MCS-51 单片机中由 P0 口来传递数据信息，且数据总线为 8 位，即 D7～D0；在 16 位单片机中，数据总线为 16 位，即 D15～D0；在 32 位单片机中，数据总线为 32 位，即 D31～D0。

2. 地址总线

地址总线(Address Bus，AB)传送的是片内发出的存储单元或 I/O 设备的地址信息。

MCS-51 单片机地址总线宽度为 16 位，表示符号 A15～A0，对存储器直接进行编址的编址数有 2^{16}=65 536 个，寻址范围为 64KB，地址从 0000H～FFFFH。P0 口经地址锁存器提供 16 位地址总线的低 8 位地址 A7～A0，P2 口直接提供高 8 位地址 A15～A8。

3. 控制总线

控制总线(Control Bus，CB)传送的是各种控制信号，用于使单片机与外部电路的操作同步，有的是 CPU 到存储器和外设接口的控制信号，如读信号、写信号等；有的是存储器或外设到 CPU 的信号，如中断请求信号等。MCS-51 中的控制总线由第 2 功能下的 P3 口和 4 根独立控制线 RESET、$\overline{EA}$、ALE 和 $\overline{PSEN}$ 组成。

由于采用了总线结构，所以可在存储器与外设之间直接进行信息的传输(DMA)。

2.2 CPU 和时钟电路

2.2.1 CPU 结构

MCS-51 内部有一个功能很强的 8 位微处理器 CPU，它的功能是产生控制信号，把数据从存储器或输入口传送到 CPU 或反传送，还可对输入数据进行算术逻辑运算及位操作处理。总的来说，MCS-51 的 CPU 由运算部件和控制部件构成。

1. 运算部件

运算部件包括算术逻辑部件 ALU、位处理器、累加器 A、寄存器 B、暂存器及程序状态字寄存器 PSW、十进制调整电路及布尔处理器。运算器的主要功能是完成算术运算、逻辑运算、数据传送和位变量处理。

2. 控制部件

控制部件是单片机的神经中枢，它包括定时控制逻辑、指令寄存器、指令译码器、数据指针 DPTR 及程序计数器 PC、堆栈指针 SP、地址寄存器及地址缓冲器等。它的功能是对逐条指令进行译码，并通过定时和控制电路在规定的时刻发出各种操作所需的内部和外部控制信号，协调各部分的工作，完成指令规定的操作。

2.2.2 时钟电路

时钟电路用于产生单片机所需要的时钟信号，单片机在时钟信号控制下各部件之间同步协调工作。根据产生的方式不同，分为内部和外部两种时钟电路。

在 MCS-51 芯片内部有一个用于构成振荡器的高增益反相放大器，其输入端为芯片引脚 XTAL1，其输出端为引脚 XTAL2。而在芯片的外部，XTAL1 和 XTAL2 之间跨接晶体振荡器和微调电容，从而构成一个稳定的自激振荡器，在引脚 XTAL2 上输出 3V 左右的正弦波，这就是单片机的振荡电路，如图 2.4(a)所示。

通常，电容 C_1 和 C_2 取 30pF 左右，主要作用是帮助振荡器起振，晶体的振荡频率范围是 1.2~12MHz。晶体振荡频率高，则系统的时钟频率也高，单片机运行速度也就快。在通常应用情况下，MCS-51 使用振荡频率为 6MHz 或 12MHz。

在由多片单片机组成的系统中，为了各单片机之间时钟信号的同步，应当引入唯一的公用外部脉冲信号作为各单片机的振荡脉冲。这时，外部的脉冲信号是经 XTAL2 引脚注入，其连接如图 2.4(b)所示。由于 XTAL2 端逻辑电平不是 TTL 的，故需外接一个上拉电阻，外接信号应为时钟频率低于 12MHz 的方波信号。

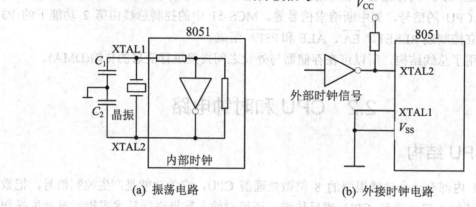

(a) 振荡电路   (b) 外接时钟电路

图 2.4　8051 时钟电路

2.2.3　CPU 时序

CPU 时序所研究的是指令执行中各种操作信号之间的相互关系。为达到同步工作的目的，各种操作信号在时间上有严格的先后次序，这些次序就是 CPU 时序。

时序是用定时单位说明的。MCS-51 的时序单位共有 4 个，从小到大依次是节拍、状态、机器周期和指令周期。

1. 节拍与状态

将振荡脉冲的周期定义为节拍(用 P 表示)。振荡脉冲经过二分频后，就是单片机的时钟信号周期，其定义为状态(用 S 表示)。这样，一个状态就包含两个节拍，前半周期对应的节拍称为节拍 1(P1)，后半周期对应的节拍称为节拍 2(P2)。

2. 机器周期

一个机器周期由 6 个状态(12 个振荡脉冲)组成，若把一条指令的执行过程划分成几个基本操作，则将完成一个基本操作所需的时间称为机器周期。

3. 指令周期

指令周期是指执行一条指令所占用的全部时间。指令周期通常由 1～4 个机器周期组成，不同指令所需要的机器周期也是不同的。

指令的运算速度与指令所包含的机器周期有关，机器周期越少的指令执行速度越快。MCS-51 单片机指令通常可以分为单周期指令、双周期指令和四周期指令 3 种。四周期指令只有乘法和除法两条指令，其余均为单周期和双周期指令。

单片机执行任何一条指令时都可分为取指令阶段和执行指令阶段。MCS-51 的取指/执行时序如图 2.5 所示。

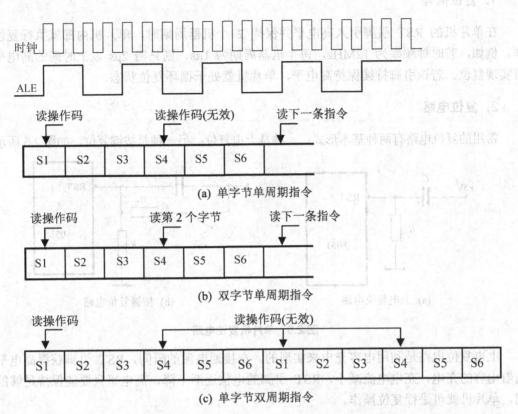

图 2.5 MCS-51 单片机的取指/执行时序

由图 2.5 可见，ALE 引脚上出现的信号是周期性的，在每个机器周期内出现两次高电平。第 1 次出现在 S1P2 和 S2P1 期间，第 2 次出现在 S4P2 和 S5P1 期间。ALE 信号每出现一次，CPU 就进行一次取指操作，但由于不同指令的字节数和机器周期数不同，因此取指令操作也随指令不同而有小的差异。

图 2.5(a)、(b)分别给出了单字节单周期和双字节单周期指令的时序。单周期指令的执行始于 S1P2，这时操作码被锁存到指令寄存器内。若是双字节，则在同一机器周期的 S4 读第 2 个字节。若是单字节指令，则在 S4 仍有读操作，但被读入的字节无效，且程序计数器 PC 并不增加。

对于单字节双周期指令的时序，两个机器周期内进行 4 次读操作码操作。因为是单字节指令，所以后 3 次读操作都是无效的，如图 2.5(c)所示。

2.2.4 复位电路

复位是单片机的初始化工作，复位后中央处理器 CPU 和单片机内的其他功能部件都处在一定的初始状态，并从这个状态开始工作。一般在单片机刚开始接上电源时，或是断电、发生故障后都要复位。

1. 复位信号

在单片机的 RST 引脚引入高电平并保持 2 个机器周期时，单片机内部就执行复位操作。例如，若时钟频率为 12MHz，每个机器周期为 1μs，则只需 2μs 以上时间的高电平即可实现复位。若该引脚持续保持高电平，单片机就处于循环复位状态。

2. 复位电路

常用的复位电路有两种基本形式：一种是上电复位；另一种是按键复位，如图 2.6 所示。

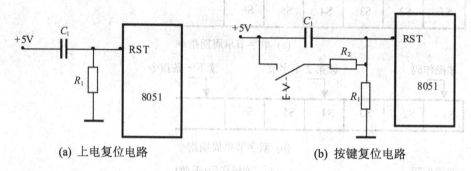

(a) 上电复位电路　　　　　　　　　　(b) 按键复位电路

图 2.6　单片机复位电路

上电复位电路是利用电容充电来实现的。在接通电源的瞬间，RST 引脚获得高电平，随着电容的充电，充电电流减小，RST 引脚的电位逐渐下降，高电平只要能保持足够的时间，单片机就可进行复位操作。

按键复位电路除具有上电复位功能之外，还可通过按键复位。只需按下图 2.6(b)中的按键，此时电源经电阻 R_1、R_2 的分压，在 RST 引脚上产生一个高电平，单片机就进行了复位操作。

3. 复位后的状态

复位后不会改变片内 RAM 中低于 128B 的内容，但是特殊功能寄存器 SFR 的值被初始化。其值如表 2.1 所示，"×"代表无关位。如复位后 PC=0000H，使单片机从第一个单元取指令。

表2.1　复位后内部寄存器状态

寄存器名	内　容	寄存器名	内　容
PC	0000H	TMOD	00H
Acc	00H	TCON	00H
B	00H	TH0	00H
PSW	00H	TL0	00H
SP	07H	TH1	00H
DPTR	0000H	TL1	00H
P0～P3	FFH	SCON	00H

续表

寄存器名	内　容	寄存器名	内　容
IP	×××00000B	SBUF	不定
IE	0××00000B	PCON	0×××0000B

2.3　存　储　器

MCS-51 系列单片机存储器结构的主要特点是程序存储器和数据存储器的寻址空间是分开的,以 MCS-51 系列(8031 和 8032 除外)为例,有 4 个物理上相互独立的存储器空间:内、外程序存储器和内、外数据存储器,如图 2.7 所示。

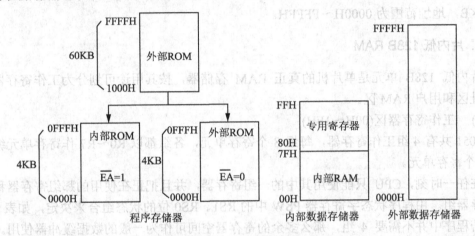

图 2.7　MCS-51 存储器的方框图

但从用户的角度来看,有 3 个存储空间,即片内外统一编址的 64KB 的程序存储器地址空间、256B 的片内数据存储器地址空间以及 64KB 的片外数据存储器地址空间。下面分别叙述其特点。

2.3.1　程序存储器

MCS-51 的程序存储器用于存放程序及表格常数。其中,8051 片内有 4KB 的 ROM,8751 片内有 4KB 的 EPROM,8031 片内无程序存储器。MCS-51 的片外最多能扩展 64KB 程序存储器,片内、外的 ROM 是统一编址的。如 $\overline{EA}$ 端保持高电平,8051 的程序计数器 PC 在 0000H~0FFFH 地址范围内(即前 4KB 地址)是执行片内 ROM 中的程序,当 PC 在 1000H~FFFFH 地址范围时,自动执行片外程序存储器中的程序;当 $\overline{EA}$ 保持低电平时,只能寻址外部程序存储器,片外存储器可从 0000H 开始编址。

在程序存储器中有些单元具有特定的含义,使用时应予以注意。

0000H:单片机复位后,PC=0000H,即程序从 0000H 开始执行指令。

0003H:外部中断 0 入口地址。

000BH：定时器 0 溢出中断入口地址。

0013H：外部中断 1 入口地址。

001BH：定时器 1 溢出中断入口地址。

0023H：串行口中断入口地址。

中断响应后，按中断种类，自动转到各中断区的入口地址去执行程序。

2.3.2 数据存储器

数据存储器是用于存放运算的中间结果、数据暂存及数据缓冲等，它由读/写存储器 RAM 组成，片内有 00H～7FH 低 128B RAM，80H～FFH 高 128B RAM，仅在 8032/8052 中有，还有一个特殊功能的 RAM 区，称为特殊功能寄存器(SFR)。片外存储空间可以扩展到 64KB，地址范围为 0000H～FFFFH。

1. 片内低 128B RAM

片内低 128B 单元是单片机的真正 RAM 存储器，按其用途可划分为工作寄存器区、位寻址区和用户 RAM 区。

1) 工作寄存器区(00H～1FH)

8051 共有 4 组工作寄存器，每组 8 个寄存单元，各组都以 R0～R7 作寄存单元编号，共 32 个寄存单元。

在任一时刻，CPU 只能使用其中的一组寄存器，并且把正在使用的那组寄存器称为当前寄存器组。由程序状态字寄存器 PSW 中的 RS1、RS0 位的状态组合来决定，如表 2.2 所示。若程序中并不需要 4 组，那么多余的寄存器空间可作为一般的数据缓冲器使用。使用当前工作寄存器为 CPU 提供了就近存储数据的便利，有利于提高单片机的运算速度和编程的灵活性。根据需要，CPU 可随机更换当前工作寄存器组，此特点提高了现场保护和现场恢复的速度，对于提高程序效率和响应中断的速度是有利的。

表 2.2 工作寄存器组地址表

组号	RS1	RS0	R0	R1	R2	R3	R4	R5	R6	R7
0	0	0	00H	01H	02H	03H	04H	05H	06H	07H
1	0	1	08H	09H	0AH	0BH	0CH	0DH	0EH	0FH
2	1	0	10H	11H	12H	13H	14H	15H	16H	17H
3	1	1	18H	19H	1AH	1BH	1CH	1DH	1EH	1FH

2) 位寻址区

内部 RAM 的 20H～2FH 单元，既可作为一般 RAM 单元使用，进行字节操作，也可以对单元每一位进行位操作，因此把该区称之为位寻址区，如表 2.3 所示。

表 2.3 片内 RAM 位寻址区的位地址

单元地址	位地址							
	MSB							LSB
2FH	7F	7E	7D	7C	7B	7A	79	78
2EH	77	76	75	74	73	72	71	70
2DH	6F	6E	6D	6C	6B	6A	69	68
2CH	67	66	65	64	63	62	61	60
2BH	5F	5E	5D	5C	5B	5A	59	58
2AH	57	56	55	54	53	52	51	50
29H	4F	4E	4D	4C	4B	4A	49	48
28H	47	46	45	44	43	42	41	40
27H	3F	3E	3D	3C	3B	3A	39	38
26H	37	36	35	34	33	32	31	30
25H	2F	2E	2D	2C	2B	2A	29	28
24H	27	26	25	24	23	22	21	20
23H	1F	1E	1D	1C	1B	1A	19	18
22H	17	16	15	14	13	12	11	10
21H	0F	0E	0D	0C	0B	0A	09	08
20H	07	06	05	04	03	02	01	00

3) 用户 RAM 区

内部 RAM 低 128B 单元，工作寄存器组占去 32B 单元，位寻址占去 16B 单元，剩下 80B 单元，即地址 30H～7FH，就是用户使用的一般 RAM 区。对用户 RAM 区的使用没有任何规定或限制，但在一般应用中常把堆栈开辟在此区中。

2. 片外数据存储器

片外数据存储器和 I/O 口与片内数据存储器空间 0000H～00FFH 是重叠的。8051 单片机用 MOV 和 MOVX 两种指令来区分片内、片外 RAM 空间。片内 RAM 使用 MOV 指令，片外 RAM 和 I/O 口使用 MOVX 指令。

2.3.3 特殊功能寄存器

内部 RAM 的高 128B 单元是供特殊功能寄存器(SFR)使用的。MCS-51 内部的 I/O 口锁存器、串行口数据缓冲器、定时/计数器以及各种控制寄存器和状态寄存器统称为特殊功能寄存器，用来对各功能模块进行管理、控制和监视。特殊功能寄存器如表 2.4 所示。

表2.4 特殊功能寄存器一览表

名称	符号	字节地址	位地址/位定义						
B 寄存器*	B	F0H	F7	F6	F5	F4	F3	F2	F1	F0
累加器 A*	Acc	E0H	E7	E6	E5	E4	E3	E2	E1	E0
程序状态字*	PSW	D0H	D7	D6	D5	D4	D3	D2	D1	D0
			Cy	AC	F0	RS1	RS0	OV		P
中断优先级控制*	IP	B8H	BF	BE	BD	BC	BB	BA	B9	B8
						PS	PT1	PX1	PT0	PX0
I/O 端口 3*	P3	B0H	B7	B6	B5	B4	B3	B2	B1	B0
			P3.7	P3.6	P3.5	P3.4	P3.3	P3.2	P3.1	P3.0
中断允许控制*	IE	A8H	AF	AE	AD	AC	AB	AA	A9	A8
			EA			ES	ET1	EX1	ET0	EX0
I/O 端口 2*	P2	A0H	A7	A6	A5	A4	A3	A2	A1	A0
			P2.7	P2.6	P2.5	P2.4	P2.3	P2.2	P2.1	P2.0
串行数据缓冲	SBUF	99H								
串行控制*	SCON	98H	9F	9E	9D	9C	9B	9A	99	98
			SM0	SM1	SM2	REN	TB8	RB8	TI	RI
I/O 端口 1*	P1	90H	97	96	95	94	93	92	91	90
			P1.7	P1.6	P1.5	P1.4	P1.3	P1.2	P1.1	P1.0
C/T1 高字节	TH1	8DH								
C/T0 高字节	TH0	8CH								
C/T1 低字节	TL1	8BH								
C/T0 低字节	TL0	8AH								
C/T 方式选择	TMOD	89H	GATE	C/T	M1	M0	GATE	C/T	M1	M0
C/T 控制*	TCON	88H	8F	8E	8D	8C	8B	8A	89	88
			TF1	TR1	TF0	TR0	IE1	IT1	IE0	IT0
电源控制及波特率选择	PCON	87H	SMOD				GF1	GF0	PD	IDL
数据指针高字节	DPH	83H								
数据指针低字节	DPL	82H								
堆栈指针	SP	81H								
I/O 端口 0*	P0	80H	87	86	85	84	83	82	81	80
			P0.7	P0.6	P0.5	P0.4	P0.3	P0.2	P0.1	P0.0

注：加*号的特殊功能寄存器可进行位寻址。

8051 的特殊功能寄存器有 21 个，离散地分布在 80H～FFH 地址范围内，只占用了 21 个地址，其中不为特殊功能寄存器占用的地址单元对它的访问是没有意义的，用户不能使用。在 21 个特殊功能寄存器中，可以通过直接寻址方式进行字节寻址，对某些寄存器还可以进行位寻址。

下面简单介绍 PC 寄存器及 SFR 中的某些寄存器，其他没有介绍的寄存器将在有关章节中叙述。

1. 程序计数器 PC

程序计数器 PC 用于存放下一条要执行的指令地址，是一个 16 位专用寄存器，可寻址范围达 64KB。PC 有自动加 1 功能，从而实现程序的顺序执行。PC 没有地址，是不可寻址的，因此用户无法对它进行读/写，但可以通过转移、调用、返回等指令改变其内容，以实现程序的转移。由于它与 SFR 有密切的联系，故放在此处介绍。

2. 累加器 A

累加器 A 为 8 位寄存器，是一个最常用的专用寄存器，它的功能较多。它既可以用于存放操作数，也可用于存放运算的中间结果。MCS-51 单片机中大部分单操作数指令的操作数就取自累加器，许多双操作数指令中的一个操作数也取自累加器。

3. B 寄存器

B 寄存器是一个 8 位寄存器，主要用于乘除运算。做乘法运算时，B 存放乘数，乘法操作后，乘积的高 8 位存于 B 中。做除法运算时，B 存放除数，除法操作后，余数存于 B 中。此外，B 寄存器也可作为一般数据寄存器使用。

4. 数据指针寄存器 DPTR

数据指针寄存器为 16 位寄存器。编程时，DPTR 既可以按 16 位寄存器使用，也可以按两个 8 位寄存器分开使用，即：

DPH　　　DPTR 高位字节
DPL　　　DPTR 低位字节

DPTR 通常在访问外部数据存储器时作地址指针使用。由于外部数据存储器的寻址范围为 64KB，故将 DPTR 设计为 16 位。

5. 堆栈指针 SP

堆栈是一个特殊的存储区，用来暂时存放数据和地址，它是按"先进后出"的原则存取数据的，堆栈共有两种操作：进栈和出栈。

由于 MCS-51 单片机的堆栈设在内部 RAM 中，因此 SP 是一个 8 位寄存器，系统复位后，SP 的内容为 07H，从而复位后堆栈实际上是从 08H 单元开始的。但 08H～1FH 单元分别属于工作寄存器 1～3 区，如果程序要用到这些区，最好把 SP 值改为 1FH 或更大的值。一般在内部 RAM 的 30H～7FH 单元开辟堆栈。SP 内容一经确定，堆栈的位置也就跟着确定下来,由于 SP 可初始化为不同的值,因此堆栈位置是可以浮动的。

6. 程序状态字寄存器 PSW

程序状态字寄存器是一个 8 位寄存器,用于存放程序运行中的各种状态信息。其中有些位的状态是根据程序执行结果,由硬件自动设置的,而有些位的状态则使用软件方法设定。PSW 的各位定义如表 2.5 所示。

表 2.5 PSW 的各位定义

位 序	PSW.7	PSW.6	PSW.5	PSW.4	PSW.3	PSW.2	PSW.1	PSW.0
位标志	Cy	Ac	F0	RS1	RS0	OV	—	P
位地址	D7H	D6H	D5H	D4H	D3H	D2H	D1H	D0H

除 PSW.1 位保留未用外,其余各位的定义及使用如下。

(1) 进位标志 Cy:这是 PSW 中最常用的标志位。其功能有两个,一是存放算术运算的进位标志,在进行加法或减法运算时,如果操作结果的最高位有进位或借位时,Cy=1,否则 Cy=0;二是在位操作中,作为位累加器 C 使用。

(2) 辅助进位标志 Ac:在进行加减运算中,当低 4 位向高 4 位进位或借位时,Ac=1,否则 Ac=0。在 BCD 码调整中也要用到 Ac 位状态。

(3) 用户标志位 F0:这是一个供用户定义的标志位,需要利用软件方法置位或复位,用以控制程序的转向。

(4) 寄存器组选择位 RS1 和 RS0:它们被用于选择 CPU 当前使用的工作寄存器组,即对相同名称的 R0~R7 改变其物理地址,由用户通过软件方式加以选择。单片机在开机或复位后,RS1 和 RS0 总是为零状态,故 R0~R7 的物理地址为 00H~07H,选择 0 区为当前工作寄存器组,若执行以下指令:

```
MOV  PSW,#08H    ;PSW←08H
```

则 RS1、RS0 为 01B,故 R0~R7 的物理地址改变为 08H~0FH,1 区为当前工作寄存器组。用户可以利用这种方法方便地达到保护某一区 R0~R7 中数据的目的,这对用户程序设计是非常有利的。

(5) 溢出标志位 OV:在带符号数加减运算中,OV=1 表示加减运算超出了累加器 A 所能表示的符号数有效范围(-128~+127),即产生了溢出,因此运算结果是错误的,否则,OV=0 表示运算正确,即无溢出产生。

在乘法运算中,OV=1 表示乘积超过 255,即乘积分别在 B 与 A 中,否则,OV=0,表示乘积只在 A 中。

在除法运算中,OV=1 表示除数为 0,除法不能进行,否则,OV=0,除数不为 0,除法可正常进行。

(6) 奇偶标志位 P:表明累加器 A 中内容的奇偶性。如果 A 中有奇数个"1",则 P=1,否则 P=0。凡是改变累加器 A 中内容的指令均会影响 P 标志位。

此标志位对串行通信中的数据传输有重要的意义,在串行通信中常采用奇偶校验的办法来校验数据传输的正确性，提高传输的可靠性。

2.4 并行 I/O 口

单片机芯片内还有一项主要内容就是并行 I/O 口。MCS-51 共有 4 个 8 位的并行 I/O 口，分别记作 P0、P1、P2、P3。这 4 个口都有字节寻址和位寻址功能，每一位都可以作为准双向通用 I/O 口使用。在具有片外存储器的系统中，P2 口作为地址的高 8 位，P0 口作为地址的低 8 位和双向数据总线。

2.4.1 P0 口

P0 口的位结构如图 2.8 所示，它由一个锁存器、两个三态输入缓冲器以及控制电路和驱动电路组成。

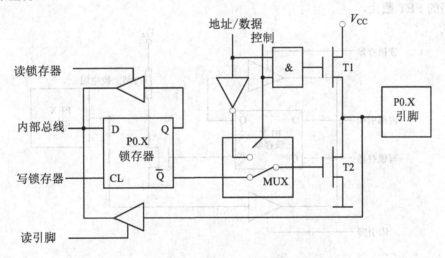

图 2.8　P0 口的位结构

在访问外部存储器时，P0 口是一个真正的双向口，当 P0 口输出地址/数据信息时，控制信号为"1"，使模拟开关 MUX 把地址/数据信息经反相器和 T2 接通，同时打开与门，输出的地址/数据信息既通过与门去驱动 T1，又通过反相器去驱动 T2，使两个 FET 构成推挽输出电路。若地址/数据信息为"0"，则该信号使 T1 截止，T2 导通，从而引脚上输出相应的"0"信号。若地址/数据信息为"1"，则 T1 导通，T2 截止，引脚上输出"1"信号。若由 P0 口输入数据，则输入信号从引脚通过输入缓冲器进入内部总线。

当 P0 口作为通用 I/O 口使用时，CPU 内部发出控制信号"0"封锁与门，使 T1 截止，同时使模拟开关 MUX 把锁存器的 $\overline{Q}$ 端与 T2 的栅极接通。在 P0 口作输出时，由于 $\overline{Q}$ 端和 T2 的倒相作用，内部总线上的信号与到达 P0 口上的信息是同相位的，只要写脉冲加到锁存器的 CL 端，内部总线上的信息就送到了 P0 口的引脚上。由于此时 T2 为漏极开路输出，故需外接上拉电阻。

当 P0 口作输入时，由于该信号既加到 T2 又加到下面一个三态缓冲器上，假若此前该口曾输出锁存过的数据"0",则 T2 是导通的,这样,引脚上的电位就被 T2 钳位在"0"电平上,使输入的"1"无法读入,故作为通用 I/O 口使用时,P0 口也是一个准双向口,即输入数据前,应先向该口写"1",使 T2 截止。但在访问外部存储器期间,CPU 会自动向 P0 口的锁存器写入"1",所以对用户而言,P0 口作为地址/数据总线时,则是一个真正的双向口。

2.4.2　P1 口

P1 口的位结构如图 2.9 所示。

因为 P1 口通常是作为通用 I/O 口使用的,所以在电路结构上与 P0 口有一些不同之处。首先它不再需要多路转换电路 MUX,其次是电路的内部有上拉电阻,与场效应管共同组成输出驱动电路。为此,P1 口作为输出口使用时,已经能向外提供推挽电流负载,无须再外接上拉电阻。当 P1 口作为输入口使用时,同样也需先向其锁存器写"1",使输出驱动电路的 FET 截止。

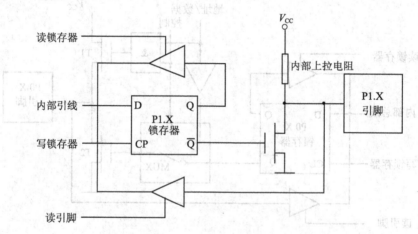

图 2.9　P1 口的位结构

2.4.3　P2 口

P2 口的位结构如图 2.10 所示。

P2 口也是一个准双向口,其结构与 P0 口类似,当系统中有片外存储器时,P2 口用于输出高 8 位地址。此时,MUX 在 CPU 控制下,接通地址信号。而 P2 口在作为通用输入/输出口使用时,MUX 接通锁存器,使需要输出的数据送到 P2 的引脚上。同样,若 P2 口作为输入时,首先要对锁存器写"1",使输出端的 FET 截止。

第 2 章 MCS-51 单片机的系统结构

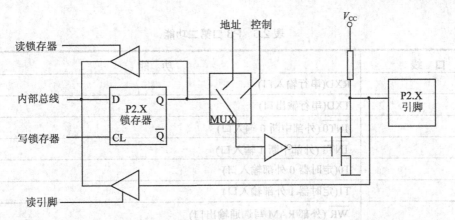

图 2.10　P2 口的位结构

2.4.4　P3 口

P3 口位结构如图 2.11 所示。

P3 口的特点在于增加了第二功能控制逻辑。因此，它既可以作通用 I/O 口使用，又具有第二功能。当工作于第二功能时，各位的定义如表 2.6 所示。

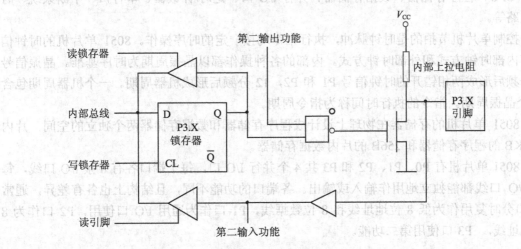

图 2.11　P3 口的位结构

对于第二功能输出的引脚，当作为 I/O 使用时，第二功能信号引线应保持高电平，与非门开通，以维持从锁存器到输出端数据输出通路的畅通。当输出第二功能信号时，该位的锁存器应置"1"，使与非门对第二功能信号的输出是畅通的，从而实现第二功能信号的输出。

对于第二功能为输入的信号引脚，在口线的输入通路上增加了一个缓冲器，输入的第二功能信号就从这个缓冲器的输出端取得。而作为 I/O 使用的数据输入，仍取自三态缓冲器的输出端。不管是作为输入口使用还是第二功能信号输入，输出电路中的锁存器输出和第二功能输出信号线都应保持高电平。

表 2.6 P3 口第二功能

口线	功能
P3.0	RXD(串行输入口)
P3.1	TXD(串行输出口)
P3.2	$\overline{INT0}$(外部中断 0 输入口)
P3.3	$\overline{INT1}$(外部中断 1 输入口)
P3.4	T0(定时器 0 外部输入口)
P3.5	T1(定时器 1 外部输入口)
P3.6	$\overline{WR}$ (外部 RAM 写选通输出口)
P3.7	$\overline{RD}$ (外部 RAM 读选通输出口)

2.5 小 结

本章介绍了 MCS-51 系列单片机芯片的系统结构，使我们知道 8051 单片机内部结构包括 CPU、程序存储器、数据存储器、并行 I/O 口、定时/计数器、串行口、中断系统、时钟电路等。

控制单片机节拍的是时钟脉冲，执行指令均按一定的时序操作。8051 单片机的时钟信号有内部时钟方式和外部时钟方式。内部的各种操作都以晶振周期为时序基准。晶振信号二分频后形成两相错开的时钟信号 P1 和 P2，12 分频后形成机器周期。一个机器周期包含 12 个晶振周期。指令的执行时间称为指令周期。

8051 单片机的存储器在物理上设计成程序存储器和数据存储器两个独立的空间。片内有 4KB 的程序存储器和 256B 的片内数据存储器。

8051 单片机有 P0、P1、P2 和 P3 共 4 个并行 I/O 口，每个端口各有 8 条 I/O 口线，每条 I/O 口线都能独立地用作输入或输出。各端口的功能不同，且结构上也各有差异，通常 P0 口分时复用作为低 8 位地址线和 8 位数据线，P1 作为通用 I/O 使用，P2 口作为 8 位地址线，P3 口使用第二功能。

习 题

1. 8051 单片机内部包含哪些主要逻辑功能部件？各有哪些主要功能？
2. MCS-51 单片机的 $\overline{EA}$ 信号有何功能？在使用 8031 时，$\overline{EA}$ 信号引脚应如何处理？
3. 什么是指令周期？什么叫指令字节？它们的含义有什么不同？
4. 8051 单片机复位的条件是什么？有几种复位方法？复位后单片机特殊功能寄存器是什么状态？
5. 在 MCS-51 单片机扩展系统中，片外程序存储器和片外数据存储器共处同一地址空间为什么不会发生总线冲突？
6. 8051 的 ROM 空间中，0000H~0023H 有什么用途？用户应怎样合理安排？
7. 如何确定和改变当前工作寄存器区？
8. 片内 RAM 低 128B 单元划分为哪 3 个主要部分？各部分的主要功能是什么？
9. DPTR 是什么寄存器？它是如何组成的？其主要功能是什么？
10. 什么是堆栈？堆栈的作用是什么？在堆栈中存取数据时有什么原则？如何理解 SP 中的内容表示什么？
11. 程序状态字 PSW 的作用是什么？常用的状态标志有哪几位？作用是什么？
12. 位地址 00H 与字节地址 00H 有何区别？位地址 00H 具体在内存中什么位置？
13. P3 口的第二功能是什么？
14. MCS-51 单片机 4 个 I/O 口在结构上有何异同？使用时有哪些注意事项？

第 3 章 MCS-51 单片机的指令系统

本章要点

- MCS-51 单片机指令系统概述
- MCS-51 单片机的寻址方式
- MCS-51 汇编语言的指令系统

本章难点

- 寻址方式
- 指令应用

指令是 CPU 用于控制功能部件完成某一指定动作的指示和命令。一台计算机全部指令的集合称为指令系统。指令系统体现了计算机的性能，也是应用计算机、进行程序设计的基础。单片机应用系统的运行，是在充分了解硬件结构的基础上，运用面向机器的汇编语言编写出用户程序，实现运算和控制功能。

3.1 概 述

MCS-51 单片机指令系统共有 111 条指令，可以实现 51 种基本操作。按照指令的机器周期数来分类，有 64 条单周期指令、45 条双周期指令和 2 条四周期指令等；下面还将按照指令的字节数或功能分类。

3.1.1 MCS-51 单片机指令格式

MCS-51 指令由操作码助记符和操作数两部分组成。指令格式如下：

[标号]：操作码 [目的操作数]，[源操作数]；注释

标号是程序员根据编程需要给指令设定的符号地址，可有可无；通常在子程序入口或转移指令的目标地址处才赋予标号。标号由 1~8 个字符组成，第一个字符必须是英文字母，不能是数字或其他符号，标号后必须用冒号。

操作码是指令的核心部分，用于指示机器执行何种操作，如加、减、乘、除、传送等。

操作数是表示指令操作的对象，操作数可以是一个具体的数据，也可以是参加运算的数据所在地址。操作数一般有以下几种形式：没有操作数，操作数隐含在操作码中，如"RET"指令；只有一个操作数，如"INC A"指令；有两个操作数，如"MOV A，30H"指令，操作数之间以逗号相隔；有 3 个操作数，如"CJNE A，#00H，10H"指令。

注释是对指令的解释说明，用以提高程序的可读性，注释前必须加分号。

3.1.2 指令的字节

在二进制形式的 MCS-51 指令中，单字节指令的操作码和操作数加起来只有一个字节；双字节指令的操作码和操作数各占一个字节；三字节指令的第一字节为操作码，第二、第三字节为操作数或操作数地址。

1. 单字节指令(49 条)

在 MCS-51 指令系统中，单字节指令可分为两类：无操作数的单字节指令和含有操作数寄存器编号的单字节指令。

1) 无操作数的单字节指令

这类指令只有操作码字段，操作数隐含在操作码中。例如：

```
INC DPTR
```

指令码为：A3H，数据指针 DPTR 隐含其中。

2) 含有操作数寄存器编号的单字节指令

单字节的指令码由操作码字段和指示操作数所在寄存器号的字段组成。例如：

```
MOV A,Rn
```

指令码的二进制形式为：11101rrr，其中 rrr 对应 Rn 的寄存器号 n 值(0~7)。

2. 双字节指令(46 条)

双字节指令的操作码字节在前；在后的操作数字节可以是立即数，也可以是操作数所在的片内 RAM 地址。例如：

```
MOV A,#data
```

这条 8 位数据传送指令的含义是把指令码第二字节 data 取出来存放到累加器 A 中。指令码为 "74H data"。

该指令的操作码占一个字节；data 为源操作数，也占一个字节；累加器 A 是目的操作数寄存器，隐含在操作码中。

3. 三字节指令(16 条)

这类指令的指令码的第一字节为操作码；第二和第三字节为操作数或操作数地址，有以下 4 类。

(1) 16 位数据，例如：

```
MOV DPTR,#data16
```

指令码为：90H data16。

(2) 8 位地址和 8 位数据，例如：

```
MOV direct,#data
```

(3) 8 位数据和 8 位地址，例如：

CJNE A,#data,rel

(4) 16 位地址，例如：

LCALL addr16

程序设计中，应尽可能选用字节少的指令，这样，指令所占存储单元少，执行速度也快。

3.1.3 MCS-51 单片机的助记符语言

指令的二进制形式称为指令的机器码，可以直接被计算机识别和执行。指令的十六进制形式在某些场合用作输入程序的辅助手段。

指令的助记符形式又称为汇编语言指令，用英文单词或缩写字母来表征指令功能，以便于人们识别、读/写、记忆和交流，常用于程序设计。汇编语言源程序再用人工或机器的汇编程序翻译成机器码，让计算机执行。

根据实时控制系统的要求，MCS-51 单片机制造厂家对每一条指令都给出了助记符。不同的指令具有不同的功能和不同的操作对象，助记符就是根据机器指令不同的功能和操作对象来描述指令的。由于助记符用英文的缩写来描述指令的特征，因此，它不但便于记忆，也便于理解和分类。

MCS-51 指令系统中，操作码采用了 42 种助记符，其意义如表 3.1 所示。

表 3.1 MCS-51 助记符意义

助 记 符	意 义	助 记 符	意 义
MOV	送数	MUL	乘法
MOVC	程序存储器送 A	DIV	除法
MOVX	外部送数	DA	十进制调整
PUSH	压入堆栈	AJMP	绝对转移
POP	堆栈弹出	LJMP	长转移
XCH	数据交换	SJMP	短转移
XCHD	交换低 4 位	JMP	相对转移
ANL	与运算	JZ	判 A 为 0 转移
ORL	或运算	JNZ	判 A 为非 0 转移
XRL	异或运算	JC	判 Cy 为 1 转移
SETB	置位	JNC	判 Cy 为 0 转移
CLR	清 0	JB	直接位为 1 转移
CPL	取反	JNB	直接位为 0 转移
RL	循环左移	JBC	直接位为 1 转移，并清该位
RLC	带进位循环左移	CJNE	比较不相等转移

续表

助记符	意 义	助记符	意 义
RR	循环右移	DJNZ	减1不为0转移
RRC	带进位循环右移	ACALL	绝对调用子程序
SWAP	高低半字节交换	LCALL	长调用子程序
ADD	加法	RET	子程序返回
ADDC	带进位加法	RETI	中断子程序返回
SUBB	带进位减法	NOP	空操作
INC	加1	DEC	减1

3.1.4 常用符号说明

指令的书写必须遵守一定的规则，如表 3.2 所示的指令描述约定。

表 3.2 指令描述约定

符 号	含 义
Rn	表示当前选定寄存器组的工作寄存器 R0~R7，n=0~7
Ri	表示作为间接寻址的地址指针 R0~R1，i=0，1
#data	表示 8 位立即数，即 00H~FFH
#data16	表示 16 位立即数，即 0000H~FFFFH
addr16	16 位地址，可表示用于 64KB 范围内寻址，用于 LCALL 和 LJMP 指令中
addr11	11 位地址，可表示用于 2KB 范围内寻址，用于 ACALL 和 AJMP 指令中
direct	8 位直接地址，可以是内部 RAM 区的某一单元或某一专用功能寄存器的地址
rel	带符号的 8 位地址偏移量（-128~+127），用于 SJMP 和条件转移指令中
bit	位寻址区的直接寻址位，表示片内 RAM 中可寻址位和 SFR 中的可寻址位
(X)	X 地址单元中的内容，或 X 作为间接寻址寄存器时所指单元的内容
←	将箭头后面的内容传送到箭头前面去
$	当前指令所在地址
DPTR	数据指针
/	加在位地址之前，表示该位状态取反

3.2 寻址方式

在指令系统中，操作数是指令的重要组成部分，它指定了参加运算的数据或数据所在的地址单元。寻找操作数地址的方式称为寻址方式。一条指令采用什么样的寻址方式，是由指令的功能决定的。寻址方式越多，指令功能就越强，灵活性也就越大。

指令给出操作数的方式称为寻址方式。透彻地理解寻址方式，才能正确地应用指令。

MCS-51 单片机中，为了适应操作数的存放范围，采用了立即寻址、直接寻址、寄存器寻址、寄存器间接寻址、变址寻址、位寻址和相对寻址 7 种方式。指令在执行过程中，首先应根据指令提供的寻址方式，找到参加操作的操作数，将操作数运算，而后将操作结果送到指令指定的地址去。因此，了解寻址方式是正确理解和使用指令的前提。

3.2.1 立即寻址

立即寻址是指指令中直接给出参加运算的操作数，称为立即数，用符号"#"表示，以区别直接地址。立即数通常使用 8 位二进制数#data，但指令系统中有一条立即数为 #data16 的指令。例如：

```
MOV  A,#30H        ;A←30H
MOV  DPTR,#1638H   ;DPH←16H,DPL←38H
```

第 1 条指令表示将立即数 30H 送入累加器 A 中。第 2 条指令表示把 16 位立即数送入数据指针寄存器 DPTR，其中高 8 位送 DPH，低 8 位送 DPL，该指令的指令码为 901638H。

立即寻址示意图如图 3.1 所示。

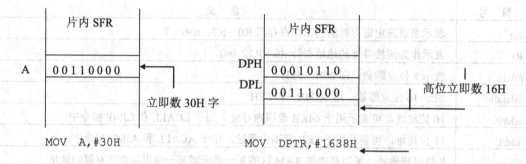

图 3.1 立即寻址示意图

3.2.2 直接寻址

直接寻址是指把存放操作数的内存单元的地址直接写在指令中，这种寻址方式用于对内部 RAM 进行访问，操作数地址可以是字节地址 direct 或位地址 bit。

直接寻址方式访问以下 3 种编码空间。

(1) 特殊功能寄存器 SFR，指令中 direct 以单元地址或寄存器符号表示。例如：

```
MOV  A,81H    ;A←(81H)
MOV  A,SP     ;A←SP
```

以上两条指令的功能完全相同，因为堆栈指针 SP 的地址为 81H。

(2) 片内 RAM 的低 128B，指令中 direct 以单元地址表示。例如：

```
MOV  A,30H    ;A←(30H)
```

该指令表示将内部 RAM 中地址为 30H 的单元内容传送到累加器 A 中，其操作数 30H 就是存放数据的单元地址。其直接寻址示意图如图 3.2 所示。

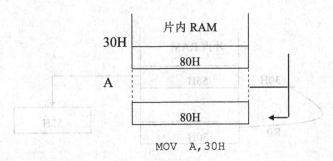

(3) 位地址空间，指令中 bit 以位地址或位名称表示。例如：

```
SETB EA        ;置EA位为1
MOV  C,20H     ;Cy←(20H)
```

图 3.2 直接寻址示意图

3.2.3 寄存器寻址

寄存器寻址是指指令中给出的是操作数所在的寄存器，寄存器的内容为操作数。寄存器包括工作寄存器 R0～R7、累加器 A、通用寄存器 B、数据指针寄存器 DPTR 等。

4 个工作寄存器组共有 32 个通用寄存器，但指令中使用的是当前工作寄存器组，因此，在使用寄存器寻址指令之前，必须将 PSW 寄存器中的 RS1、RS0 位置位，确定当前工作寄存器组。例如：

```
MOV A,R1;A←R1
```

该指令表示将 R1 中的内容送入累加器 A 中。

寄存器寻址示意图如图 3.3 所示。

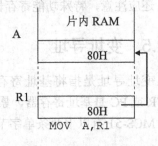

图 3.3 寄存器寻址示意图

3.2.4 寄存器间接寻址

寄存器间接寻址是指将存放操作数的内存单元的地址放在寄存器中，指令只给出该寄存器。执行指令时，首先根据寄存器的内容，找到所需要的操作数地址，再由该地址找到操作数并完成相应操作。寄存器间接寻址也是以寄存器符号名称来表示，但为了区别寄存器寻址和寄存器间接寻址，在寄存器间接寻址方式中，寄存器符号前加"@"的前缀标志。例如：

```
MOV R0,#30H    ;R0←30H
MOV A,@R0      ;A←(R0) 即 A←(30H)
```

执行过程：以 R0 的内容 30H 作为内部 RAM 的地址，再把 30H 地址单元的内容 55H 送累加器 A，累加器 A 的内容为 55H。执行以上两条指令的寄存器间接寻址示意图如图 3.4 所示。

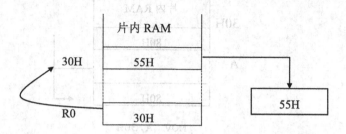

图 3.4　寄存器间接寻址示意图

在 MCS-51 指令系统中，用于寄存器间接寻址的寄存器有 R0、R1、DPTR，称为寄存器间接寻址寄存器。在指令中使用当前工作寄存器组中的 R0 或 R1 作为存放操作数的地址指针，表现形式为 @R0、@R1，寻址范围只有 256B。若对外部数据存储器进行访问，则使用 DPTR 作为间接寻址寄存器，表现形式为@DPTR。@DPTR 的寻址范围可以覆盖片外 RAM 的全部 64KB 区域。例如：

```
MOVX    A,@DPTR         ;A←(DPTR)
```

该指令把 DPTR 内容指定的片外存储单元的内容送入片内累加器 A 中。
还应注意，特殊功能寄存器 SFR 只能用直接寻址。

3.2.5　变址寻址

变址寻址是指将基址寄存器与变址寄存器的内容相加，结果作为操作数的地址。DPTR 或 PC 是基址寄存器，累加器 A 是变址寄存器。该类寻址方式主要用于查表操作。
MCS-51 有以下两条单字节、双周期的变址寻址指令：

```
MOVC    A,@A+PC         ;A←(A+PC)
MOVC    A,@A+DPTR       ;A←(A+DPTR)
```

例如：

```
MOV     DPTR,#0500H     ;DPRT←0500H
MOV     A,#03H          ;A←03H
MOVC    A,@ A+DPTR      ;A←(0500H+03H)
```

此程序段的功能为将累加器 A 和 DPTR 的内容相加，相加结果为操作数存放的地址，再将操作数取出送到累加器 A 中。即最后执行结果是将程序存储器 0503H 单元的内容取出送入片内累加器 A 中。指令执行过程如图 3.5 所示。

例 3.1　编制程序，将片外 ROM 的 0302H 单元中的常数 X 送至累加器 A。

解：利用变址寻址指令"MOVC A，@A+DPTR"，可以形成覆盖全部 64KB 程序存储区域的操作数地址。取基地址为 0300H，地址偏移量为 02H。相应程序为：

```
MOV     DPTR,#0300H     ;DPTR←0300H
MOV     A,#02H          ;A←02H
```

```
MOVC  A,@A+DPTR        ;A←X
```

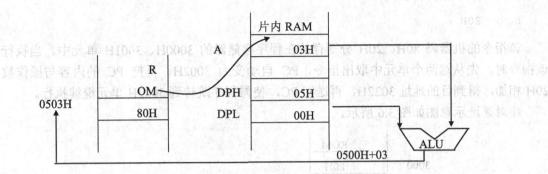

图 3.5　变址寻址示意图

3.2.6　位寻址

位寻址是指按位进行的寻址操作。在 MCS-51 单片机中，操作数不仅可以以字节为单位进行操作，也可以按位进行操作，操作数的地址称为位地址，用 bit 表示。

位寻址的范围包含两个区域：一是内部 RAM 的位寻址区 20H～2FH，共 128 位，位地址 00H～7FH，用直接寻址形式表示；二是特殊功能寄存器 SFR 中有 11 个寄存器可以位寻址。

为了使程序设计方便可读，MCS-51 提供了以下 3 种位地址的表示方法。

(1) 直接使用位寻址空间中的位地址。例如：

```
MOV  C,7FH    ;Cy←(7FH)
MOV  C,RS0    ;Cy←RS0
```

第 2 条指令是将 PSW 寄存器中 RS0 位的一位二进制数据送入位累加器 Cy 中。

(2) 采用第几字节单元第几位的表示法。例如，上述位地址 7FH 可以表示为"2FH.7"。相应指令为：

```
MOV  C,2FH.7    ;Cy←2FH.7
```

(3) 可以位寻址的特殊功能寄存器允许采用寄存器名加位数的命名法。例如，累加器 A 中最高位可以表示为"ACC.7"，把"ACC.7"位状态送到进位标志位 Cy 的指令是：

```
MOV  C,ACC.7    ;Cy←ACC.7
```

3.2.7　相对寻址

相对寻址是指程序计数器 PC 的当前内容与指令中的操作数相加，其结果作为跳转指令的转移地址(也称为目的地址)。此寻址方式是为了实现程序的相对转移而设计的。

例如双字节相对转移指令：

SJMP 20H

该指令的机器码 80H、20H 分别存放在程序存储器的 3000H、3001H 单元中。当执行该指令时，先从这两个单元中取出指令，PC 自动变为 3002H，再把 PC 的内容与操作数 20H 相加，得到目的地址 3022H，再送回 PC，使得程序跳转到 3022H 单元继续执行。

相对寻址示意图如图 3.6 所示。

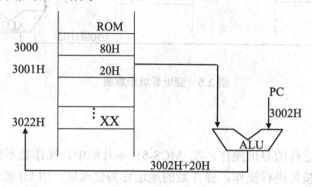

图 3.6　相对寻址示意图

3.3　数据传送与交换指令

MCS-51 指令系统按其功能可以分为：数据传送与交换指令、算术运算指令、逻辑操作和移位指令、控制转移指令、位操作指令等。

数据传送指令中必须指定传送数据的源地址和目的地址，执行传送指令时不破坏源地址中的操作数，只是把源地址中的操作数传送到目的地址。源操作数有 8 位和 16 位之分，前者称为 8 位数据传送指令，后者称为 16 位数据传送指令。

交换指令是把两个地址单元中的内容相互交换，也属于数据传送指令。也就是说，指令中的操作数或操作数地址互为"源"和"目的"。

执行数据传送指令时，只有奇偶标志位 P 会受以累加器 A 为目的操作数寄存器指令的影响，其他标志位均不会受到影响。

MCS-51 单片机的数据传送指令共有 29 条，可分为内部数据传送指令、外部数据传送指令、堆栈操作指令和数据交换指令等 5 类。

3.3.1　内部数据传送指令

内部数据传送指令的源操作数和目的操作数地址都在单片机内部，可以是片内 RAM 的地址，也可以是特殊功能寄存器 SFR 的符号。按照寻址方式来分，内部数据传送指令可以分为立即寻址型、直接寻址型、寄存器寻址型和寄存器间接寻址型 4 类。

1. 立即寻址型传送指令(5 条)

立即寻址型传送指令如表 3.3 所示。

表 3.3 立即寻址型传送指令

助记符格式	机器码(B)	相应操作	指令说明	机器周期
MOV A，# data	01110100 data	A←data		1
MOV Rn，#data	01111rrr data	Rn←data	n=0~7，rrr=000~111	1
MOV @Ri，# data	0111011i data	(Ri)←data	i=0，1	1
MOV direct，# data	01110101 direct data	(direct)←data		2
MOV DPTR，# data16	10010000 data16	DPTR←data16		2

这类指令的源操作数是立即数，处于指令码的第二字节或第三字节。最后一条 16 位数据传送指令把指令码中 16 位立即数送入 DPTR，其中高 8 位送入 DPH，低 8 位送入 DPL；DPTR 是外部 RAM/ROM 的地址指针，专用于配合外部数据传送指令。

例 3.2 已知：(R0)=20H。试问执行以下指令后累加器 A、R7、20H 和 21H 单元中的内容分别是什么？

```
MOV A,#18H
MOV R7,#28H
MOV @R0,#38H
MOV 21H,#48H
```

解：执行上述指令后的结果为：(A)=18H，(R7)=28H，(20H)=38H，(21H)=48H。

2. 直接寻址型传送指令(5 条)

直接寻址型传送指令的指令码中至少含有一个源操作数或目的操作数的直接地址，直接地址处于指令的第二字节或第三字节，其指令如表 3.4 所示。

表 3.4 直接寻址型传送指令

助记符格式	机器码(B)	相应操作	机器周期
MOV A，direct	11100101 direct	A←(direct)	1
MOV Rn，direct	10101rrr direct	Rn←(direct)	2
MOV @Ri，direct	1010011i direct	(Ri)←(direct)	2
MOV direct，A	11110101 direct	(direct)←A	1
MOV direct2，direct1	10000101 direct1 direct2	(direct2)←(direct1)	2

这些指令的功能是把上述逗号右侧所规定的源操作数传送到逗号左侧的目的存储单元，目的存储单元可以是累加器 A、工作寄存器 Rn 和片内 RAM 单元(对 8032/8052，也仅限在 00H~7FH 范围内)。

例 3.3 已知：(R1)=32H、(30H)=AAH、(31H)=BBH、(32H)=CCH，求执行下列指令

后累加器 A、50H、R6、32H 和 P1 口中的内容。

```
MOV A,30H
MOV 50H,A
MOV R6,31H
MOV @R1,31H
MOV P1,32H
```

解：上述指令执行后的操作结果为：(A)=AAH，(50H)=AAH，(R6)=BBH，(32H)=BBH，(P1)=CCH。

3. 寄存器寻址型传送指令(3 条)

寄存器寻址型传送指令如表 3.5 所示。

表 3.5 寄存器寻址型传送指令

助记符格式	机器码(B)	相应操作	机器周期
MOV A, Rn	11101rrr	A←Rn	1
MOV Rn, A	11111rrr	Rn←A	1
MOV direct, Rn	10001rrr direct	(direct)←Rn	1

第 1 条指令和第 2 条指令都是用于累加器和工作寄存器之间的数据传送，第 3 条指令是把工作寄存器中的内容传送到以 direct 为地址的 RAM 单元。

4. 寄存器间接寻址型传送指令(3 条)

寄存器间接寻址型传送指令如表 3.6 所示。

表 3.6 寄存器间接寻址型传送指令

助记符格式	机器码(B)	相应操作	机器周期
MOV A, @Ri	1110011i	A←@Ri	1
MOV @Ri, A	1111011i	@Ri←A	1
MOV direct, @Ri	1000011i direct	(direct)←@Ri	2

这 3 条指令的共同特点是 Ri 中存放的不是操作数本身，而是操作数所在存储单元的地址。

例 3.4 已知：(40H)=AAH、(41H)=BBH、(R0)=40H 和(R1)=41H，试问以下指令执行后累加器 A、40H、41H 和 42H 单元中的内容。

```
MOV A,@R0
MOV @R1,A
MOV 42H,@R1
```

解：上述指令执行后的操作结果为：(A)=AAH，(40H)=AAH，(41H)=BBH，(42H)=BBH。

例 3.5 编制交换 30H 单元和 50H 单元内容的程序。

解：要进行交换，必须有第 3 个存储单元对其中一个数作缓冲，若选累加器 A 为缓冲单元，则相应程序如下：

```
MOV   A,30H      ;A←(30H)
MOV   30H,50H    ;30H←(50H)
MOV   50H,A      ;50H←(A)
```

3.3.2 外部 RAM 数据传送指令(4 条)

外部 RAM 数据传送指令如表 3.7 所示。

表 3.7 外部 RAM 数据传送指令

助记符格式	机器码(B)	相应操作	机器周期
MOVX A, @DPTR	11100000	A←(DPTR)	2
MOVX @DPTR, A	11110000	(DPTR)←A	2
MOVX A, @Ri	1110001i	A←(Ri)	2
MOVX @Ri, A	1111001i	(Ri)←A	2

这类指令可以实现外部 RAM 的 64KB 存储区和累加器 A 之间的数据传送。后两条指令决定访问外部 RAM 地址的低 8 位，高 8 位地址则由 P2 口决定。

例 3.6 编制将外部 RAM 的 0088H 单元中存放的数 X 传送到外部 RAM 的 1818H 单元的程序。

解：外部 RAM 0088H 单元中数 X 不能直接传送到外部 RAM 的 1818H 单元，必须经过累加器 A 的转传。相应程序为：

```
MOV    A,#00H
MOV    P2,A          ;P2←00H
MOV    R0,#88H       ;R0←88H
MOV    DPTR,#1818H   ;DPTR←1818H
MOVX   A,@R0         ;A←X
MOVX   @DPTR,A       ;(1818H)←X
```

3.3.3 查表指令(2 条)

查表指令如表 3.8 所示。

表 3.8 查表指令

助记符格式	机器码(B)	相应操作	机器周期
MOVC A, @A+DPTR	10010011	A←(A+DPTR)	2
MOVC A, @A+PC	10000011	PC←(PC)+1, A←(A+PC)	2

这两条是外部 ROM 的字节传送指令，均属于变址寻址指令，因专门用于查表，故又称为查表指令。

第 1 条指令以 DPTR 作为基址寄存器,把任意一个 16 位地址送入 DPTR 作为表的起始地址,然后可以用这条指令方便地查找存放在外部 ROM 的 64KB 范围内任何一个子域的表格数据。第 2 条指令以 PC 作为基址寄存器,但指令中 PC 的地址随着指令在程序中位置的变化而变化。指令执行的第 1 步是取指令码,此时 PC 中内容自动加 1,改变为指令执行时的当前值;第 2 步是把这个 PC 当前值和累加器 A 中的地址偏移量相加,形成源操作数地址,并从外部 ROM 中取出相应源操作数传送到作为目的操作数寄存器的累加器 A 中。

用作查表时,只有被查表紧跟在查表指令后,PC 中当前值才会恰好是表的起始地址;通常需要在这条指令前安排一条加法指令,使累加器 A 中的值等于所需的地址偏移量。

例 3.7 有一个 0~9 的平方值表,如图 3.7 所示,根据 A 中的内容取出其表格中的数据。

0	2000H
1	2001H
4	2002H
9	2003H
16	2004H
25	2005H
36	2006H
49	2007H
64	2008H
81	2009H

图 3.7　0~9 的平方值表

解:采用 DPTR 作为基址寄存器,程序如下:

```
MOV   DPTR,#2000H    ;表格首地址送 DPTR
MOVC  A,@A+DPTR      ;A←(A+DPTR)
```

执行结果:若原值(A)=03H,则查表后(A)=09;若原值(A)=08H,则查表后(A)=64。

3.3.4　堆栈操作指令(2 条)

堆栈操作指令如表 3.9 所示。

表 3.9　堆栈操作指令

助记符格式	机器码(B)	相应操作	机器周期
PUSH　direct	11000000 direct	SP←SP+1,(SP)←(direct)	2
POP　direct	11010000 direct	direct←(SP),SP←SP-1	2

堆栈操作指令是根据堆栈指示器 SP 中栈顶地址进行数据传送的。第 1 条是入栈指令，用于将 direct 地址中的操作数传送到堆栈的新栈顶单元。第 2 条是出栈指令，用于把堆栈的栈顶单元中的操作数传送到 direct 单元，然后使 SP 中的原栈顶地址减 1，指向新的栈顶地址。堆栈为空的标志是栈顶地址和栈底地址重合。

堆栈操作有以下特点。
- 使用时先设堆栈指针，如不重置 SP，(SP)=07H。
- 堆栈操作遵循"先进后出"和"后进先出"的原则。
- 堆栈操作必须是字节操作，且只能直接寻址。
- 堆栈通常用于临时保护数据及子程序调用时保护现场和恢复现场。

例 3.8 设(30H)=X，(40H)=Y，试利用堆栈作为缓冲存储，编制程序交换 30H 和 40H 单元中的内容。

解：

```
MOV   SP,#70H      ;令栈底地址为 70H,即(SP)=70H
PUSH  30H          ;SP←(SP)+1,(SP)=71H,71H←X
PUSH  40H          ;SP←(SP)+1,(SP)=72H,72H←Y
POP   30H          ;30H←Y,SP←(SP)-1,(SP)=71H
POP   40H          ;40H←X,SP←(SP)-1,(SP)=70H
```

执行结果：(SP)=70H，(30H)= Y，(40H)= X。

3.3.5 数据交换指令(5 条)

数据交换指令如表 3.10 所示。

表 3.10 数据交换指令

助记符格式	机器码(B)	相应操作	机器周期
XCH　A，Rn	11001rrr	$A \leftrightarrow Rn$	1
XCH　A，direct	11000101 direct	$A \leftrightarrow (direct)$	1
XCH　A，@Ri	1100011i	$A \leftrightarrow (Ri)$	1
XCHD　A，@Ri	1101011i	$A_{3\sim0} \leftrightarrow (Ri)_{3\sim0}$	1
SWAP　A	11000100	$A_{3\sim0} \leftrightarrow A_{7\sim4}$	1

前 3 条字节交换指令把累加器 A 中的内容和片内 RAM 单元中的内容相互交换。

第 4 条半字节交换指令，用于把累加器 A 中低 4 位与以 Ri 为间址寻址的单元中低 4 位相互交换，各自的高 4 位则保持不变。

第 5 条指令用于把累加器 A 中高 4 位和低 4 位互相交换。

例 3.9 已知 70H 中有一个数，其值在 0～9 范围内，编制程序把它变为相应的 ASCII 码。

解： 0～9 的 ASCII 码为 30H～39H。利用半字节交换指令可以把 0～9 的数据装配成相应的 ASCII 码。

```
MOV    R0,#70H            ;R0←70H
MOV    A,#30H             ;A←30H
XCHD   A,@R0              ;A 中形成相应 ASCII 码
MOV    @R0,A              ;ASCII 码送回 70H 单元
```

3.4 算术运算指令

运算与移位指令分为算术运算、逻辑运算和移位指令 3 类。大多数这类指令中，累加器作源操作数寄存器和目的操作数寄存器，另一个源操作数可以存放在任何一个工作寄存器 Rn 或片内 RAM 单元中，也可以是立即数。

MCS-51 的算术运算指令包括加法、减法、十进制调整和乘除法 4 类。指令执行后，运算结果保留在累加器 A 中。运算中产生的进位标志、奇偶标志和溢出标志等保留在 PSW 中。除加 1 和减 1 指令外，其他指令均能影响标志位。

3.4.1 加减法指令

1. 加法指令(8 条)

加法指令如表 3.11 所示。

表 3.11 加法指令

助记符格式	机器码(B)	相应操作	指令说明	机器周期
ADD A，Rn	00101rrr	A←A+Rn	n=0~7，rrr=000~111	1
ADD A，direct	00100101 direct	A←A+(direct)		1
ADD A，@Ri	0010011i	A←A+(Ri)	i=0,1	1
ADD A，#data	00100100 data	A←A+#data		1
ADDC A，Rn	00111rrr	A←A+Rn+Cy	n=0~7，rrr=000~111	1
ADDC A，direct	00110101 direct	A←A+(direct)+Cy		1
ADDC A，@Ri	0011011i	A←A+(Ri)+Cy	i=0,1	1
ADDC A，#data	00110100 data	A←A+#data +Cy		1

注意：

- ADD 与 ADDC 的区别为是否加进位位 Cy。
- 指令执行结果均在累加器 A 中。
- 以上指令结果均影响程序状态字寄存器 PSW 的 Cy、OV、Ac 和 P 标志位。做加法时，单片机确定 PSW 中各标志位的规则如下：
  ◆ 若相加后第 7 位有进位输出，则 Cy 置 "1"，否则清 0。
  ◆ 若相加后第 3 位有进位输出，则辅助进位位 Ac 置 "1"，否则清 0。
  ◆ 相加后如果位 7 有进位输出而位 6 没有，或者位 6 有进位输出而位 7 没有，则溢出标志 OV 置 "1"，否则清 0。

- A 中结果里有奇数个 1,则奇偶标志 P 置 "1",否则清 0。

可以把加法运算看做是无符号数(0~255)相加,也可以看做是补码形式(-128~+127)的带符号数相加,但带符号数相加的结果只有当溢出标志 OV=0 时才能保证是正确的。

例 3.10 分析执行以下指令后累加器 A 和 PSW 中各标志位状况的变化。

```
MOV   A, #85H
ADD   A, #0AEH
```

解: 133   A=   1000 0101
       +) 174   data=   1010 1110
          307   (1) 0011 0011

结果:(A)=1 0011 0011B=133H,PSW 中各位如下:

PSW	Cy	Ac	F0	RS1	RS0	OV	-	P
	1	1				1		0

其中,F0、RS1、RS0 和 "-" 位保持原状态。

这里,如果将运算看做是两个无符号数相加,结果需考虑到 Cy=1,A=133H=307,结果是正确的;如果将运算看做是两个带符号数相加,结果显然是错误的。因为两个负数相加不可能为正,结果的不正确也可以由 OV=1 看出。

2. 减法指令(4 条)

减法指令如表 3.12 所示。

表 3.12 减法指令

助记符格式	机器码(B)	相应操作	指令说明	机器周期
SUBB A,Rn	10011rrr	A←A-Rn-Cy	n=0~7,rrr=000~111	1
SUBB A,direct	10010101 direct	A←A-(direct)-Cy		1
SUBB A,@Ri	1001011i	A←A-(Ri)-Cy	i=0,1	1
SUBB A,#data	10010100 data	A←A-#data-Cy		1

注意:
- 减法指令中没有不带借位的减法指令,所以在需要时,必须先将 Cy 清 0。
- 指令执行结果均在累加器 A 中。
- 减法指令结果影响程序状态字寄存器 PSW 的 Cy、OV、Ac 和 P 标志位。做减法时单片机确定 PSW 中各标志位的规则如下。
  - 若位 7 在减法时有借位,则 Cy=1,否则 Cy=0。
  - 若低 4 位在减法时向高 4 位有借位,则 Ac=1,否则 AC=0。
  - 若减法时位 7 有借位而位 6 无借位或位 7 无借位而位 6 有借位,则 OV=1,否则 OV=0。

◆ 奇偶标志仍然是如果 A 中结果里有奇数个 1，则 P=1，否则 P=0。

可以把减法运算看做是无符号数(0～255)相减；也可以看做是补码形式(-128～+127)的带符号数相减，但带符号数相减的结果只有当溢出标志 OV=0 时才能保证是正确的。

3. 加 1 减 1 指令(9 条)

加 1 减 1 指令如表 3.13 所示。

表 3.13 加 1 减 1 指令

助记符格式	机器码(B)	相应操作	指令说明	机器周期
INC A	00000100	A←A+1	影响 PSW 的 P 标志	1
INC Rn	00001rrr	Rn←Rn+1	n=0～7，rrr=000～111	1
INC direct	00000101 direct	(direct)←(direct)+1		1
INC @Ri	0000011i	(Ri)←(Ri)+1	i=0，1	1
INC DPTR	10100011	DPTR←DPTR+1		2
DEC A	00010100	A←A-1	影响 PSW 的 P 标志	1
DEC Rn	00011rrr	Rn←Rn-1	n=0～7，rrr=000～111	1
DEC direct	00010101 direct	(direct)←(direct)-1		1
DEC @Ri	0001011i	(Ri)←(Ri)-1	i=0，1	1

前四条 8 位数加 1 指令，使指定变量按 8 位带符号数加 1。但只有 INC A 能影响奇偶标志位 P，其余 3 条指令均不会影响任何标志位。

第 5 条指令 INC DPTR 用于对地址指针 DPTR 中内容加 1，是 MCS-51 中唯一的一条 16 位算术运算指令。

加 1 指令用于频繁修改地址指针和数据加 1，通常配合寄存器间寻址指令使用。

后 4 条指令使指定变量减 1。除了 DEC A 对奇偶校验标志位 P 有影响外，其他都不影响 PSW 标志位。

例 3.11 已知：M1、M1+1 和 M2、M2+1 中存放有两个 16 位无符号数 X1 和 X2(低 8 位在前，高 8 位在后)。编制将 X1 与 X2 相加，并把结果放在 M1、M1+1 单元(低 8 位在 M1 单元，高 8 位在 M1+1)的程序。

解： 处理两个字节数做加法的办法是，两个操作数的低字节相加作为和的低 8 位字节，相加过程中形成的进位位(在 Cy)与两个操作数的高字节一起相加，得到和的高 8 位。程序如下：

```
MOV    R0,#M1      ;X1 的始址送 R0
MOV    R1,#M2      ;X2 的始址送 R1
MOV    A,@R0       ;A←X1 低 8 位
ADD    A,@R1       ;A←X1 低 8 位+X2 低 8 位，并形成 Cy
MOV    @R0,A       ;和的低 8 位存 M1
INC    R0          ;修改地址指针 R0
INC    R1          ;修改地址指针 R1
MOV    A,@R0       ;A←X1 高 8 位
```

```
ADDC    A,@R1           ;A←X1 高 8 位+X2 高 8 位+Cy
MOV     @R0,A           ;和的高 8 位存 M1+1
```

4. 十进制加法调整指令

十进制加法调整指令如表 3.14 所示。

表 3.14 十进制加法调整指令

助记符格式	机器码(B)	相应操作	机器周期
DA A	11010100	若 Ac=1 或 $A_{3\sim 0}$>9，则 A←(A)+06H； 若 Cy=1 或 $A_{7\sim 4}$>9，则 A←(A)+60H	1

例 3.12 编制 85+59 的 BCD 加法程序，并对其工作过程进行分析。

解：相应 BCD 加法程序为：

```
MOV  A,#85H    ;A←85
ADD  A,#59H    ;A←85+59=DEH
DA   A         ;A←44,Cy=1
```

二进制加法和进制调整过程为：

```
     85              A  =    10000101
 +)  59         +)   data=   01011001
    144             (0) 11011110
                         00000110    低 4 位>9，加 06H 调整
                         11100100
                    +)   01100000    高 4 位>9，加 60H 调整
                    (1) 01000100    Cy=1,A=44H,即十进制的 144。
```

MCS-51 中没有十进制减法调整指令，也没有加减标志。为了使两个 BCD 数相减结果也是 BCD 数，必须采用 BCD 补码运算法则，变减法为补码的加法，然后对和作十进制调整，过程为：

① 用 9AH 减减数求出减数的补码。
② 被减数与减数的补码相加。
③ 对和进行十进制加法调整。

例 3.13 被减数和减数分别存放在 M1 和 M2 中，编制程序求差并存入 M3 单元。

解：相应程序为：

```
CLR   C             ;Cy=0
MOV   A,#9AH        ;A←BCD 模
SUBB  A,M2          ;A←BCD 减数的补码
ADD   A,M1          ;A←被减数+减数的补码
DA    A             ;对 A 进行加法调整
MOV   M3,A          ;M3←BCD 差
CLR   C             ;恢复 Cy 中的 0
```

3.4.2 乘法和除法指令

乘法和除法指令如表 3.15 所示。

表 3.15 乘法和除法指令

助记符格式	机器码(B)	相应操作	指令说明	机器周期
MUL AB	10100100	BA←A*B	无符号数相乘，高位存B，低位存A	4
DIV AB	10000100	A←A/B 的商 B←A/B 的余数	无符号数相除，商存A，余数存B	4

乘法(MULtiply)指令把累加器 A 和寄存器 B 中两个 8 位无符号整数相乘，并把积的高 8 位字节存放在 B 寄存器、低 8 位字节存放在累加器 A。指令在执行过程中将对 Cy、OV 和 P 这 3 个标志位产生影响：Cy 总为 0；奇偶校验标志位 P 仍由累加器 A 中 1 的个数的奇偶性确定；OV 标志位用来表示积的大小，若积超过 255(即 B≠0)，则 OV=1。

除法(DIVision)指令把累加器 A 中的 8 位无符号整数除以寄存器 B 中的 8 位无符号整数，所得商的整数部分存放在累加器 A 中，余数保留在 B 中。除法指令执行过程中对 Cy 和 P 标志位的影响与乘法相同；若 B 寄存器中的除数为 0，则 OV 被置 "1"，表示除法无意义，其余情况下，OV 均被清 0。

例 3.14 两个 8 位无符号乘数分别存放在 60H 和 61H 单元中，编制令它们相乘并把积的低 8 位放入 62H 单元、高 8 位放入 63H 单元的程序。

解：

```
MOV  R0,#60H   ;R0←第一个乘数地址
MOV  A,@R0     ;A←第一个乘数
INC  R0        ;修改乘数地址
MOV  B,@R0     ;B←第二个乘数
MUL  AB        ;BA←A*B
INC  R0        ;修改目标单元地址
MOV  @R0,A     ;62H←积的低 8 位
INC  R0        ;修改目标单元地址
MOV  @R0,B     ;63H←积的高 8 位
```

3.5 逻辑运算及移位指令

3.5.1 逻辑运算指令

逻辑运算指令用于对两个 8 位二进制数进行与、或、非、异或等逻辑运算。不是以累加器 A 为目标寄存器的指令不影响 PSW 中任何标志位。

1. 逻辑与指令(6 条)

逻辑与指令如表 3.16 所示。

表 3.16 逻辑与指令

助记符格式	机 器 码	相应操作	机器周期
ANL A，Rn	01011rrr	A←A∧Rn	1
ANL A，direct	01010101 direct	A←A∧(direct)	1
ANL A，@Ri	0101011i	A←A∧(Ri)	1
ANL A，#data	01010100 data	A←A∧#data	1
ANL direct，A	01010010 direct	(direct)←(direct)∧A	1
ANL direct，#data	01010011 direct data	(direct)←(direct)∧#data	2

逻辑与指令通常用于将一个字节中的指定位清零，其他位不变。前 4 条指令以累加器 A 为目标操作数寄存器，把累加器 A 和源地址中操作数按位进行逻辑与操作，并把操作结果送回累加器 A；后 2 条以 direct 为目标地址，把 direct 和源地址中操作数按位进行逻辑与操作，并把操作结果送入 direct 单元。逻辑与指令可用于从某个存储单元中取出某几位而把其他位变为 0。

例 3.15 编制程序，将 M1 单元中数字 0～9 的 ASCII 码变为相应数字的 BCD 码。

解：0～9 的 ASCII 码为 30H～39H。0～9 数字 ASCII 码的高 4 位变为 0，低 4 位不变，就是其 BCD 码。

```
ANL M1, #0FH    ;M1←(M1)∧0FH
```

2. 逻辑或指令(6 条)

逻辑或指令如表 3.17 所示。

表 3.17 逻辑或指令

助记符格式	机 器 码	相应操作	机器周期
ORL A，Rn	01001rrr	A←A∨Rn	1
ORL A，direct	01000101 direct	A←A∨(direct)	1
ORL A，@Ri	0100011i	A←A∨(Ri)	1
ORL A，#data	01000100 data	A←A∨#data	1
ORL direct，A	01000010 direct	(direct)←(direct)∨A	1
ORL direct，#data	01000011 direct data	(direct)←(direct)∨#data	1

逻辑或指令可用于使某个存储单元或累加器 A 中数据的某些位变为"1"而其余位不变。逻辑或指令通常用于将一个字节中的指定位置 1，其他位不变。

例 3.16 (A)=AAH 和(P1)=FFH，编制程序把累加器 A 中低 4 位送入 P1 口低 4 位，P1 口高 4 位不变。

解：

```
ANL  A,#0FH      ;取出 A 中低 4 位，高 4 位为 0
ANL  P1,#0F0H    ;使 P1 口低 4 位为 0，高 4 位不变
ORL  P1,A        ;字节装配
```

3. 逻辑异或指令(6 条)

逻辑异或指令如表 3.18 所示。

表 3.18 逻辑异或指令

助记符格式	机 器 码	相应操作	机器周期
XRL A，Rn	01101rrr	A←A⊕Rn	1
XRL A，direct	01100101 direct	A←A⊕(direct)	1
XRL A，@Ri	0110011i	A←A⊕(Ri)	1
XRL A，#data	01100100 data	A←A⊕#data	1
XRL direct，A	01100010 direct	(direct)←(direct)⊕A	1
XRL direct，#data	01100011 direct data	(direct)←(direct)⊕#data	2

这组指令的功能是在指出的变量之间以位为基础的逻辑异或操作，结果存放在目的变量中。操作数有寄存器寻址、直接寻址、寄存器间接寻址和立即寻址等寻址方式。

4. 累加器 A 清 0 和取反指令(2 条)

累加器 A 清 0 和取反指令如表 3.19 所示。

表 3.19 累加器 A 清 0 和取反指令

助记符格式	机 器 码	相应操作	指令说明	机器周期
CLR A	11100100	A←00H	A 中内容清 0，影响 P 标志位	1
CPL A	11110100	A←$\overline{A}$	A 中内容按位取反，影响 P 标志位	1

这两条指令皆为单字节单周期指令，比用数据传送或逻辑异或指令对累加器 A 清 0 或取反更为快捷。

例 3.17 40H 单元中有一个带符号数 X，编制对它求补的程序。

解：一个 8 位带符号二进制机器数的补码可以定义为反码加"1"。

```
MOV A,40H    ;A←X
CPL A        ;A←A̅
INC A        ;补码=反码+1
MOV 40H,A    ;X 补码送回 40H 单元
```

3.5.2 移位指令(4 条)

移位指令如表 3.20 所示。

表 3.20 移位指令

助记符格式	机器码	指令说明	机器周期
RL A	00100011	循环左移	1
RR A	00000011	循环右移	1
RLC A	00110011	带进位循环左移,影响 Cy 标志	1
RRC A	00010011	带进位循环右移,影响 Cy 标志	1
SWAP A	11000100	高低半字节交换	1

第 1、2 两条为不带 Cy 标志位的左、右循环移位指令,累加器 A 中最高位 A7 和最低位 A0 相接向左或向右移位;第 3、4 两条为带 Cy 标志位的循环左移或右移;第 5 条半字节交换指令,用于累加器 A 中的高 4 位和低 4 位相互交换,在 3.3.5 节数据交换指令中已介绍过,所以这里不重复计算指令条数。

例 3.18 编制程序将 M1、M1+1 单元中存放的 16 位二进制数扩大到 2 倍。设该数低位在 M1 单元中,扩大后小于 65536。

解: 二进制数左移一次即扩大到 2 倍,可以用二进制 8 位的移位指令实现 16 位数的移位程序。

```
CLR   C          ;Cy←0
MOV   R1,#M1     ;操作数低 8 位地址送 R1
MOV   A,@R1      ;A←操作数低 8 位
RLC   A          ;低 8 位操作数左移,低位补 0,最高位在 Cy 中
MOV   @R1,A      ;送回 M1 单元
INC   R1         ;R1 指向 M1+1 单元
MOV   A,@R1      ;A←操作数高 8 位
RLC   A          ;高 8 位操作数左移,M1 最高位通过 Cy 移入最低位
MOV   @R1,A      ;送回 M1+1 单元
```

3.6 控制转移指令

控制转移指令通过改变程序计数器 PC 中的内容,改变程序执行的流向,可分为无条件转移、条件转移、子程序调用和返回等。

3.6.1 无条件转移指令(4 条)

无条件转移指令如表 3.21 所示。

表 3.21 无条件转移指令

助记符格式	机器码	相应操作	指令说明	机器周期
LJMP addr16	00000010 addr$_{15\sim 8}$ addr$_{7\sim 0}$	PC←addr16	长转移指令,64KB 内绝对寻址	2

续表

助记符格式	机器码	相应操作	指令说明	机器周期
AJMP addr11	addr$_{10\sim8}$00001　addr$_{7\sim0}$	PC$_{10\sim0}$←addr11	绝对转移指令，2KB 内绝对寻址	2
SJMP rel	10000000 rel	PC←PC+ rel	相对转移，−80H～7FH 短转移	2
JMP @A+DPTR	01110011	PC←A+DPTR	间接寻址转移，64KB 内相对寻址	2

这 4 条指令结果不影响程序状态字寄存器 PSW。在实际应用中，LJMP、AJMP 和 SJMP 后面的 addr16、addr11 或 rel 都是用标号来代替的，然后再汇编成机器码，不一定写出它们的具体地址。

1. 长转移指令

长转移指令"LJMP addr16"为三字节双周期指令，addr16 是一个 16 位二进制地址。送入程序计数器 PC 后，程序无条件转移到 addr16 处执行下一条指令，转移范围可达 64KB(0000H～FFFFH)。

长转移指令的指令码格式如下：

操作码(02H)　　　地址高 8 位　　　地址低 8 位

例 3.19 已知监控程序起始地址为 A080H。编制程序使 8051 开机后自动执行监控程序。

解： 8051 开机后，程序计数器复位值 PC=0000H。为了能自动转入 A080H 处执行监控程序，应在程序存储区的 0000H 单元起始处存放长转移指令，存放后内容为：(0000H)=02H、(0001H)=A0H、(0002H)=80H。

2. 绝对转移指令

绝对转移指令"AJMP addr11"是双字节双周期指令，addr11 是本指令送入程序计数器 PC 后加 2 形成的低 11 位二进制地址，程序无条件转移范围可达 2KB(0000H～07FFH)。

指令码格式为：

a10a9a800001　　a7a6a5a4a3a2a1 a0

其中，a10a9a8 是 addr11 的高 3 位，00001 是操作码。

3. 短转移指令

短转移指令"SJMP rel"是一条相对转移指令，程序计数器 PC 加 2 后和 rel 相加作为目标转移地址。地址偏移量 rel 是 8 位带符号数，转移范围为−126～+127。短转移指令是双字节双周期指令，指令码格式为：

80H rel

通常相对转移指令处的 rel 用目标地址处的程序标号表示，指令汇编时需计算 rel

的值。

目标地址=源地址+rel+2
rel=目标地址-源地址-2

如汇编语言程序中，在等待中断或将程序停止运行时，程序写成：

HERE: SJMP HERE

或写成：

SJMP $

程序执行后目标转移地址就是本指令的起始地址，采用原地踏步作为停机指令。这条程序的机器码是80FEH，偏移量rel=FEH，其中FEH是-2的补码。

4. 变址寻址转移指令

变址寻址转移指令"JMP @A+DPTR"是将 DPTR 中的基地址与累加器 A 中地址偏移量相加，形成目标转移地址送入程序计数器 PC，实现程序的分支转移。通常基地址是一张转移指令表的起始地址，累加器 A 中数值为偏移量。

例 3.20 已知命令编号为 0~4，命令起始地址分别为 PM0~PM4，编制按照累加器 A 中的命令编号转去执行相应命令的转移程序。

解：

```
        MOV   R1,A            ;命令编号在累加器A中
        RL    A
        ADD   A,R1
        MOV   DPTR,#PMTB      ;转移指令表始址进DPTR
        JMP   @A+DPTR         ;转入转移指令表分支
        ...
PMTB:   LJMP  PM0             ;转入0#命令程序
        LJMP  PM1             ;转入1#命令程序
        LJMP  PM2             ;转入2#命令程序
        LJMP  PM3             ;转入3#命令程序
        LJMP  PM4             ;转入4#命令程序
```

采用短转移和绝对转移指令编写的程序可以生成与绝对地址无关的浮动代码在 64KB 区域的任何地方，只要该指令对它的目标转移地址间相距的存储单元个数不变，对程序的修改不影响转移指令本身的指令码。

3.6.2 条件转移指令(8条)

条件转移指令在执行过程中判断某种条件是否满足，若满足则转移，否则继续执行原程序；可分为累加器 A 判零转移指令、比较条件转移指令和减 1 非零转移指令三类。

1. 累加器 A 判零转移指令

累加器 A 判零转移指令如表 3.22 所示。

表 3.22　累加器 A 判零转移指令

助记符格式	机器码(B)	相应操作	机器周期
JZ　rel	01100000	若 A=0，则 PC←PC+rel，否则程序继续执行	2
JNZ　rel	01110000	若 A≠0，则 PC←PC+rel，否则程序继续执行	2

注意：
- 以上指令结果不影响程序状态字寄存器 PSW。
- 转移范围与 SJMP 指令相同。

这两条指令功能相反，但都以判断累加器 A 中内容是否为零作为转移条件，都是双字节相对转移指令，rel 在程序中也常用标号代替，换算成机器码的方法和转移地址范围均和无条件短转移指令相同。

2. 比较条件转移指令

比较条件转移指令如表 3.23 所示。

表 3.23　比较条件转移指令

助记符格式	机器码	相应操作	机器周期
CJNE　A，direct，rel	10110101 direct rel	若 A≠(direct)，则 PC←PC+rel，否则顺序执行；若 A<(direct)，则 Cy=1，否则 Cy=0	2
CJNE　A，#data，rel	10110100 data rel	若 A≠#data，则 PC←PC+rel，否则顺序执行；若 A<#data，则 Cy=1，否则 Cy=0	2
CJNE　Rn，#data，rel	10111rrr data rel	若 Rn≠#data，则 PC←PC+rel，否则顺序执行；若 Rn<#data，则 Cy=1，否则 Cy=0	2
CJNE　@Ri，#data，rel	1011011i data rel	若 (Ri)≠#data，则 PC←PC+rel，否则顺序执行；若 (Ri)<#data，则 Cy=1，否则 Cy=0	2

注意：
- 以上指令结果影响程序状态字寄存器 PSW 的 Cy 标志位。
- 转移范围与 SJMP 指令相同。

3. 减 1 非零转移指令

减 1 非零转移指令如表 3.24 所示。

表 3.24　减 1 非零转移指令

助记符格式	机器码	相应操作	机器周期
DJNZ　Rn，rel	11011rrr rel	Rn ← Rn-1，若 Rn ≠ 0，则 PC←PC+rel，否则顺序执行	2
DJNZ　direct，rel	11010101 direct rel	(direct) ← (direct)-1，若 (direct) ≠0，则 PC←PC+rel，否则顺序执行	2

注意:
- 以上指令结果不影响程序状态字寄存器 PSW。
- 转移范围与 SJMP 指令相同。
- DJNZ 指令通常用于循环程序中控制循环的次数。

例 3.21 编制程序，将片内 RAM 中以 30H 为始址的连续 10 个无符号数相加，并把和送到 SUM 单元。设相加结果不超过 8 位二进制数能表示的范围。

解:

```
        MOV     R2,#0AH         ;数据块长度送 R2
        MOV     R0,#30H         ;数据块始址送 R0
        CLR     A               ;累加器清 0
LOOP:   ADD     A,@R0           ;加一个数
        INC     R0              ;修改加数地址指针
        DJNZ    R2,LOOP         ;若(R2)-1≠0,则继续加；否则结束
        MOV     SUM,A           ;存和
```

3.6.3 子程序调用和返回指令(4 条)

编写程序时，为了减少编写和调试工作量，减少程序占有的存储空间，常常把具有完整功能的程序段定义为子程序，以供调用。在需要时主程序通过调用指令自动转入子程序。子程序执行完后，通过放在子程序末尾的返回指令自动返回断点地址，执行调用指令下面的下一条指令，实现主程序对子程序的一次完整调用。

调用和返回指令是成对使用的，调用指令具有把程序计数器 PC 中断点地址保护到堆栈、把子程序入口地址自动送入程序计数器 PC 的功能，返回指令具有把堆栈中的断点地址自动恢复到程序计数器 PC 的功能。

主程序和子程序也是相对的，一个子程序也可以作为另一个程序的主程序，称为子程序的嵌套。如图 3.8 所示，表示两次调用一个子程序和两级子程序嵌套的示意图。

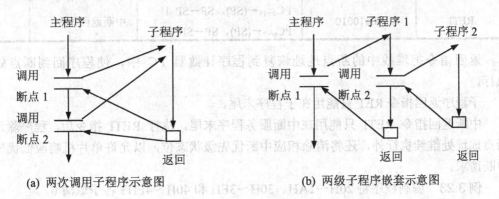

(a) 两次调用子程序示意图　　　　(b) 两级子程序嵌套示意图

图 3.8　子程序调用示意图

1. 调用指令

调用指令如表 3.25 所示。

表 3.25 调用指令

助记符格式	机器码	相应操作	指令说明	机器周期
LCALL addr16	00010010 addr$_{15\sim8}$ addr$_{7\sim0}$	PC←PC+3 SP←SP+1, SP←PC$_{0\sim7}$ SP←SP+1, SP←PC$_{8\sim15}$ PC←addr16	长调用指令，调用范围同 LJMP	2
ACALL addr11	addr$_{10\sim8}$10001 addr$_{7\sim0}$	PC←PC+2 SP←SP+1, SP←PC$_{0\sim7}$ SP←SP+1, SP←PC$_{8\sim15}$ PC←addr11	绝对调用指令，调用范围同 AJMP	2

Addr16 是被调用子程序的 16 位地址，主程序和被调用子程序可以任意地放在 64KB 范围内。编程时，addr11 可用标号表示，但调用指令和被调子程序始址相距不超出 2KB。

例 3.22 求执行以下指令后，堆栈有关数据和 PC 中内容，设 MAIN=0500H。

```
MOV    SP,#30H
MAIN: LCALL  8595H
```

解：(SP)=32H，(31H)=03H，(32H)=05H，(PC)= 8595H。

2. 返回指令

返回指令如表 3.26 所示。

表 3.26 返回指令

助记符格式	机器码	相应操作	指令说明	机器周期
RET	00100010	PC$_{8\sim15}$←(SP), SP←SP-1 PC$_{0\sim7}$←(SP), SP←SP-1	子程序返回指令	2
RETI	00110010	PC$_{8\sim15}$←(SP), SP←SP-1 PC$_{0\sim7}$←(SP), SP←SP-1	中断返回指令	2

返回指令把堆栈中的断点地址恢复到程序计数器 PC 中，使程序回到断点处继续执行。

子程序返回指令 RET 只能用在子程序末尾。

中断返回指令 RETI 只能用在中断服务程序末尾。执行 RETI 指令后，程序除返回原断点地址处继续执行外，还将清除相应中断优先级状态位，以允许单片机响应低优先级的中断请求。

例 3.23 编制程序将 20H～2AH、30H～3EH 和 40H～4FH3 各子域清 0。

解：

```
MOV    SP, #70H     ;令堆栈的栈底地址为 70H
MOV    R0, #20H     ;第一清 0 区始址送 R0
MOV    R2, #0BH     ;第一清 0 区单元数送 R2
```

```
        ACALL   ZERO            ;20H~2AH 清 0
        MOV     R0,#30H         ;第二清 0 区始址送 R0
        MOV     R2,#0FH         ;第二清 0 区单元数送 R2
        ACALL   ZERO            ;30H~3EH 清 0
        MOV     R0, #40H        ;第三清 0 区始址送 R0
        MOV     R2, #10H        ;第三清 0 区单元数送 R2
        ACALL   ZERO            ;40H~4FH 清 0
        ...
   ZERO:MOV     @R0,#00H        ;清 0
        INC     R0              ;修改 0 区指针
        DJNZ    R2,ZERO         ;若 R2-1≠0,则转 ZERO
        RET                     ;返回
```

3. 空操作指令

空操作指令如表 3.27 所示。

表 3.27 空操作指令

助记符格式	机 器 码	相应操作	指令说明
NOP	00000000	PC←(PC)+1,空操作	消耗一个机器周期

执行这条单字节单周期指令仅使程序计数器 PC 加 1,不进行任何其他操作,消耗时间为一个机器周期(12 个时钟周期),在程序中可用作简单延时或等待。

3.7 位操作指令

位操作指令分为位传送、位置"1"和位清 0、位运算、位控制转移指令 4 类。位操作指令也称为布尔变量操作指令,其操作对象不是以字节而是片内 RAM 位寻址区中的各位。位传送、位置"1"和位清 0、位运算指令的操作以字节中某位为对象;位控制转移指令以检测字节中某位的状态为条件。

1. 位传送指令(2 条)

位传送指令如表 3.28 所示。

表 3.28 位传送指令

助记符格式	机器码(B)	相应操作	指令说明	机器周期
MOV C,bit	10100010	Cy←bit	位传送指令,结果影响 Cy 标志位	2
MOV bit,C	10010010	bit←Cy	位传送指令,结果不影响 PSW	2

第 1 条指令把位地址 bit 中的内容传送到 PSW 中的进位标志位 Cy;第 2 条指令的传送方向相反。

例 3.24 编程将 00H 位中的内容与 7FH 位中的内容相交换。

解:采用 01H 位作为暂存位,相应程序为:

```
MOV    C,00H     ;Cy←(00H)
MOV    01H,C     ;暂存于01H位
MOV    C,7FH     ;Cy←(7FH)
MOV    00H,C     ;存入00H位
MOV    C,01H     ;00H位的原内容送Cy
MOV    7FH,C     ;存入7FH位
```

2. 位置"1"和位清0指令(4条)

位置"1"和位清0指令如表3.29所示。

表3.29 位置"1"和位清0指令

助记符格式	机器码(B)	相应操作	指令说明	机器周期
CLR C	11000011	Cy←0	位清0指令，结果影响Cy标志位	1
CLR bit	11000010 bit	bit←0	位清0指令，结果不影响PSW	1
SETB C	11010011	Cy←1	位置1指令，结果影响Cy标志位	1
SETB bit	11010010 bit	bit←1	位置1指令，结果不影响PSW	1

3. 位运算指令(6条)

位运算指令如表3.30所示。

表3.30 位运算指令

助记符格式	机器码(B)	相应操作	指令说明	机器周期
ANL C,bit	10000010 bit	Cy←Cy∧bit	位与指令	2
ANL C,/bit	10110010 bit	Cy←Cy∧$\overline{bit}$	位与指令	2
ORL C,bit	01110010 bit	Cy←Cy∨bit	位或指令	2
ORL C,/bit	10100010 bit	Cy←Cy∨$\overline{bit}$	位或指令	2
CPL C	10110011	Cy←$\overline{Cy}$	位取反指令	2
CPL bit	10110010	bit←$\overline{bit}$	位取反指令，结果不影响Cy标志位	2

在表3.30中，只有最后一条指令执行后将改变bit中的内容。电子电路的逻辑设计常用到这组指令。

例3.25 编程将位地址A、B中内容的异或结果放入W中。

解：MCS-51指令系统没有位异或指令，可以用位操作指令来实现位异或运算，由数字电路知 $W=A\oplus B=\overline{A}B+A\overline{B}$，编制程序如下：

```
MOV    C,B       ;Cy←B
ANL    C,/A      ;Cy←$\overline{A}$∧B
MOV    W,C       ;暂存于W
MOV    C,A       ;Cy←A
ANL    C,/B      ;Cy←A∧$\overline{B}$
ORL    C,W       ;Cy←($\overline{A}$∧B)∨(A∧$\overline{B}$)
MOV    W,C       ;存入W
```

4. 位控制转移指令

1) 以 Cy 内容为条件的转移指令

以 Cy 内容为条件的转移指令如表 3.31 所示。

表 3.31 以 Cy 内容为条件的转移指令

助记符格式	机器码(B)	相应操作	机器周期
JC rel	01000000	若 Cy＝0，则 PC←PC+rel，否则顺序执行	2
JNC rel	01010000	若 Cy≠0，则 PC←PC+rel，否则顺序执行	2

这两条相对转移指令常接在比较条件转移指令 CJNE 后，以便根据 Cy 决定程序的流向。

例 3.26 编制程序，以 30H 中无符号数 X 为分支开关：若 X<10，转向 LOOP1 执行；若 X=10，转向 LOOP2 执行；若 X>10，转向 LOOP3 执行。

解：

```
       MOV    A,30H           ;A←X
       CJNE   A,#10,COMP      ;若 X≠10，则转向形成 Cy 标志，转向 COMP
       SJMP   LOOP2           ;若 X=10，则转向 LOOP2
COMP:  JNC    LOOP3           ;若 X>10，则转向 LOOP3
LOOP1: …
LOOP2: …
LOOP3: …
```

2) 以位地址内容为条件的转移指令

以位地址内容为条件的转移指令如表 3.32 所示。

表 3.32 以位地址内容为条件的转移指令

助记符格式	机器码(B)	相应操作	机器周期
JB bit, rel	00100000 bit rel	若 bit=1，则 PC←PC+ rel，否则顺序执行	2
JNB bit, rel	00110000 bit rel	若 bit=0，则 PC←PC+ rel，否则顺序执行	2
JBC bit，rel	00010000 bit rel	若 bit=1，则 PC←PC+ rel，bit←0，否则顺序执行	2

例 3.27 已知外部 RAM 的输入数据缓冲区从 3000H 开始，以回车符 ENTER(ASCII 码为 0DH)为结束标志，编制程序将缓冲区数据中的正数送入片内 RAM 50H 开始的正数区，把负数送入 60H 开始的负数区。

解：

```
       MOV    DPTR,#3000H     ;缓冲区始址送 DPTR
       MOV    R0, #50H        ;正数区指针送 R0
       MOV    R1, #60H        ;负数区指针送 R1
NEXT:  MOVX   A, @DPTR        ;从外部 RAM 取数
       CJNE   A, #0DH, COMP   ;若 A≠0DH，则转 COMP
       SJMP   DONE            ;若 A= 0DH，则转 DONE
```

```
COMP:   JB      ACC.7,LOOP      ;若为负数,则转 LOOP
        MOV     @R0,A           ;若为正数,则送正数区
        INC     R0              ;修改正数区指针
        INC     DPTR            ;修改缓冲区指针
        SJMP    NEXT            ;循环
LOOP:   MOV     @R1,A           ;若为负数,则送负数区
        INC     R1              ;修改负数区指针
        INC     DPTR            ;修改缓冲区指针
        SJMP    NEXT            ;循环
DONE:   RET                     ;返回
```

3.8 伪 指 令

用汇编语言编成的源程序计算机不能直接执行,必须译成机器语言程序(称之为汇编)才能够执行。汇编有两种方式,即手工汇编和机器汇编。手工汇编是通过查指令码表来查每条指令的机器码;机器汇编是通过汇编程序软件由计算机自动完成汇编。

当使用机器汇编时,必须使用伪指令为汇编程序提供一些汇编信息。伪指令不是可执行指令,因此无机器代码。不同的 A51 编译系统,伪指令会略有不同。单片机汇编程序所使用的伪指令如表 3.33 所示。

表 3.33 伪指令

分 类	指 令	功 能
符号定义	SEGMENT	声明欲产生段的再定位类型
	EQU	给特定的符号名赋值
	SET	特定符号赋值且可重新定义
	DATA	内部数据地址赋给指定符号
	IDATA	间接寻址内部数据地址赋给指定符号
	XDATA	外部数据地址赋给指定符号
	BIT	位地址赋给指定符号
	CODE	程序地址赋给指定符号
保留/初始化	DS	以字节为单位保留空间
	DBIT	以位为单位保留空间
	DB	以字节值初始化程序空间
	DW	以字值初始化程序空间
程序连接	PUBLIC	为其他模块所使用
	EXTRN	列出其他模块中定义的符号
	NAME	用来标明当前程序模块
状态控制和段选择	ORG	用来改变汇编器的地址计数器
	END	设定源程序的最后一行
	RSEG	选择定义过的再定位段作为当前段

续表

分类	指令	功能
状态控制和段选择	CSEG	程序绝对段
	DSEG	内部数据绝对段
	XSEG	外部数据绝对段
	ISEG	内部间址数据绝对段
	USING	通知汇编器使用哪一寄存器组

现对常用的伪指令作以下说明。

1. 起始指令

标号：ORG nn

作用：指示此语句后的程序或数据块以 nn 为起始地址连续存放在程序存储器中。

例如：

```
ORG  2000H
```

2. 字节定义

标号：DB (字节常数，或字符或表达式)

作用：指示以标号为起始地址存放的数为字节数据。

例如：

```
LOOP: DB  32H,43H,20H  ;LOOP 开始的单元依次存放 32H、43H、20H
```

3. 字定义

标号：DW (字常数或表达式)

作用：指示以标号为起始地址存放的数为字数据(即 16 位的二进制数)，每个字需两个单元存放，DW 可用来定义地址。

例如：

```
MN: DW  1234H,08H  ;MN 开始的单元中顺次存放 12H, 34H, 00H, 08H
```

4. 等值指令

标号：EQU (数值表达式)

作用：表示 EQU 两边的量等值。

例如：

```
HERE  EQU  38H    ;程序中凡是出现 HERE 的地方汇编后将代之以 38H
```

5. 位定义

标号：BIT (位地址)

作用：同 EQU 指令，不过定义的是位操作地址。

例如：

BIC BIT P1.1

6. 数据地址赋值

标号：DATA nn

作用：将 16 位地址 nn 赋值给标号，使用方法同 EQU 指令，但标号必须先定义后使用。

例如：

DPTL DATA #20H

7. 汇编结束

标号：END

作用：指示汇编程序源程序段结束。

3.9 小　　结

51 系列单片机指令系统的特点是不同的存储空间寻址方式不同，适用的指令不同，必须进行区分。

指令是程序设计的基础，应重点掌握传送指令、算术运算指令、逻辑运算指令、控制转移类指令和位操作指令，掌握指令的功能，操作的对象和结果，对标志位的影响，应要求熟记。

伪指令是非执行指令，提供汇编程序以汇编信息，应正确使用。

习　　题

1. 什么是指令？什么是程序？简述程序在计算机中的执行过程。
2. 什么是寻址方式？MCS-51 单片机有哪几种寻址方式？试述各种寻址方式所能访问的存储空间。
3. MCS-51 单片机的片内 RAM 有哪几种寻址方式？
4. 20H 和#20H 有什么区别？
5. 下列指令哪些是合法指令？哪些是非法指令？

```
OV    R5,R2
OVX   DPTR,A
USH   B
CH    A,#20H
OV    C,B
RC    A
```

6. 指出下列各指令中操作数的寻址方式。

    ADD   A,40H
    PUSH   Acc
    MOV   B,20H
    ANL   P1,#35H
    MOV   @R1,PSW

7. 编制程序将外部数据存储器 1000H 单元中的内容传送到 2000H 单元中。

8. 请按下列要求传送数据。
(1) 将 R0 中的数据传送到 R7。
(2) 内部 RAM 50H 单元数据送外部 RAM 50H 单元。
(3) 外部 RAM 50H 单元数据送 R0。
(4) ROM 4000H 单元数据送内部 RAM 20H 单元。

9. 编制程序将片外数据存储器地址为 2040H～2060H 区域的数据块，全部移送到片内 RAM 的 40H～60H 地址区域，并将原数据区全部填为 FFH。

10. 双字节与单字节无符号数相乘，设被乘数存于 41H、40H 单元中，乘数存于 R4 中，乘积存于 52H、51H、50H 单元中(前者为高位字节，后者为低位字节，按顺序排列)，请编写此程序段。

11. 设 A=11H，(44H)=22H，R0=33H，试求下列程序依次运行后有关单元中的内容。

    MOV   A,R0
    MOV   R0,#44H
    MOV   33H,@R0
    MOV   @R0,A
    MOV   A,R0
    MOVX   @R0,A

第4章 中断系统、内部定时/计数器

本章要点

- MCS-51 单片机中断系统的结构
- 响应中断的过程
- 定时/计数器的结构及工作原理
- 定时/计数器的工作方式
- 定时/计数器的编程和应用

本章难点

- 响应中断的过程
- 定时/计数器的工作方式

MCS-51 单片机具有中断系统和定时/计数器，它们是构成单片机的重要组成部分，为单片机提供了中断处理能力、定时功能及计数脉冲功能。本章将从结构、工作方式、应用、编程及扩展几个方面分别介绍单片机的中断系统与定时/计数器。

4.1 中 断 系 统

中断系统是计算机的重要组成部分。实时控制、故障自动处理、计算机与外围设备间的数据传送往往采用中断系统。中断系统的应用大大提高了计算机的效率。

4.1.1 中断系统概述

1. 中断的概念

MCS-51 单片机只有一个 CPU，面临着运行程序、处理数据输入输出、处理特殊事件等多项任务。为此只能采用暂时停下一个任务去处理另一个任务的中断方法。所以中断技术是单一 CPU 处理多任务的一种技术手段，实质上就是一种资源共享技术。

"中断"是指计算机在执行某段程序的过程中，由于计算机系统内、外的某种原因，当出现 CPU 以外的某种情况时，由服务对象向 CPU 发出中断请求信号，要求 CPU 暂时中断当前程序的执行而转去执行相应的处理程序，待处理程序执行完毕后，再返回继续执行原来被中断的程序。

"中断"之后所执行的相应处理程序通常称之为中断服务或中断处理子程序，原来正常运行的程序称为主程序。主程序被断开的位置(或地址)称为"断点"。中断源要求服务的请求称为"中断请求"(或中断申请)。引起中断的原因，或能发出中断申请的来源，称

第4章 中断系统、内部定时/计数器

为"中断源",它是引起中断发生的事件、设备、部件。中断源可以是外部设备,如打印机、键盘,它们在与计算机进行输入/输出数据交换时需向 CPU 发出中断请求。当计算机用于实时控制时,被控的电压、电流、湿度、压力、流量和流速等超越上限或下限,开关或继电器的闭合、断开等都可以作为中断源来产生中断请求;当计算机发生诸如掉电、计算溢出、被零除等故障时,这些故障源也可用作中断源。计算机还有内部定时器和外部定时器中断源,定时器中断可以使 CPU 进行计时处理,以便达到时间控制的目的。

调用中断服务程序的过程类似于调用子程序,其区别在于调用子程序在程序中是事先安排好的,而何时调用中断服务程序事先却无法确定,因为"中断"的发生是由外部因素决定的,程序中无法事先安排调用指令,因此,调用中断服务程序的过程是由硬件自动完成的。

2. 中断的特点

1) 分时操作

中断可以解决快速的 CPU 与慢速的外设之间的矛盾,使 CPU 和外设同时工作。CPU 在启动外设工作后继续执行主程序,同时外设也在工作。每当外设做完一件事就发出中断申请,请求 CPU 中断它正在执行的程序,转去执行中断服务程序(一般情况是处理输入/输出数据),中断处理完之后,CPU 恢复执行主程序,外设也继续工作。这样,CPU 可启动多个外设同时工作,大大提高了 CPU 的效率。

2) 实时处理

在实时控制中,现场的各种参数、信息均随时间和现场而变化。这些外界变量可根据要求随时向 CPU 发出中断申请,请求 CPU 及时处理中断请求。如果中断条件满足,CPU 马上就会响应,进行相应的处理,从而实现实时处理。

3) 故障处理

针对难以预料的情况或故障,如掉电、存储出错、运算溢出等,可通过中断系统由故障源向 CPU 发出中断请求,再由 CPU 转到相应的故障处理程序进行处理。

3. 中断系统的功能

1) 实现中断响应和中断返回

CPU 收到中断请求后,能根据具体情况决定是否响应中断,如果 CPU 没有更急、更重要的工作,则在执行完当前指令后响应这一中断请求。CPU 中断响应过程如下:首先,将断点处的 PC 值(即下一条应执行指令的地址)推入堆栈保留起来,这称为保护断点,由硬件自动执行;然后,将有关的寄存器内容和标志位状态推入堆栈保留起来,这称为保护现场,由用户自己编程完成。保护断点和现场后即可执行中断服务程序。执行完中断服务程序后,CPU 由中断服务程序返回主程序。中断返回过程如下:首先,恢复原保留寄存器的内容和标志位的状态,这称为恢复现场,由用户编程完成;然后,再加返回指令 RETI,RETI 指令的功能是恢复 PC 值,使 CPU 返回断点,这称为恢复断点;恢复现场和断点后,CPU 将继续执行原主程序,中断响应过程到此结束。

2) 实现优先权排队

通常，系统中有多个中断源。当有多个中断源同时发出中断请求时，要求计算机能确定哪个中断更紧迫，以便首先响应。为此，计算机给每个中断源规定了优先级别，称为优先权。这样，当多个中断源同时发出中断请求时，优先权高的中断能先被响应，只有优先权高的中断处理结束后才能响应优先权低的中断。计算机按中断源优先权高低逐次响应的过程称为优先权排队。这个过程可通过硬件电路来实现，也可通过软件查询来实现。

3) 实现中断嵌套

当 CPU 响应某一中断时，若有优先权高的中断源发出中断请求，则 CPU 会中断正在进行的中断服务程序，并保留这个程序的断点，响应高级中断。高级中断处理结束以后，再继续进行被中断的中断服务程序，这个过程称为中断嵌套。如果发出新的中断请求的中断源的优先权级别与正在处理的中断源同级或更低，则 CPU 不会响应这个中断请求，直至正在处理的中断服务程序执行完以后才去处理新的中断请求。

4. 中断系统的结构

中断过程是在硬件基础上再配以相应的软件而实现的，不同的计算机，其硬件结构和软件指令是不完全相同的，因此，中断系统也是不相同的。

MCS-51 中断系统的结构框图如图 4.1 所示。

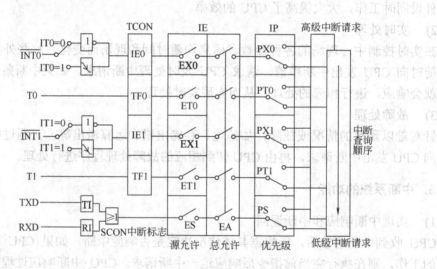

图 4.1 中断系统结构框图

4.1.2 中断源

MCS-51 系列中，不同单片机的中断源个数和中断标志位定义略有差异，8031、8051 和 8751 有 5 个中断源，8032、8052 和 8752 有 6 个中断源，80C32、80C252 和 87C252 有 7 个中断源。8051 的中断源包括 2 个外部中断、2 个定时器溢出中断和 1 个串行口中断，如表 4.1 所示。

第4章 中断系统、内部定时/计数器

表4.1 8051 的中断源

符号	名称	中断引起原因	中断入口地址	中断标志	优先权
$\overline{INT0}$	外部中断0	P3.2 引脚的低电平或下降沿信号	0003H	IE0	高 ↕ 低
T0	定时器0中断	定时/计数器0计数回零溢出	000BH	TF0	
$\overline{INT1}$	外部中断1	P3.3 引脚的低电平或下降沿信号	0013H	IE1	
T1	定时器1中断	定时/计数器1计数回零溢出	001BH	TF1	
TI/RI	串行口中断	串行通信完成一帧数据发送或接收	0023H	TI 或 RI	

1. 外部中断源

8051 的两条外部中断请求信号输入线 $\overline{INT0}$ 和 $\overline{INT1}$，有低电平或负跳变两种中断触发方式。中断触发方式由定时器控制寄存器 TCON 中 IE0 和 IE1 位的状态设定，如图4.1所示。每个机器周期的 S2P5 检测一次 $\overline{INT0}$ 和 $\overline{INT1}$，检测方式由中断触发方式决定。

低电平触发方式要求：$\overline{INT0}$ 或 $\overline{INT1}$ 的低电平保持到 CPU 实际响应为止，以认定其提出中断请求，中断服务程序应该撤除 $\overline{INT0}$ 和 $\overline{INT1}$ 引脚上的低电平，以免 CPU 在中断返回后再次响应。

负跳变触发方式要求：外部中断源的中断请求信号脉冲宽度至少为 12 个时钟周期，保证 CPU 前一次检测为高电平，而后一次检测为低电平，以确定中断请求的提出。

2. 定时器溢出中断源

8051 内部定时/计数器溢出中断属于内部中断，通常用于进行定时/计数控制。在内部定时脉冲(主脉冲经 12 分频后得到)或 T0/T1 引脚上输入的外部计数脉冲作用下，加 1 计数的定时/计数器溢出时提出中断请求。定时/计数器溢出中断请求在得到响应后自动撤除。

3. 串行口中断源

8051 内部串行口的发送中断和接收中断也是内部中断。在串行口进行发送/接收数据时，每发送完一组串行数据时，串行口控制寄存器 SCON 中的 TI 中断标志位置"1"，每接收完一组串行数据则使 RI 置"1"，并都自动向 CPU 发出串行口中断请求。为了区分中断请求是接收还是发送，可以在串行口中断服务程序中通过判断标志位 RI 和 TI 的状态来实现。将 TI、RI 清 0，也就撤销了发送、接收的中断请求。

4.1.3 中断系统的控制

1. 中断标志寄存器

8051 检测到中断请求信号后，将定时器控制寄存器 TCON 和串行口控制寄存器 SCON 中的相应中断标志位置"1"，在下一个机器周期检测这些中断标志位状态，决定是否响应该中断请求。

1) 定时器控制寄存器 TCON

TCON 是定时器 T0 和 T1 的启动/关闭控制寄存器，同时也锁存着 4 个中断标志位和两个外部中断的触发标志位。TCON 寄存器各位定义为：

字节地址：	TCON	TF1	TR1	TF0	TR0	IE1	IT1	IE0	IT0	88H
	位地址	8FH	8EH	8DH	8CH	8BH	8AH	89H	88H	

IT0(IT1)：外部中断触发方式 $\begin{cases} 0：\overline{INT0}(\overline{INT1})为电平触发方式，低电平有效 \\ 1：\overline{INT0}(\overline{INT1})为脉冲触发方式，负边沿有效 \end{cases}$

IE0(IE1)：外部中断请求标志 $\begin{cases} 0：响应中断请求后，该位由硬件自动清 0 \\ 1：\overline{INT0}(\overline{INT1})上有中断请求 \end{cases}$

TR0(TR1)：定时器 T 启/停控制 $\begin{cases} 0：停止定时器 T0(T1)计数 \\ 1：允许定时器 T0(T1)计数 \end{cases}$

TF0(TF1)：T 溢出中断标志 $\begin{cases} 0：响应中断请求后，该位由硬件自动清 0 \\ 1：定时器 T0(T1)有溢出中断请求 \end{cases}$

2) 串行口控制寄存器 SCON

串行口控制寄存器 SCON 主要用于串行口工作方式的设定和串口发送、接收控制，同时也包含串行口的发送中断标志位。SCON 中与中断有关的中断请求标志位有 TI 和 RI 两位，其余各位将在 5.2.2 节"串行口的控制"中介绍。SCON 寄存器各位定义为：

字节地址：	SCON	SM0	SM1	SM2	REN	TB8	TB9	TI	RI	98H
	位地址	9FH	9EH	9DH	9CH	9BH	9AH	99H	98H	

RI：串行口接收中断请求标志 $\begin{cases} 0：无接收中断(只能由软件复位) \\ 1：有接收中断请求 \end{cases}$

TI：串行口发送中断请求标志 $\begin{cases} 0：无发送中断(只能由软件复位) \\ 1：有发送中断请求 \end{cases}$

只要在串行口中断服务子程序中安排一条对 RI 和 TI 标志位状态的判断指令，便可区分串行口发生了接收中断还是发送中断。

8051 复位后，TCON 和 SCON 中的各位均清 0。

2. 中断控制寄存器

1) 中断允许控制

MCS-51 通过中断允许寄存器 IE 中的中断允许总控位 EA 和各中断源的中断允许控制位，对中断请求的开放和关闭进行两级控制，如图 4.1 所示。只有总控位 EA、相应中断源的中断允许控制位都被置"1"，该中断源提出的中断请求才会被 CPU 响应。IE(字节地址：A8H)中各位的定义如表 4.2 所示。

ET2 为定时器 T2 的中断允许控制位，仅 8032/8052 单片机才有。单片机复位时，IE 各位都被置"0"。

表 4.2 IE 各位定义

IE	EA	ET2	ES	ET1	EX1	ET0	EX0
1/0	中断总控允许/禁止	T2 中断开/关	串行口中断开/关	T1 中断开/关	$\overline{INT1}$开/关	T0 中断开/关	$\overline{INT0}$开/关
位地址	AFH	ADH	ACH	ABH	AAH	A9H	A8H

可以用字节传送指令或位操作指令对各个中断请求加以控制。例如，开放定时器 T1 的溢出中断，可以采用以下字节传送指令：

```
MOV IE, #88H
```

也可以采用以下位操作指令：

```
SETB EA
SETB ET1
```

2) 中断优先级控制

MCS-51 有两个中断优先级，通过中断优先级控制寄存器 IP，5 个中断源可编程为高优先级中断或低优先级中断，优先级排列方便 CPU 对所有中断实现两级中断嵌套。中断响应原则如下：

(1) 高级中断请求可以打断正在执行的低级中断。

(2) 同级或低级中断请求不能打断正在执行的中断。

(3) 两个以上同级中断源同时向 CPU 申请中断，CPU 通过内部硬件查询，按自然优先级确定优先响应哪一个中断请求。自然优先顺序由硬件形成，CPU 查询的顺序如下：

$$\overline{INT0} \rightarrow T0 \rightarrow \overline{INT1} \rightarrow T1 \rightarrow TI/RI$$

用户可用软件设定 IP 的方法，控制各中断源的优先级别。IP(字节地址：B8H)中各位的定义如表 4.3 所示。

表 4.3 IP 各位定义

IP	PT2	PS	PT1	PX1	PT0	PX0
1/0	T2 优先级高/低	串行口优先级高/低	T1 优先级高/低	$\overline{INT1}$高/低	T0 优先级高/低	$\overline{INT0}$高/低
位地址	BDH	BCH	BBH	BAH	B9H	B8H

IP 相应位置 "1"，则该中断源的优先级别高，置 "0" 的优先级别低。

单片机复位时，IE 各位都被置 "0"，所有的中断源均为低级中断。

4.1.4 中断响应

1. 中断处理的过程

中断处理过程分为 4 个阶段，即中断请求、中断响应、中断服务和中断返回。

MCS-51 系列单片机的中断处理流程如图 4.2 所示。其中，中断请求和中断响应过程由硬件完成。中断服务程序应根据需要进行编写，程序中要注意保护现场和恢复现场。中断返回是通过执行一条 RETI 中断返回指令，使堆栈中被压入的断点地址送 PC，从而返回主程序的断点继续执行主程序。另外，RETI 还有恢复优先级状态触发器的作用，因此不能用 RET 指令代替 RETI 指令。

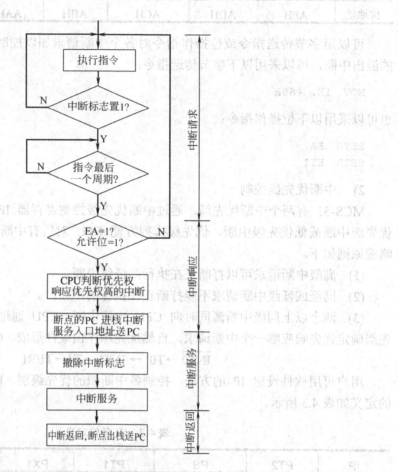

图 4.2 中断处理流程图

若某个中断源通过编程设置，处于被打开的状态，并满足中断响应的条件，但是如果存在以下 3 种情况，单片机不响应此中断。

(1) 当前正在执行的那条指令没有执行完。
(2) 当前响应了同级或更高级的中断。
(3) 在操作 IE、IP 中断控制寄存器或执行 RETI 指令。

正常情况下，从中断请求信号有效开始，到中断得到响应，通常需要 3~8 个机器周期。

2. 中断申请的撤除

CPU 响应中断请求后即进入中断服务程序，在中断返回前，应撤除该中断请求，否则会引起重复中断，从而导致错误。MCS-51 各中断源中断请求撤除的方法有以下几种。

1) 定时器中断请求的撤除

对于定时器 T0 或 T1 溢出中断，CPU 在响应中断后即由硬件自动清除其中断标志位 TF0 或 TF1，无需采取其他措施。

2) 串行口中断请求的撤除

对于串行口中断，CPU 在响应中断后，硬件不能自动清除中断请求标志位 TI、RI，必须在中断服务程序中用软件将其清除。

3) 外部中断请求的撤除

外部中断可分为边沿触发型和电平触发型。

对于边沿触发的外部中断 $\overline{INT0}$ 或 $\overline{INT1}$，CPU 在响应中断后，由硬件自动清除其中断标志位 IE0 或 IE1，无需采取其他措施。

对于电平触发的外部中断，其中断请求撤除的方法较为复杂。因为对于电平触发的外部中断，CPU 在响应中断后，硬件不会自动清除其中断请求标志位 IE0 或 IE1，同时也不能用软件将其清除，所以，在 CPU 响应中断后，应立即撤除 $\overline{INT0}$ 或 $\overline{INT1}$ 引脚上的低电平，否则，就会引起重复中断而导致错误。但是，CPU 又不能控制 $\overline{INT0}$ 或 $\overline{INT1}$ 引脚的信号，因此，只有通过硬件配合相应软件的方式才能解决这个问题。

4.2 中断程序设计

用户对中断的控制和管理，实际是对 4 个与中断有关的寄存器 IE、TCON、IP、SCON 进行控制或管理。这几个寄存器在单片机复位时总是清零的，因此必须根据需要对这几个寄存器的有关位进行预置。在中断程序的编制中应注意以下几点。

(1) 开中断总控开关 EA，并置位中断源的中断允许位。

(2) 对外部中断 $\overline{INT0}$、$\overline{INT1}$，应选择中断触发方式。

(3) 对于多个中断源，应设定中断优先级，预置 IP。

4.2.1 汇编语言中断程序设计

汇编语言的中断服务程序按规定的中断矢量地址存入，由于 5 个中断矢量地址 0003H、000BH、0013H、001BH、0023H 之间相距很近，往往装不下一个中断服务程序，所以通常将中断服务程序安排在程序存储器的其他地址空间，而在矢量地址的单元中安排一条转移指令。对于一个独立的应用系统，上电初始化时，PC 总是指向 0，所以在程序存储器的 0 地址单元又安排一条转移地址，以绕过矢量地址空间。

下面举例说明中断程序的汇编语言编写格式和方法。

例 4.1 在图 4.3 中，P1.4～P1.7 接有 4 个发光二极管，P1.0～P1.3 接有 4 个开关，消抖电路用于产生中断请求信号，消抖电路的开关来回拨动一次将产生一个下降沿信号，通过向 CPU 申请中断，要求：初始发光二极管全黑，每中断一次，P1.0～P1.3 所接的开关状态反映到发光二极管上，且要求开关合上时对应发光二极管亮。

解：编程如下：

```
        ORG   0000H
        AJMP  MAIN
        ORG   0003H          ;中断入口
        AJMP  WBI            ;转中断服务程序
        ORG   0030H          ;主程序
MAIN:   MOV   P1,#0FH        ;灯全灭，低四位输入
        SETB  IT0            ;边沿触发中断
        SETB  EX0            ;允许INT0中断
        SETB  EA             ;开中断总开关
HERE:   AJMP  HERE           ;等待中断
WBI:    MOV   P1,#0FH        ;P1先写入"1"且灯灭
        MOV   A,P1           ;输入开关状态
        SWAP  A
        MOV   P1,A           ;输出到P1高4位
        RETI                 ;中断返回
        END
```

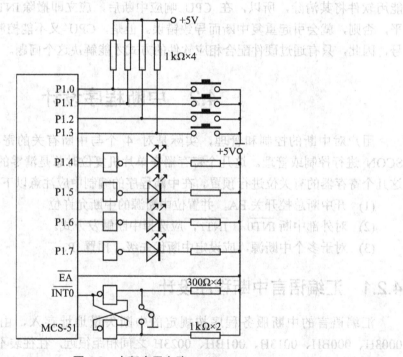

图4.3　中断应用电路

此例的执行现象是每重置一次 4 个开关的开、合状态，4 个发光二极管维持原来的亮、灭状态，仅当来回拨动消抖开关后，产生了中断，发光二极管才反映新置的开关状态。

上例中的中断源为外部 $\overline{INT0}$ 中断，对于定时器中断和串行口中断的应用实例可参阅相关章节。

4.2.2 C 语言中断程序设计

C 语言程序设计在第 7 章中将专门介绍，这里先介绍中断程序的 C 语言编写格式及方法。

C51 能够使用户编写高效的中断服务程序，编译在规定的中断源的矢量地址中放入无条件转移指令，使 CPU 响应中断自动地从矢量地址跳转到中断服务程序的实际地址，而无须用户去安排。

1. 中断服务函数的定义

中断服务程序定义为函数，函数的完整定义如下：

返回值函数名([参数])[模式][再入]Interrupt n [Using m]

(1) Interrupt n：表示将函数声明为中断服务函数，n 为中断源编号，可以是 0～31 的整数，不允许是带运算符的表达式。n 通常取以下值。

- 0：外部中断 0。
- 1：定时/计数器 0 溢出中断。
- 2：外部中断 1。
- 3：定时/计数器 1 溢出中断。
- 4：串行口发送与接收中断。

(2) Using m：定义函数使用的工作寄存器组，m 的取值范围为 0～3，通常均为默认值。它对目标代码的影响是：函数入口处将当前寄存器保存，使用 m 指定的寄存器组，函数退出时原寄存器组恢复。选择不同的工作寄存器组，可方便地实现寄存器组的现场保护。

(3) 再入：属性关键字 reentrant 将函数定义为再入函数，在 C51 中，普通函数(非再入函数)不能递归调用，只有再入函数才可被递归调用。

中断服务函数不允许用于外部函数，它对目标代码的影响如下。

(1) 调用函数时，SFR 中的 Acc、B、DPH、DPL 和 PSW 在需要时入栈。
(2) 如果不使用寄存器组切换，中断函数所需的所有工作寄存器 Rn 都入栈。
(3) 函数退出前，所有工作寄存器出栈。
(4) 函数由"RETI"指令终止。

2. 编程举例

例 4.2 用 C 语言对例 4.1 重新编程。

解：编程如下：

```
#include<reg51.h>
int0() interrupt 0   /*INT0中断函数*/
{
    P1=0X0f;           /*输入端先置1，灯灭*/
```

```
        P1<<=4;            /*读入开关状态,并左移 4 位,使开关反映在发光二极管上*/
    }
    main()                 /*主函数*/
    {
        EA=1;              /*开中断总开关*/
        EX0=1;             /*允许INT0中断*/
        IT0=1;             /*下降沿产生中断*/
        while(1);          /*等待中断*/
    }
```

主函数执行 while(1)语句进入死循环等待中断,当拨动 $\overline{INT0}$ 的开关后,进入中断函数,读入 P1.0～P1.3 的开关状态并将状态数据左移 4 位到 P1.4～P1.7 的位置上,输出控制发光二极管亮,执行完中断,返回到等待中断的 while(1)语句,等待下一次中断。

4.3 定时/计数器

定时/计数器是单片机硬件结构中的一个重要组成部分,在单片机构成的测控系统中,常要用到定时/计数器,如定时检测某个物理参数、按一定的时间间隔进行某种控制、对某个事件发生的次数加以计数等。定时/计数器的应用概括起来有定时或延时、控制外部事件发生次数、串行口波特率发生器/分频器、测量外部脉冲宽度等。硬件构成的定时/计数器在使用上有不占用 CPU 时间的优点,这比用循环程序来产生延时要优越得多,提高了 CPU 的效率。

4.3.1 定时/计数器的结构

8051 单片机内部有两个 16 位的可编程定时/计数器,称为定时器 0 (T0)和定时器 1(T1),可编程选择其用作定时器或计数器。此外,工作方式、定时时间、计数值、启动、中断请求等都可以由程序设定,其逻辑结构如图 4.4 所示。

由图 4.4 可知,8051 定时/计数器由 T0、T1、定时器方式寄存器 TMOD 和定时器控制寄存器 TCON 组成。

T0、T1 是 16 位加法计数器,分别由两个 8 位专用寄存器组成:T0 由 TH0 和 TL0 组成,T1 由 TH1 和 TL1 组成。TL0、TL1、TH0、TH1 的访问地址依次为 8AH～8DH,每个寄存器均可单独访问。T0 或 T1 用作计数器时,对芯片引脚 T0(P3.4)或 T1(P3.5)上输入的脉冲计数,每输入一个脉冲,加法计数器加 1;其用作定时器时,对内部机器周期脉冲计数,由于机器周期是定值,故计数值确定时,时间也随之确定。

TMOD、TCON 与 T0、T1 间通过内部总线及逻辑电路连接,TMOD 用于设置定时器的工作方式,TCON 用于控制定时器的启动与停止。

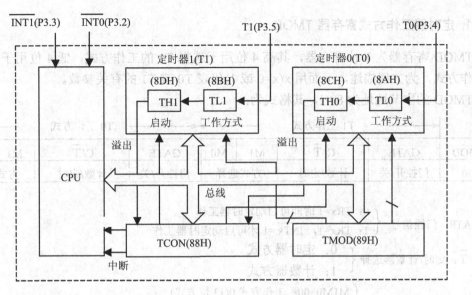

图 4.4　8051 定时/计数器逻辑结构

4.3.2　定时/计数器的工作原理

当定时/计数器设置为定时工作方式时，计数器对内部机器周期计数，每过一个机器周期，计数器增 1，直至计数器满溢出。定时器的定时时间与系统的振荡频率紧密相关，因为 MCS-51 单片机的一个机器周期由 12 个振荡脉冲组成，所以，计数频率 $f_c=(1/12)f_{osc}$。如果单片机系统采用 12MHz 晶振，则计数周期为 $T=\dfrac{1}{f_c}=\dfrac{12}{12\times 10^6}\text{s}=1\mu\text{s}$，这是最短的定时周期。适当选择定时器初值可获得各种定时时间。

当定时/计数器设置为计数工作方式时，计数器对来自输入引脚 T0(P3.4) 和 T1(P3.5) 的外部信号计数，外部脉冲的下降沿将触发计数。在每个机器周期的 S5P2 期间采样引脚输入电平，若前一个机器周期采样值为 1，后一个机器周期采样值为 0，则计数器加 1。新的计数值是在检测到输入引脚电平发生 1 到 0 的负跳变后，于下一个机器周期的 S3P1 期间装入计数器中的。可见，检测一个由 1 到 0 的负跳变需要两个机器周期，所以，最高检测频率为振荡频率的 1/24。计数器对外部输入信号的占空比没有特别的限制，但必须保证输入信号的高电平与低电平的持续时间在一个机器周期以上。

当设置了定时器的工作方式并启动定时器工作后，定时器就按被设定的工作方式独立工作，不再用 CPU 的操作时间，只有在计数器满溢出时才可能中断 CPU 当前的操作。

4.3.3　定时/计数器的工作方式

51 系列单片机的定时器为可编程定时器，在定时器工作之前必须将控制命令写入定时器的控制寄存器，即进行初始化。下面将介绍定时器的工作方式寄存器 TMOD 及控制寄存器 TCON。

1. 定时器工作方式寄存器 TMOD

TMOD 寄存器为 8 位寄存器，其高 4 位用于选择 T1 的工作方式，低 4 位用于选择 T0 的工作方式，为方便描述，下面用 x(x=0 或 1)代表 T0 或 T1 的有关参数。

TMOD 的字节地址为 89H，其格式为：

TMOD	T1 工作方式				T0 工作方式			
	GATE	C/$\overline{T}$	M1	M0	GATE	C/$\overline{T}$	M1	M0
1/0	门控开/关	计数/定时	方式选择		门控开/关	计数/定时	方式选择	

GATE：门控信号 $\begin{cases} 0：TRx=1 \text{ 时即可启动定时器工作} \\ 1：TRx=1，\overline{INTx}=1 \text{ 才可启动定时器工作} \end{cases}$

C/$\overline{T}$：定时/计数器选择 $\begin{cases} 0：定时器方式 \\ 1：计数器方式 \end{cases}$

M1M0：工作方式选择 $\begin{cases} M1M0=00：工作方式 0(13 位方式) \\ M1M0=01：工作方式 1(16 位方式) \\ M1M0=10：工作方式 2(8 位自动装入计数初值方式) \\ M1M0=11：工作方式 3(T0 为 2 个 8 位方式) \end{cases}$

2. 定时器控制寄存器 TCON

TCON 寄存器在 4.1.3 节中已经做了详细介绍，这里不再赘述。定时器控制仅用了 TCON 中的高 4 位。

3. 定时/计数器的工作方式

8051 的定时/计数器有 4 种工作方式，不同的工作方式具有不同的工作特点。

1) 方式 0

当 TMOD 中 M1M0=00 时，定时/计数器工作在方式 0。

方式 0 为 13 位定时/计数方式，由 THx 提供高 8 位、TLx 提供低 5 位的计数初值，最大计数值为 $M=2^{13}=8192$，每次启动计数前均需预置计数初值。图 4.5 所示是 T0 在方式 0 时的逻辑结构图，T1 的逻辑结构和操作与 T0 完全相同。

当 C/$\overline{T}$=0 时，工作于定时器方式，以振荡源的 12 分频信号作为计数脉冲；当 C/$\overline{T}$=1 时，工作于计数器方式，对外部脉冲输入端 T0 或 T1 输入的脉冲计数。

计数脉冲能否加到计数器上受到启动信号的控制。当 GATE=0 时，只要 TRx=1，则定时/计数器启动工作；当 GATE=1 时，TRx=1 且 $\overline{INTx}$=1 时才能启动，此时启动受到双重控制。

启动后计数器立即加 1 计数，当 13 位计数满时，中断溢出标志 TFx 置 1，产生中断请求，表示定时时间到或计数次数到。若允许中断(ETx=1)且 CPU 开中断(EA=1)，则 CPU 响应中断，转向中断服务程序，同时 TFx 自动清 0。

第4章 中断系统、内部定时/计数器

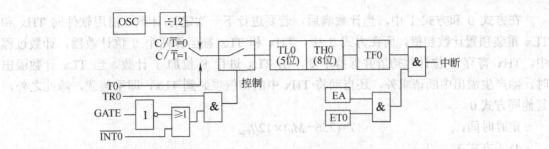

图 4.5 T0 在方式 0 时的逻辑结构

设定时器初值为 C,时钟频率为 f_{osc},则其定时时间 T 为:

$$T=(M-C)\times 12/f_{osc} = (8192-C)\times 12/f_{osc}$$

8051 的时钟频率 f_{osc}=12MHz,则计数周期为 1μs。

例 4.3 用定时器 1、方式 0 实现 1s 的延时。

解: 因方式 0 采用 13 位计数器,其最大定时时间为:8192×1μs=8.192ms,因此可选择定时时间为 5ms,然后循环 200 次,即得到 1s 的延时。定时时间选定后,再确定计数值为 5ms/1μs=5000,则定时器 1 的初值为:

$$C=M-\text{计数值}=8192-5000=3192=C78H=0110001111000B$$

因为 13 位计数器中 TL1 的高 3 位未用,应填写 0,TH1 占高 8 位,所以,M_0 的实际填写值应为 M_0=0110001100011000B=6318H。

即 TH1=63H,TL1=18H,又因采用方式 0 定时,故 TMOD=00H。

可编制 1s 延时子程序如下:

```
DELAY:  MOV   R3,#200       ;置 5ms 计数循环初值
        MOV   TMOD,#00H     ;设定时器 1 为方式 0
        MOV   TH1,#63H      ;置定时器初值
        MOV   TL1,#18H
        SETB  TR1           ;启动 T1
LP1:    JBC   TF1,LP2       ;查询计数溢出
        SJMP  LP1           ;未到 5ms 继续计数
LP2:    MOV   TH1,#63H      ;重新置定时器初值
        MOV   TL1,#18H
        DJNZ  R3,LP1        ;未到 1s 继续循环
        RET                 ;返回主程序
```

2) 方式 1

当 TMOD 中 M1M0=01 时,定时/计数器工作在方式 1。

方式 1 与方式 0 基本相同,唯一区别在于:方式 1 计数寄存器的位数为 16 位,由 THx 和 TLx 寄存器各提供 8 位计数初值,最大计数值为 2^{16}=65536,是几种方式中计数值最大的方式。

定时时间: $T=(65536-M_0)\times 12/f_{osc}$

3) 方式 2

当 TMOD 中 M1M0=10 时,定时/计数器工作在方式 2。

方式 2 是 8 位的可自动重装载计数初值的定时/计数方式,最大计数值为 2^8=256。

在方式 0 和方式 1 中，当计数满后，若要进行下一次定时/计数，需用软件向 THx 和 TLx 重装预置计数初值。而在方式 2 中，THx 和 TLx 被当作两个 8 位计数器，计数过程中，THx 寄存 8 位计数初值并保持不变，由 TLx 进行 8 位加 1 计数。当 TLx 计数溢出时，除产生溢出中断请求外，还自动将 THx 中的初值重装到 TLx，即重装载。除此之外，其他同方式 0。

定时时间： $T=(256-M_0)\times 12/f_{osc}$

4) 方式 3

方式 3 只适合于定时/计数器 0(T0)。当 T0 工作在方式 3 时，TH0 和 TL0 成为两个独立的计数器。这时 TL0 可作定时/计数器，占用 T0 在 TCON 和 TMOD 寄存器中的控制位和标志位；而 TH0 只能用作定时器，占用 T1 的资源 TR1 和 TF1。在这种情况下，T1 仍可用于方式 0、1、2，但不能使用中断方式。

只有将 T1 用做串行口的波特率发生器时，T0 才工作在方式 3，以便增加一个定时器。

定时时间： $T_{L0}=(256-M_{L0})\times 12/f_{osc}$
$T_{H0}=(256-M_{H0})\times 12/f_{osc}$

例 4.4 用定时器 0、方式 3 实现 1s 的延时。

解：根据题意，定时器 0 中的 TH0 只能为定时器，定时时间可设为 250μs；TL0 设置为计数器，计数值可设为 200。TH0 计数器满溢出后，用软件复位的方法使 T0(P3.4)引脚产生负跳变，TH0 每溢出一次，T0 引脚便产生一个负跳变，TL0 便计数一次。TL0 计满溢出时，延时时间应为 50ms，循环 20 次便可得到 1s 的延时。

由上述分析可知，TH0 计数初值为：

$C=256-250=6=06H$

TL0 计数初值为：

$C=256-200=56=38H$

TMOD=00000111B=07H

可编制 1s 延时子程序如下：

```
DELAY:  MOV    R3,#14H      ;置 50ms 计数循环初值
        MOV    TMOD,#07H    ;置 T0 为方式 3 计数
        MOV    TH0,#06H     ;置 TH0 初值
        MOV    TL0,#38H     ;置 TL0 初值
        SETB   TR0          ;启动 TL0
        SETB   TR1          ;启动 TH0
LP1:    JBC    TF1,LP2      ;查询 TH0 计数溢出
        SJMP   LP1          ;未到 250μs 继续计数
LP2:    MOV    TH0,#06H     ;重置 TH0 初值
        CLR    P3.4         ;T0 引脚产生负跳变
        NOP                 ;负跳变持续
        NOP
        SETB   P3.4         ;T0 引脚恢复高电平
        JBC    TF0,LP3      ;查询 TH0 计数溢出
        SJMP   LP1          ;50ms 未到继续计数
```

```
LP3:    MOV   TL0,#38H     ;重置 TL0 初值
        DJNZ  R3,LP1       ;未到 1s 继续循环
        RET
```

4.4 定时/计数器的编程

4.4.1 定时/计数器的初始化编程

1. 定时/计数器的初始化编程步骤

(1) 根据定时时间要求或计数要求计算计数器初值。
(2) 填写工作方式控制字送 TMOD 寄存器。
(3) 送计数初值的高 8 位和低 8 位到 THx 和 TLx 寄存器中。
(4) 启动定时(或计数)器，即将 TRx 置位。

如果工作于中断方式，需置位 EA(中断总开关)及 ETx(允许定时/计数器中断)，并编写中断服务程序。

2. 计数初值 C 的计算和装入

8XX51 定时/计数器不同工作方式下的最大计数值(模值)不同，由于采用加 1 计数，因此计数初值应为负值，计算机中用补码表示。计数初值 C 的求法如下。

计数方式：计数初值 $C=模-X$ （其中 X 为要计的脉冲个数）

定时方式：计数初值 $C=\left[\dfrac{t}{MC}\right]_{补}=模-\dfrac{t}{MC}$

式中：t 为欲定时时间；MC 为 8XX51 的机器周期，$MC=\dfrac{12}{f_{osc}}$，当采用 12MHz 晶振时，$MC=1\mu s$，当采用 6MHz 晶振时，$MC=2\mu s$。

例 4.5 分别确定在方式 0、1、2 下要计 100 个脉冲的计数初值，并编程装入。

解： 在方式 0、1、2 下的计数初值分别为：

方式 0(13 位方式)：$C=(64H)_{补}=2000H-64H=1F9CH$
方式 1(16 位方式)：$C=(64H)_{补}=10000H-64H=FF9CH$
方式 2(8 位方式)：$C=(64H)_{补}=100H-64H=9CH$

应该注意：定时器在不同工作方式时，初值装入方法也不同。

由于方式 0 是 13 位定时/计数方式，对 T0 而言，高 8 位初值装入 TH0，低 5 位初值装入 TL0 的低 5 位(TL0 的高 3 位无效)，所以要装入 1F9CH 初值时，可安排成：

000 11111100   11100

即把 11111100B 装入 TH0，而把 xxx11100B 装入 TL0。用指令表示为：

```
MOV   TH0,#0FCH   ;#0FCH→TH0
MOV   TL0,#1CH    ;#1CH→TL0
```

方式 1 为 16 位方式，只需将初值低 8 位装入 TL0，初值高 8 位装入 TH0 即可。用指

令表示为：

```
MOV  TH0,#0FFH
MOV  TL0,#9CH
```

方式2为8位方式，初值既要装入TH0也要装入TL0，用指令表示为：

```
MOV  TH0,#9CH
MOV  TL0,#9CH
```

4.4.2 应用编程举例

定时/计数器是单片机应用系统中的重要部件，通过下面的实例可以看出，灵活应用定时/计数器可提高编程技巧，减轻CPU的负担，简化外围电路。

例4.6 用单片机定时/计数器设计一个秒表，由P1口连接的LED采用BCD码显示，发光二极管亮表示0，暗表示1。计满60s后从头开始，依次循环。

解：定时器0工作于定时方式1，产生1s的定时，程序类似于例4.4，这里不再重复。定时器1工作在方式2，当1s时间到时，由软件复位T1(P3.5)引脚产生负跳变，再由定时器1进行计数，计满60次(1分钟)溢出，再重新开始计数。

按上述设计思路可知，方式寄存器TMOD的控制字应为61H，定时器1的初值应为：

$$256-60=196=C4H$$

其源程序可设计如下：

```
        ORG   0000H
        MOV   TMOD,#61H      ;T0以方式1定时，T1以方式2计数
        MOV   TH1,#0C4H      ;定时器1置初值
        MOV   TL1,#0C4H
        SERB  TR1            ;启动定时器1
DISP:   MOV   A,#00H         ;计数显示初始化
        MOV   P1,A
CONT:   ACALL DELAY
        CLR   P3.5           ;T1引脚产生负跳变
        NOP
        NOP
        SETB  P3.5           ;T1引脚恢复高电平
        INC   A              ;累加器加1
        DA    A              ;将16位二进制数转换成BCD数
        MOV   P1,A           ;点亮发光二极管
        JBC   TF1, DISP      ;查询定时器1计数溢出
        SJMP  CONT           ;60s不到继续计数
DELAY:  MOV   R3, #14H       ;置50ms计数循环初值
        MOV   TH0, #3CH      ;置定时器初值
        MOV   TL0,#0B0H
        SETB  TR0            ;启动T0
LP1:    JBC   TF0,LP2        ;查询计数溢出
        SJMP  LP1            ;未到50ms继续计数
LP2:    MOV   TH0,#3CH       ;重新置定时器初值
```

```
        MOV   TL0, #0B0H
        DJNZ  R3,LP1          ;未到1s继续循环
        RET                   ;返回主程序
        END
```

可见，定时/计数器既可用作定时也可用作计数，而且其应用方式非常灵活。同时还可看出，软件定时不同于定时器定时(也称硬件定时)。软件定时是对循环体内指令机器数进行计数，定时器定时是采用加法计数器直接对机器周期进行计数。两者工作机理不同，置初值方式也不同，相比之下，定时器定时在方便程度和精确程度上都高于软件定时。此外，软件定时在定时期间一直占用 CPU，而定时器定时如采用查询工作方式，一样占用 CPU，如采用中断工作方式，则在其定时期间 CPU 可处理其他指令，从而可以充分发挥定时/计数器的功能，大大提高 CPU 的效率。

4.5 小 结

中断是单片机中的一个重要概念。中断是指当机器正在执行程序的过程中，一旦遇到某些异常情况或特殊请求时，暂停正在执行的程序，转入必要的处理(中断服务子程序)，处理完毕后，再返回到原来被停止程序的间断处(断点)继续执行。引起中断的事情称为中断源。MCS-51 单片机提供了 5 个中断源：$\overline{INT0}$、$\overline{INT1}$、T0、T1 和串行中断请求。中断请求的优先级由用户编程和内部优先级共同确定。中断编程包括中断入口地址设置、中断源优先级设置、中断开放或关闭、中断服务子程序等。本章通过实例分别介绍了采用汇编语言程序和 C 语言程序编写中断程序。

MCS-51 单片机内部有两个可编程定时/计数器 0 和 1，每个定时/计数器均有 4 种工作方式：方式 0~方式 3。方式 0 是 13 位的定时/计数器；方式 1 是 16 位的定时/计数器；方式 2 是初值重载的 8 位定时/计数器；方式 3 只适用于定时器 0，将定时器 0 分为两个独立的 8 位定时/计数器，同时定时器 1 可以作为串行接口的波特率发生器。不同位数的定时/计数器，其最大计数值也不同。

定时/计数器的编程包括设置方式寄存器、初值及控制寄存器。初值由定时时间及定时/计数器的位数决定。本章通过设计实例，详细介绍了定时/计数器的工作原理、编程方法及应用。

习 题

1. 什么叫中断？设置中断有什么优点和功能？
2. MCS-51 单片机有哪几个中断源？各中断源是怎样发出中断请求的？
3. 外部中断有哪两种触发方式？如何选择中断源的触发方式？
4. 什么是中断优先级？中断优先级处理的原则是什么？
5. MCS-51 中各中断标志是什么？哪些中断标志可以随着中断响应而被撤除？哪些中断需要用户来撤除？

6. MCS-51 中断系统中包含哪些特殊功能寄存器?
7. 叙述 CPU 响应中断的过程。
8. 什么叫中断嵌套?中断嵌套有什么限制?
9. MCS-51 单片机内部有几个定时/计数器?它们由哪些专用寄存器组成?
10. MCS-51 单片机的定时/计数器有哪几种工作方式?各有什么特点?
11. 定时/计数器用于定时时,其定时时间与哪些因素有关?用于计数时,对外界计数频率有何限制?
12. 定时/计数器在什么情况下是定时器?在什么情况下是计数器?
13. 设单片机晶振频率为 12MHz,利用定时器 T1 定时,以中断方式,使 P1.0 输出周期为 2ms 的方波。
14. 设单片机晶振频率为 12MHz,利用定时器 1 方式 1,产生 1ms 的定时,使 P1.0 输出周期为 2ms 的方波,用查询方式工作,查询标志为 TF1。
15. 按下列要求设置 TMOD。
 (1) T0 计数器、方式 1,运行与 $\overline{INT0}$ 有关;T1 定时器、方式 2,运行与 $\overline{INT1}$ 无关。
 (2) T0 计数器、方式 0,运行与 $\overline{INT0}$ 有关;T1 定时器、方式 2,运行与 $\overline{INT1}$ 有关。
 (3) T0 计数器、方式 2,运行与 $\overline{INT0}$ 无关;T1 定时器、方式 2,运行与 $\overline{INT1}$ 有关。
 (4) T0 计数器、方式 3,运行与 $\overline{INT0}$ 无关;T1 定时器、方式 2,运行与 $\overline{INT1}$ 无关。
16. 8051 定时/计数器,当 f_{osc}=6MHz 和 f_{osc}=12MHz,最大定时各为多少?
17. 已知时钟频率为 6MHz,利用 T0 工作在方式 3,编写程序使 P1.0 和 P1.1 分别输出周期为 400μs 和 1ms 的方波。
18. 设系统时钟频率为 6MHz,试用定时器 T0 作外部计数器,编程实现每计到 1000 个脉冲,使 T1 开始 2ms 定时,定时时间到后,T0 又开始计数,这样反复循环不止。
19. 按下列要求设置 IP。
 (1) $\overline{INT0}$、串行口为高优先级,其余为低优先级。
 (2) T0、$\overline{INT1}$ 为低优先级,其余为高优先级。
20. 按下列要求设置 T0 定时初值,并置 TH0、TL0 值。
 (1) f_{osc}=6MHz,T0 方式 1,定时 40ms。
 (2) f_{osc}=12MHz,T1 方式 2,定时 180μs。
21. 试统计某展览人数。已知展览会有 4 个入口,且均已安装检测探头,每进入一人,就能产生一个负脉冲,分别输入 P3.2、P3.3、P3.4、P3.5。估计参展人数多于 10 万人,试编程,将累计参展人数存入 32H、31H、30H 中。

第 5 章 串行数字通信

本章要点

- 串行口的结构及工作原理
- 串行口的工作方式
- 串行口的应用

本章难点

串行口的工作方式

随着单片机技术的日益高新化，单片机的应用已从单机转向多机或联网，串行接口为机器之间提供必需的数据交换通道。本章从串行通信的基础入手，讨论 MCS-51 串行接口的结构、工作原理及应用。

5.1 串行通信概述

在计算机系统中，主机与外设之间及主机系统与主机系统之间的数据交换称为通信。通信可分为串行通信和并行通信两种基本方式。

并行通信方式下数据的各位同时进行传送，并由传输数据的位数决定传输线的数目。具有传送速度快、效率高的优点，但由于传输成本较高，通常只使用在小于 30m 的数据传输中，如集成电路的内部、同一插件板的各部件之间、主机与存储器、存储器与存储器、主机与打印机之间的通信。

串行通信方式下数据一位一位串行地顺序传送，最少只需一根传输线即可完成。串行通信能节约传输线，特别是当数据位数很多和远距离数据传送时，这一优点更为突出。缺点是传送速度比并行通信要慢。计算机与远程终端或终端与终端之间的数据传送通常都是采用串行通信。

按照串行数据的时钟控制方式，串行通信可以分为同步通信和异步通信两种。

5.1.1 同步通信和异步通信

1. 同步通信

同步通信是按数据块传送的。把传送的字符顺序地连接起来，组成数据块，在数据块前面加上特殊的同步字符，作为数据块的起始符号，由收、发一致的同步时钟在发送端发出，接收端接收到同步字符后，开始接收数据块，使收、发双方同步，同步通信中的字符格式如图 5.1 所示。在数据块后面加上校验字符，用于校验通信中的错误。

同步字符是一个或两个 8 位二进制码，可以采用统一标准格式，也可以由用户自行约定。同步通信的收、发双方必须采用相同的同步字符。

在同步通信中，一次通信可以传送若干个数据字符，每个字符之间不包含起始位和停止位，因而传送数据容量大，传输速率高，通常可达 56 000b/s 或更高。

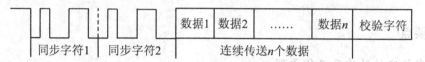

图 5.1 同步通信中的字符格式

2. 异步通信

在异步通信中，数据通常是以字符为单位组成字符帧传送的。字符帧由发送端一帧一帧地发送，每一帧数据均是低位在前、高位在后，通过传输线被接收端一帧一帧地接收。发送端和接收端可以由各自独立的时钟来控制数据的发送和接收，这两个时钟彼此独立，互不同步。

在异步通信中，接收端是依靠字符帧格式来判断发送端是何时开始发送、何时结束发送的。字符帧格式是异步通信的一个重要指标。

1) 字符帧

字符帧也叫数据帧，由起始位、数据位、奇偶校验位和停止位等 4 部分组成，图 5.2 所示为 11 位的帧格式。

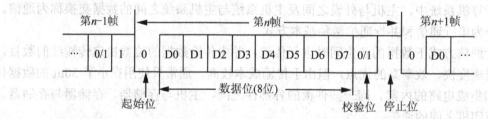

图 5.2 异步通信的字符帧格式

(1) 起始位：位于字符帧开头，只占一位，为逻辑 0 低电平，用于向接收设备表示发送端开始发送一帧信息。

(2) 数据位：紧跟起始位之后，用户根据情况可取 5 位、6 位、7 位或 8 位，低位在前，高位在后。

(3) 奇偶校验位：位于数据位之后，仅占一位，用来表征串行通信中采用奇校验还是偶校验，由用户决定。

(4) 停止位：位于字符帧最后，为逻辑1高电平。通常可取 1 位、1.5 位或 2 位，用于向接收端表示一帧字符信息已经发送完，也为发送下一帧作准备。

在串行通信中，两相邻字符帧之间可以没有空闲位，也可以有若干空闲位，这由用户来决定。

2) 波特率

异步通信的另一个重要指标为波特率。波特率为每秒传送二进制数码的位数，也称为比特数，单位为 b/s，即位/秒。波特率用于表征数据传输的速度，波特率越高，数据传输速度越快。但波特率和字符的实际传输速率不同，字符的实际传输速率是每秒内所传送字符帧的帧数，和字符帧格式有关。通常，异步通信的波特率为 50~9600b/s。

异步通信的优点是不需要传送同步时钟，字符帧长度不受限制，故设备简单。缺点是字符帧中因包含起始位和停止位而降低了有效数据的传输速率。

5.1.2 串行通信的制式

在串行通信中数据是在两个站之间进行传送的，按照数据传送方向，串行通信可分为单工(Simplex)、半双工(Half Duplex)和全双工(Full Duplex)3 种制式。图 5.3 所示为 3 种制式的示意图。

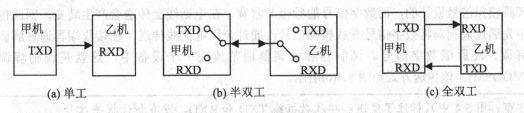

图 5.3 串行通信的制式

1. 单工方式

只需要一条传输线，仅能单方向由发送端向接收端传送。收、发双方位置固定，不能互换。

2. 半双工方式

两个工作站之间通过传输线进行数据的交替双向传送。每个站既可发送数据也可接收数据，但任何时刻只能由其中的一方向另一方发送数据，另一方接收数据。

3. 全双工方式

由两条传输线连接两个工作站，两站之间的数据可同时双向传送。

显然，半双工方式比单工方式灵活，但发送和接收方式的切换需数毫秒，由切换引起的延时积累使得半双工方式的效率较低。全双工方式的效率较高，但在实际应用中，大多数情况只工作在半双工方式，即两个工作站不同时收、发。如 8051 内部有全双工串行接口，可以工作于全双工方式。它的接收器和发送器是彼此独立的，初始化时就可使串口工作于接收方式。执行发送命令后，串口发送控制器承担发送工作，接收控制器监测接收控制工作，发送、接收完毕可同时申请中断。

5.1.3 串行通信的信号传输

若将串行发送的数字信号，按上述串行通信方式直接通过传输线传输，其结果是传输失败。两台机器之间成功的通信需要考虑两个方面：一是必须考虑信号在传输过程中的衰减和畸变是否影响到接收端对信号的正确辨认，若有影响，则必须采用调制解调技术对发送信号和接收信号加以处理；二是机器之间总线的标准要一致。

1. 通信线的连接方式

串行通信的距离和传输的速率与传输线的电气特性有关，传输距离随传输速度的增加而减少。

根据通信距离不同，所需的信号线的根数也不同，如果是近距离，又不使用握手信号，只需 3 根信号线，即 TXD(发送线)、RXD(接收线)和 GND(地线)，如图 5.4(a)所示；如果距离在 15m 左右，通过 RS-232 接口提高信号的幅度以加大传送距离，该传送方式如图 5.4(b)所示；如果是远程通信，如通过电话网通信，由于电话网是根据 300～3400Hz 的音频模拟信号设计的，而数字信号的频带非常宽，在电话线上传送会产生畸变，因此传送中先通过调制器将数字信号变成模拟信号，通过公用电话线传送，在接收端再通过解调器解调，还原成数字信号。调制器和解调器通常放在一个设备中，这就是调制解调器(MODEM)。该传送方式如图 5.4(c)所示。

注意：图 5.4 中只标注了发送和接收数据线 TXD 和 RXD，没有标注握手信号。

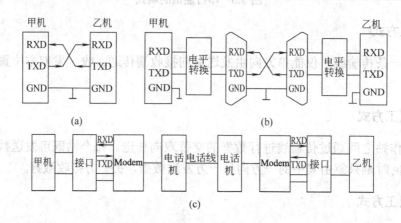

图 5.4 通信线的连接方式

2. 串行通信总线标准及其接口

串行接口电路的种类和型号很多，能够完成异步通信的硬件电路称为通用异步接收器/发送器(Universal Asychronous Receiver/Transmitter，UART)；能够完成同步通信的硬件电路称为通用同步接收器/发送器(Universal Sychronous Receiver/Transmitter，USRT)；既能够完成异步通信又能同步通信的硬件电路称为通用同步异步接收器/发送器(Universal Sychronous Asychronous Receiver/Transmitter，USART)。

从本质上说，所有的串行接口电路都是以并行数据形式与 CPU 接口，以串行数据形式与外部逻辑接口。它们的基本功能都是从外部逻辑接收串行数据，转换成并行数据后传送给 CPU，或从 CPU 接收并行数据，转换成串行数据后输出到外部逻辑。

异步串行通信接口主要有 3 类：RS-232 接口；RS-449、RS-422 和 RS-485 接口；

20mA 电流环。下面将详细介绍 RS-232 接口标准。

RS-232C 是目前世界上最常用的串行总线标准，是由美国 EIA(电子工业协会)和 BELL 公司一起开发的通信协议，它对信号线的功能、电气特性、连接器等都有明确的规定。在单片机应用系统中，数据通信主要采用异步串行通信。在设计通信接口时，必须根据需要选择标准接口，并考虑传输介质、电平转换等问题。采用标准接口后，能够方便地把单片机和外设、测量仪器等有机地连接起来，从而构成一个测控系统。例如，当需要单片机和 PC 通信时，通常采用 RS-232 接口进行电平转换。

由于 RS-232C 早期不是专为计算机通信设计的，因此有 25 针的连接器和 9 针的连接器，如图 5.5 所示。表 5.1 列出了 RS-232C 标准接口的电气特性，表 5.2 列出了 RS-232C 各引脚的信号定义。

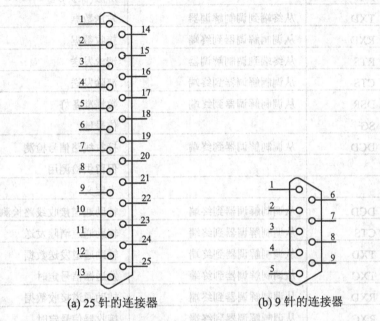

(a) 25 针的连接器　　(b) 9 针的连接器

图 5.5　RS-232C 接口

表 5.1　RS-232C 标准接口的电气特性

指　标	特　性
带 3～7kΩ 负载时驱动器的输出电平	逻辑 1：−5～−15V 逻辑 0：+5～+15V
带负载时驱动器的输出电平	−25～+25V
驱动器通断时的输出阻抗	>300Ω
输出短路电流	<0.5A
驱动器转换速率	<30V/μs
接收器输入阻抗	在 3～7kΩ 之间
接收器输入电压的允许范围	−25～+25V
输入开路时接收器的输出	逻辑 1

续表

指 标	特 性
输入经 300Ω 接地时接收器的输出	逻辑 1
+3V 输入时接收器的输出	逻辑 0
−3V 输入时接收器的输出	逻辑 1
最大负载电容	2500pF

表 5.2　RS-232C 各引脚的信号定义

引 脚 号	缩 写 符	信号方向	定 义
1	PG		屏蔽(保护)地
2	TXD	从终端到调制解调器	发送数据
3	RXD	从调制解调器到终端	接收数据
4	RTS	从终端到调制解调器	请求发送
5	CTS	从调制解调器到终端	清除发送
6	DSR	从调制解调器到终端	数据准备好
7	SG		信号地
8	DCD	从调制解调器到终端	接收线路信号检测
9、10			保留供检测用
11、18、25			未定义
12	DCD	从调制解调器到终端	辅助通道接收线路检测
13	CTS	从调制解调器到终端	辅助通道清除发送
14	TXD	从调制解调器到终端	辅助通道发送数据
15	TXC	从调制解调器到终端	发送器信号定时
16	RXD	从调制解调器到终端	辅助通道接收数据
17	RXC	从调制解调器到终端	接收器信号定时
19	RTS	从终端到调制解调器	辅助通道请求发送
20	DTR	从终端到调制解调器	数据终端准备就绪
21		从调制解调器到终端	信号质量检测
22		从调制解调器到终端	振铃指示
23		双向	数据信号速率选择器
24		从终端到调制解调器	发送器信号定时

5.2　串行口的结构及工作原理

5.2.1　串行口的结构

　　MCS-51 串行口的结构由串行口控制电路、发送电路和接收电路 3 部分组成，其结构如图 5.6 所示。由图 5.6 可见，发送电路由发送缓冲器 SBUF 和发送控制电路组成，用于串行口的发送；接收电路由接收缓冲器 SBUF 和接收控制电路组成，用于串行口的接收。发送缓冲器 SBUF 和接收缓冲器 SBUF 为物理上分开的两个 8 位缓冲寄存器，占用同一地址(99H)，发送缓冲器 SBUF 只能写入发送的数据，不能读出；接收缓冲器 SBUF 只能读出接收到的数据，不能写入，由 CPU 根据不同指令分别对它们进行存取。

```
MOV  SBUF,A      ;累加器 A 中字符送入发送缓冲器 SBUF
MOV  A,SBUF      ;把接收缓冲器 SBUF 中字符送入累加器 A
```

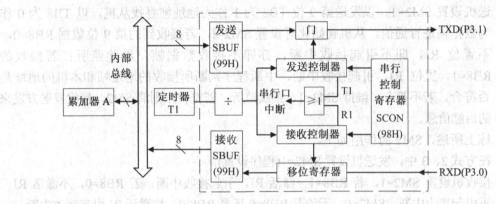

图 5.6 串行口的结构

5.2.2 串行口的控制

1. 串行口的控制寄存器 SCON

MCS-51 串行通信的方式选择、接收和发送控制及串行口的标志均由专用寄存器 SCON 控制指示，其格式如表 5.3 所示。

表 5.3 SCON 控制格式

SCON	SM0	SM1	SM2	REN	TB8	RB8	TI	RI
位地址	9FH	9EH	9DH	9CH	9BH	9AH	99H	98H
(98H) 1/0	方式 选择		多机 控制	串行接收 允许/禁止	欲发送的 第 9 位	收到的 第 9 位	发送中断 有/无	接收中断 有/无

- SM0、SM1：工作方式控制位
  - SM1SM0=00：工作方式 0，8 位同步移位寄存器
  - SM1SM0=01：工作方式 1，8 位异步收、发
  - SM1SM0=10：工作方式 2，9 位异步收、发
  - SM1SM0=11：工作方式 3，9 位异步收、发

- REN：串行接收允许位
  - 0：禁止接收
  - 1：允许接收

- TB8：在方式 2、3 中，TB8 是发送机要发送的第 9 位数据。
- RB8：在方式 2、3 中，RB8 是接收机接收到的第 9 位数据，该数据来自发送机的

TB8。
- TI：发送中断标志位。发送前必须用软件清零，发送过程中 TI 保持零电平，发送完一帧数据后，由硬件自动置1。如果再发送，必须用软件再清零。
- RI：接收中断标志位。接收前必须用软件清零，接收过程中 RI 保持零电平，接收完一帧数据后，由片内硬件自动置1。如果再接收，必须用软件再清零。
- SM2：仅用于方式 2 和方式 3 的多机通信控制位。当选择方式 2 或方式 3 时，发送机设置 SM2=1，以发送第 9 位 TB8 为 1 作为地址帧寻找从机，以 TB8 为 0 作为数据帧进行通信。从机初始化时设置 SM2=1，若接收到的第 9 位数据 RB8=0，不置位 RI，即不引起接收中断，亦即不接收数据帧，继续监听；若接收的 RB8=1，置位 RI，引起接收中断，中断程序判断所接收的地址帧和本机的地址是否符合。若不符合，维持 SM2=1，继续监听；若符合，则清 SM2，接收发送方发来的后续信息。

综上所述，SM2 的作用如下。

在方式 2、3 中，发送机设置 SM2=1(程序设置)。

接收机设置 SM2=1，若 RB8=1，激活 RI，引起接收中断；若 RB8=0，不激活 RI，不引起接收中断。SM2=0，无论是 RB8=0 还是 RB8=1，均激活 RI 引起接收中断。

在方式 1 中，当接收时，SM2=1，则只有收到有效停止位才激活 RI。

在方式 0 中，SM2 应置为 0。

2. 电源控制寄存器 PCON

PCON 称为电源控制寄存器，串行通信中只用了其中的最高位 SMOD，初始化时，SMOD=0，其余各位用于电源管理。PCON 的字节地址为 87H，无位地址，只能进行字节寻址。PCON 的格式如表 5.4 所示。

表 5.4　PCON 控制格式

PCON	SMOD	-	-	-	GF1	GF0	PD	IDL
0/1	波特率选择 不变/加倍				通用标志		掉电控制 正常/掉电	空闲控制 正常/空闲

SMOD 为波特率选择位。SMOD=0 时，波特率不变；SMOD=1 时，波特率加倍。

5.2.3　串行口的工作方式

根据串行通信数据格式和波特率的不同，MCS-51 系列单片机的串行通信有 4 种工作方式，可通过编程进行选择。

1. 方式 0

方式 0 为移位寄存器方式，串行数据通过 RXD 引脚输入或输出，TXD 引脚输出频率为 $f_{osc}/12$ 的时钟脉冲。方式 0 的数据格式为 8 位，低位在前，高位在后，波特率固定为 $f_{osc}/12$(f_{osc} 为单片机外接的晶振频率)。

发送过程以写 SBUF 寄存器开始，当 8 位数据传送完毕，TI 被置为"1"方可再发送下一数据。

接收必须预先置 REN=1(允许接收)和 RI=0，当 8 位数据接收传送完毕，RI 被置为"1"，此时，可通过读 SBUF 指令，将串行数据读入。

移位寄存器方式多用于接口的扩展，当用单片机构成系统时，往往感到并行口不够用，此时可通过外接串入并出型移位寄存器扩展输出接口，通过外接并入串出型移位寄存器扩展输入接口。方式 0 也可应用于短距离的单片机之间的通信。

2. 方式 1

方式 1 为 10 位异步通信方式，即每帧数据由 1 个起始位"0"、8 个数据位和 1 个停止位"1"共 10 位构成。其中，起始位和停止位在发送时是自动插入的。

方式 1 以 TXD 为串行数据的发送端，RXD 为数据的接收端，由 T1 提供移位时钟，是波特率可变方式，计算公式为：

$$波特率 = \frac{2^{SMOD}}{32} \times (T1的溢出率) = \frac{2^{SMOD}}{32} \times \frac{f_{osc}}{12(256-X)}$$

根据给定的波特率，可以计算 T1 的计数初值 X。

3. 方式 2

方式 2 为 11 位异步发送/接收方式，即每帧数据由 1 个起始位"0"、9 个数据位和 1 个停止位"1"组成。发送时第 9 个数据位由 SCON 寄存器的 TB8 位提供，接收到的第 9 位数据存放在 SCON 寄存器的 RB8 位。第 9 位数据可作为检验位，也可用于多机通信中识别传送的是地址还是数据的特征位。

波特率固定为 $\frac{2^{SMOD}}{64} f_{osc}$，即 SMOD=0 时，波特率 $= \frac{f_{osc}}{64}$；SMOD=1 时，波特率 $= \frac{f_{osc}}{32}$。

4. 方式 3

方式 3 也为 11 位异步发送/接收方式，数据格式同方式 2，所不同的是波特率可变，计算公式同方式 1。

5.3 MCS-51 串行口的应用

根据单片机串行口选择不同的工作方式，可实现端口的串/并变换、单片机之间的双机通信及多机通信。本节介绍串口通信的接口电路、通信软件编制方法及收、发中问题的处理。

5.3.1 串并变换

串行口方式 0 的应用有两种：一种是把串行口变为串入并出的输出口；另一种是把串

行口变为并入串出的输入口。

1. 串入并出的输出口

依照图 5.7(a)所示电路，将串行口设置为方式 0，外接一片串入、并出/串出的 8 位同步移位寄存器 CD4094 或 74LS164。单片机串口输出端 RXD 接移位寄存器串行输入端 DATA，移位时钟脉冲 TXD 端接移位寄存器时钟控制端 CLK，在移位时钟控制下串行数据移入寄存器；P1.0 接移位寄存器输出允许端 STB，通过软件置位或复位控制并行输出。

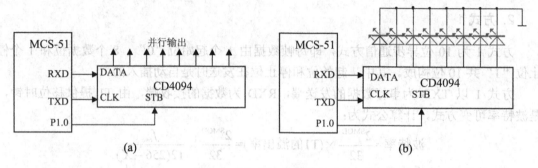

图 5.7 串入并出的输出口

例 5.1 按照图 5.7(b)所示的线路连接，8 位并行输出口的各位都接一发光二极管，要求发光二极管自左向右以一定速度依次显示，且不断循环。设发光二极管为共阴极接法。

解：设串行口采用查询方式发送，显示延时时间依靠调用延时子程序 DELAY 实现。
程序清单如下：

```
       ORG    2000H
       MOV    SCON, #00H    ;串口初始化为方式 0
       CLR    P1.0          ;禁止 CD4094 并行输出
       MOV    A, #80H       ;最左位先亮的起始显示码送 A
START: MOV    SBUF, A       ;串口输出
LOOP:  JNB    TI, LOOP      ;查询并等待串口一帧数据完
       SETB   P1.0          ;开启 CD4094 并行输出，发光二极管点亮
       ACALL  DELAY         ;显示延时一段时间
       CLR    TI            ;清发送中断标志 TI
       RR     A             ;发光右移
       CLR    P1.0          ;关显示
       SJMP   START         ;继续循环显示
       END
```

上述查询程序运行前应先关闭串口中断。此发送程序也可采用中断方式，整个程序由主程序和中断服务子程序两部分组成，由 TI 置位后引起中断请求，并在中断服务子程序中发送下一组数据。

2. 并入串出的输入口

按照图 5.8(a)所示，在串口方式 0 下外接一个并入串出的移位寄存器 CD4014 或74LS165，即可扩展一个并行输入口。串口 RXD 端输入 CD4014 输出端 Q8 移出的串行数

据,TXD 端仍然提供移位时钟给移位寄存器的时钟端 CLK。P/$\overline{S}$ 为预置/移位控制端,当 P/$\overline{S}$=1 时,并行置入数据,串行输出关闭;当 P/$\overline{S}$=0 时,开始串行输出,并行输入关闭。为达到控制目的,单片机提供一个输出给 P/$\overline{S}$,实现并行输入先置数到移位寄存器,然后串行移入单片机。

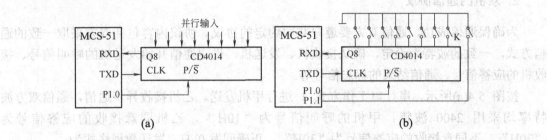

图 5.8 并入串出的输入口

例 5.2 图 5.8(b)所示为模拟采集并行输入数据电路。移位寄存器接 8 个开关模拟输入信号,控制开关 K 提供联络信号,控制 8031 是否采集开关模拟信号,要求当 K 合上时,8031 处于等待状态;当 K 断开时,8031 进入数据采集状态。

解:设程序采用查询方式,当 P1.1 检测到开关 K 闭合时,用 SCON 中的 REN 位启动数据接收,将串口接收数据存入内存。

程序清单如下:

```
        ORG    2000H
START:  JB     P1.1,START      ;等待开关 K 闭合
        SETB   P1.0            ;令 CD4014 开始串行输出
        CLR    P1.0            ;CD4014 开始串行输出
        MOV    SCON,#10H       ;置串口为方式 0 并启动接收
LOOP:   JNB    RI  LOOP        ;等待串口接收完
        CLR    RI              ;清接收中断标志 RI
        MOV    A, SBUF         ;读开关数据到累加器 A
        MOV    40H, A          ;开关数据送入内存
        ACALL  OTHPRO          ;转开关量输入处理程序
        SJMP   START           ;返回,准备再一次输入开关量
        END
```

5.3.2 单片机的双机通信

除方式 0 外,串口在方式 1、方式 2 和方式 3 下均用于异步串行通信。MCS-51 单片机的异步串行通信根据应用可分为双机通信和多机通信。方式 1 每一字符帧为 10 位,有 8 位数据位,波特率可变,不可以用于多机通信;方式 2 和方式 3 每一字符帧为 11 位,有 9 位数据位,可在多机方式下通信。

双机之间的串行通信应考虑接口电路、通信协议、程序编写和问题处理等几个方面。

1. 接口电路

根据两机通信距离的远近采取不同的接口电路,如果两个 8031 应用系统相距很近,

将它们的串行口直接相连,如图 5.4(a)所示;如果想增加通信距离,减少通道及电源干扰,必须在通信线路上加入辅助电路,如加入光耦合器和电平转换电路,如图 5.4(b)所示。

2. 双机的通信协议

为确保通信成功,通信双方要遵守共同约定的协议。协议内容包括双方采取一致的通信方式,一致的波特率设定,确认接收机、发送机,设定通信开始发送机的呼叫信号、接收机的应答信号,通信结束的标志信号等。

按图 5.4(a)所示,串行口工作方式 1 进行甲机发送、乙机接收异步通信,通信双方波特率均采用 2400 波特,甲机的呼叫信号为"10H",乙机同意接收的应答信号为"20H",不同意接收的应答信号为"30H"。正确回发 0FH。发送数据格式为:

字节数 N	数据 1	数据 2	……	数据 N	累加校验和

用定时器 T1、工作方式 2 作为波特率发生器,设甲机、乙机均选用 6MHz 振荡频率,SMOD=1,则定时器初值为:

$N=256-f_{osc}/波特率\times12\times(32/2^{SMOD})=256-6\times10^6(2400\times12\times(32/2^1))\approx243=F3H$

3. 程序编写

遵照约定的通信协议,采用中断或查询方法分别编写发送程序和接收程序,存入各自的单片机系统。在许多场合,双机通信的接收方采用中断方式接收数据,以提高工作效率;发送方采用查询方式发送数据。

1) 甲机发送子程序

初始化设定:定时器 T1 工作在方式 2,计数常数 F3H;串口工作于方式 1,允许接收;数据块首地址存放在 30H、31H 中,数据块长度存放在 2FH 中,累加和存放在寄存器 R6 中。

发送程序清单:

```
FMT-T-S:    MOV     TMOD,#20H       ;波特率设置
            MOV     TH1, #0F3H
            MOV     TL1, #0F3H
            SETB    TR1
            MOV     SCON, #50H      ;串口初始化
            MOV     PCON, #80H      ;SCON 置 1
FMT-RAM:    MOV     DPH, 31H
            MOV     DPL, 30H
            MOV     R7, 2FH         ;送字节数至 R7
            MOV     R6, #00H        ;清累加和寄存器
TX-ACK:     MOV     A, #10H         ;发呼叫信号"10H"
            MOV     SBUF, A
WAIR1:      JBC     TI, RX-YES      ;等待发送完一个字节
            SJMP    WAIT1
RX-YES:     JBC     TI, NEXT1       ;接收乙机回答
```

```
            SJMP   RX-YES
NEXT1:      MOV    A, SBUF           ;判断乙机是否同意接收，否则继续呼叫
            CJNE   A,#20H,TX-ACK
TX-BYTES:   MOV    A, R7             ;向乙机发送要传送的字节个数
            MOV    SBUF, A
            ADD    A, R6
            MOV    R6, A
WAIT2:      JBC    TI,TX-NEWS
            SJMP   WAIT2
TX-NEWS:    MOVX   A,DPTR            ;发送数据
            MOV    SBUF,A
            ADD    A, R6             ;形成累加和送 R6
            MOV    R6, A
            INC    DPTR              ;指针加 1
WAIT3:      JBC    TI, NEXT2
            SJMP   WAIT3
NEXT2:      DJNZ   R7,TX-NEXT2
            SJMP   WAIT3
TX-SUM:     MOV    A ,R6             ;数据已发送完毕，发送累加和给乙机
            MOV    SBUF, A
WAIT4:      JBC    TI,RX-0FH
            SJMP   WAIT4
RX-0FH:     JBC    RI,IF-0FH         ;等待乙机回答
            SJMP   RX-0FH
IF-0FH:     MOV    A,SBUF
            CJNE   A,#0FH,FMT-RAM    ;判断传送正确否
            RET
```

2) 乙机接收子程序

波特率和方式的设置与甲机相同，接收数据存放在以 30H、31H 为地址指针的外部 RAM 中，数据块长度送 32H，累加校验和送 33H，位单元 7FH、7EH、7DH 作为接收的呼叫信号、数据块长度信号、数据或校验和信号的标志信号。

接收程序清单：

```
            ORG    0000H
            LJMP   FMT-T-S           ;转至初始化程序
            ORG    0023H
            LJMP   SERVE             ;串口中断程序入口
            ORG    0050H
FMT-T-S:    MOV    TMOD,#20H         ;定时器 T1 方式 2，波特率 2400 波特
            MOV    TH1,#0F3H
            MOV    TL1,#0F3H
            MOV    SCON,#50H         ;串口方式 1，允许接收
            MOV    CON,#80H
            SETB   TR1               ;标志位初始化置 1
            SETB   7FH
            SETB   7EH
            SETB   7DH
```

```
            MOV     31H,#10H          ;接收数据在外部 RAM 存放地址
            MOV     30H,#00H
            MOV     33H,#00H          ;清累加和寄存器
            SETB    EA                ;开中断
            SETB    ES                ;允许串口中断
            LJMP    MAIN              ;转主程序
            ...
SERVE:      CLR     EA                ;关中断
            CLR     RI                ;清中断标志
            JB      7FH,RX-ACK        ;是呼叫信号
            JB      7EH,RX-BYTES      ;是数据块长度
            JB      7DH,RX-DATA       ;是数据
RX-SUM:     MOV     A,SBUF            ;接收甲机发来的校验和
            CJNE    A,33H,TX-ERR      ;判断传送是否正确
TX-RIGHT:   MOV     A,#0FH            ;正确回发 0FH
            MOV     SBUF,A
WAIT1:      JNB     TI,WAIT1
            CLR     TI
            SJMP    AGAIN
TX-ERR:     MOV     A,#0F0H           ;不正确回发 F0H
            MOV     SBUF,A
WAIT2:      JNB     TI,WAIT2
            CLR     TI
            SJMP    AGAIN
RX-ACK:     MOV     A,SBUF            ;判断是否甲机的呼叫信号
            XRL     A,#10H
            JZ      TX-AGREE          ;是呼叫信号，转 TX-AGREE
TX NACK:    MOV     A,15H             ;不是呼叫信号，回发 15H,要求重发呼叫信号
            MOV     SBUF,A
WAIT3:      JNB     TI,WAIT3
            CLR     TI
            SJMP    RETURN
TX-AGREE:   MOV     A,#20H            ;收到呼叫信号，向甲机回发 20H,同意接收
            MOV     SBUF,A
WAIT4:      JNB     TI,WAIT4
            CLR     TI
            CLR     7FH               ;清呼叫信号标志
            SJMP    RETURN
RX-BYTES:   MOV     A,SBUF            ;接收数据块长度并存放到 32H 单元
            MOV     32H,A
            ADD     A,33H             ;形成累加和
            MOV     33H,A
            CLR     7EH               ;清数据块长度标志
            SJMP    RETURN
RX-DATA:    MOV     DPH,31H
            MOV     DPL,30H
            MOV     A,SBUF            ;接收数据
            MOVX    @DPTR,A
            INC     DPTR
```

```
        MOV     31H,DPH
        MOV     30H,DPL
        ADD     A,33H           ;形成累加和
        MOV     33H,A
        DJNZ    32H,RETURN      ;数据没接收完,中断返回,继续接收
        CLR     7DH             ;数据接收完,清数据标志位
        SJMP    RETURN
AGAIN:  SETB    7FH             ;恢复标志位
        SETB    7EH
        SETB    7DH
        MOV     33H,#00H        ;清累加和
        MOV     31H,#10H        ;恢复接收数据区首址
        MOV     30H,#00H
RETURN: RETI
```

5.3.3 单片机与 PC 的通信

在数据处理和过程控制应用领域,通常需要一台 PC,由它来管理一台或若干台以单片机为核心的智能测量控制仪表。这时,也就是要实现 PC 和单片机之间的通信。本节介绍 PC 和单片机的通信接口设计和软件编程。

1. 接口设计

PC 与单片机之间可以由 RS-232C、RS-422A 或 RS-423 等接口相连。

PC 系统内都装有异步通信适配器,利用它可以实现异步串行通信。该适配器的核心元件是可编程 Intel 8250 芯片,它使 PC 有能力与其他具有标准的 RS-232C 接口的计算机或设备进行通信。而 MCS-51 单片机本身具有一个全双工的串行口,因此只要配以电平转换的驱动电路和隔离电路就可组成一个简单可行的通信接口。同样,PC 和单片机之间的通信也分为双机通信和多机通信。

PC 和单片机最简单的连接是零调制三线经济型,这是进行全双工通信所必需的最少线路。因为 MCS-51 单片机输入、输出电平为 TTL 电平,而 PC 配置的是 RS-232C 标准接口,二者的电气规范不同,所以要加电平转换电路。常用的有 MC1488、MC1489 和 MAX232。图 5.9 给出了采用 MAX232 芯片的 PC 和单片机串行通信接口电路,与 PC 相连采用 9 芯标准插座。

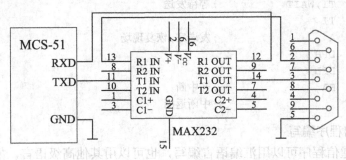

图 5.9 PC 和单片机串行通信接口电路

2. 程序编写

这里设计一个实用的通信测试软件，其功能为：将 PC 键盘的输入发送给单片机，单片机收到 PC 发来的数据后，回送同一数据给 PC，并在屏幕上显示出来。只要屏幕上显示的字符与所输入的字符相同，就说明二者之间的通信正常。

通信双方约定：波特率为 2400 b/s；信息格式为 8 个数据位，1 个停止位，无奇偶校验位。

1) 单片机通信程序编写

MCS-51 通过中断方式接收 PC 发送的数据并回送。单片机串行口工作在方式 1，晶振频率为 6MHz，波特率 2400b/s，定时器 T1 按方式 2 工作，经计算，定时器预置值为 0F3H，SMOD=1。

参考程序如下：

```
            ORG    0000H
            LJMP   CSH           ;转初始化程序
            ORG    0023H
            LJMP   INTS          ;转串行口中断程序
            ORG    0050H
CSH:        MOV    TMOD,#20H     ;设置定时器1为方式2
            MOV    TL1,#0F3H     ;设置定时器预置值
            MOV    TH1,#0F3H
            SETB   TR1           ;启动定时器1
            MOV    SCON,#50H     ;串行口初始化
            MOV    PCON,#80H
            SETB   EA            ;允许串行口中断
            SETB   ES
            LJMP   MAIN          ;转主程序(主程序略)
            ...
INTS:       CLR    EA            ;关中断
            CLR    RI            ;清串行口中断标志
            PUSH   DPL           ;保护现场
            PUSH   DPH
            PUSH   A
            MOV    A,SBUF        ;接收PC发送的数据
            MOV    SBUF,A        ;将数据回送给PC
WAIT:       JNB    TI,WAIT       ;等待发送
            CLR    TI
            POP    A             ;发送完,恢复现场
            POP    DPH
            POP    DPL
            SETB   EA            ;开中断
            RETI                 ;中断返回
```

2) PC 通信程序编写

PC 方面的通信程序可以用汇编语言编写，也可以用其他高级语言，如用 C 语言来编写。这里只介绍用汇编语言编写的程序。

参考程序如下：

```
      Stack   Segment para stack 'code'
      Db  256  dup(0)
      Stack  ends
      Code  Segment para public 'Code'
      Start  proc  far
      Assume  cs: code ,ss: stack
          PUSH  DS
          MOV   AX,0
          PUSH  AX
          CLR
INPUT:    MOV   AL,80H           ;置 DLAB=1
          MOV   DX,3FBH          ;写入通信线路控制寄存器
          OUT   DX,AL
          MOV   AL,30H           ;置产生2400b/s 波特率除数低位
          MOV   DX,3F8H
          OUT   DX,AL            ;写入除数锁存器低位
          MOV   AL,00H           ;置产生2400b/s 波特率除数高位
          MOV   DX,3F9H
          OUT   DX,AL            ;写入除数锁存器高位
          MOV   AL,03H           ;设置数据格式
          MOV   DX,3FBH          ;写入通信线路控制寄存器
          OUT   DX,AL
          MOV   AL,00H           ;禁止所有中断
          MOV   DX,3F9H
          OUT   DX,AL
WAIT1:    MOV   DX,3FDH          ;发送保持寄存器不空则循环等待
          IN    AL,DX
          TEST  AL,20H
          JZ    WAIT1
WAIT2:    MOV   AH,1             ;检查键盘缓冲区，无字符则循环等待
          INT   16H
          JZ    WAIT2
          MOV   AH,0             ;若有，则取键盘字符
          INT   16H
SEND:     MOV   DX,3F8H          ;发送输入的字符
          OUT   DX,AL
RECE:     MOV   DX,3FDH          ;检查接收数据是否准备好
          IN    AL,DX
          TEST  AL,1AH           ;判断接收到的数据是否出错
          JNZ   ERROR
          MOV   DX,3F8H
          IN    AL,DX            ;读取数据
          AND   AL,7EH           ;去掉无效位
          PUSH  AX
          MOV   BX,0             ;显示接收字符
          MOV   AH,14
          INT   10H
```

```
              POP    AX
              CMP    AL,0DH          ;接收到的字符若不是回车则返回
              JNZ    WAIT1
              MOV    AL,0AH          ;是回车则回车换行
              MOV    BX,0
              MOV    AH,14H
              DNT    10H
              JMP    WAIT1
       ERROR: MOV    DX,3F8H         ;读接收寄存器,清除错误字符
              IN     AL,DX
              MOV    AL,'?'          ;显示'?'号
              MOV    BX,0
              MOV    AH,14H
              INT    10H
              JMP    WAIT1           ;继续循环
       Start  ends
       Code   ends
       end    start
```

5.4 小　　结

MCS-51 系列单片机内部具有一个全双工的异步串行通信 I/O 口,该串行口的波特率和帧格式可以编程设定。MCS-51 串行口有 4 种工作方式:方式 0、方式 1、方式 2、方式 3,帧格式有 10 位、11 位。方式 0 和方式 2 的传送波特率是固定的,方式 1 和方式 3 的波特率是可变的,由定时器的溢出率决定。归纳如表 5.5 所示。

单片机与单片机之间以及单片机与 PC 之间都可以进行通信,异步通信的程序通常采用两种方法:查询法和中断法。

表 5.5　串行通信的 4 种工作方式

方　式	方式 0	方式 1	方式 2	方式 3
功能	8 位移位寄存器方式	10 位异步通信方式	11 位异步发送/接收方式	11 位异步发送/接收方式
一帧数据格式	8 位数据	1 个起始位 "0",8 个数据位,1 个停止位 "1"	1 个起始位 "0",9 个数据位,1 个停止位 "1"	
波特率	固定为 $\dfrac{f_{osc}}{12}$	波特率可变 $=\dfrac{2^{SMOD}}{32}\times\dfrac{f_{osc}}{12(256-X)}$	波特率固定 $=\dfrac{2^{SMOD}}{64}f_{osc}$	同方式 1
引脚功能	TXD 输出 $\dfrac{f_{osc}}{12}$ 频率同步脉冲,RXD 作数据 I/O 端	TXD 数据发送端 RXD 数据接收端	同方式 1	同方式 1
应用	用于扩展 I/O 口	两机通信	多用于多机通信	

第 5 章 串行数字通信

习　题

1. 什么叫串行通信和并行通信？各有什么特点？
2. 什么叫异步通信和同步通信？各有什么特点？
3. 通信波特率的定义是什么？串行通信对波特率有什么基本要求？
4. 某异步通信接口按方式 3 传送，已知其每分钟传送 3600 个字符，计算其传送波特率。
5. 串行缓冲寄存器 SBUF 有什么作用？简述串行口接收和发送数据的过程。
6. MCS-51 串行口有几种工作方式？各有什么特点和功能？
7. 波特率误差对异步串行通信有什么影响？有哪些因素影响波特率误差？
8. 设有甲、乙两台单片机，编制两台单片机实现以下串行通信功能的程序。

甲机发送：将首地址为 ADDRT 的 128 个字节的数据块顺序向乙机发送。

乙机接收：将接收的 128 个字节的数据，顺序存放在以首地址为 ADDRR 的数据缓冲区中。

9. 为什么定时器 1 作为串行口波特率发生器时常采用工作方式 2？
10. 什么叫多机通信？它与双机通信有什么区别？
11. 设 8051 单片机串行口工作于方式 1，晶振频率为 12MHz，定时器 T1 工作于方式 2 作为波特率发生器，要求波特率为 1200b/s，SMOD=0，试计算 T1 的时间常数和波特率误差，并编写初始化程序。
12. 设以串行方式 1 进行数据传送，f_{osc}=6MHz，波特率为 2400b/s(SMOD=1)。发送的 8 个数据依次存在外部 RAM 首址 4000H 单元中，先发送数据长度，后发送 8 个数据，试编写发送子程序。

第6章 汇编语言程序设计

本章要点

- 汇编语言程序基本结构
- 程序设计步骤
- 子程序设计

本章难点

- 循环结构、分支结构程序设计
- 子程序设计

汇编语言(Assembly Language)是指用指令助记符代替机器码的编程语言。它是一种面向机器的程序设计语言，属于低级程序语言。汇编语言程序结构简单，执行速度快，程序易优化，编译后占用存储空间小，是单片机应用系统开发中最常用的程序设计语言。汇编语言的缺点是可读性比较差，只有熟悉单片机的指令系统，并具有一定的程序设计经验，才能研制出功能复杂的汇编语言应用程序。

6.1 汇编语言

采用汇编语言编写的程序叫做汇编语言源程序，源程序只能用于人机对话，并不能被机器直接执行，必须由"汇编程序"翻译成机器语言的目的程序。

机器语言是一种被机器识别和执行的语言，用二进制数"0"和"1"形式表示。它存放在计算机存储器内，直接指挥机器的运行。为了阅读和书写的方便，机器语言常写成十六进制形式，指令的十六进制代码形式与它的二进制代码形式是对应关系，常在某些场合(如实验室)被用来作为输入程序的一种辅助手段。

MCS-51 汇编语言程序设计应遵照常规的计算机程序设计步骤并结合 MCS-51 指令系统的特点进行。汇编语言程序设计的基本步骤如下。

(1) 题意分析。熟悉并了解汇编语言指令的基本格式和主要特点，明确被控对象对软件的要求，以及该系统要达到的具体工作目的，针对该工作目的找到所采用的计算公式和计算方法。

(2) 画出程序流程图。编写较复杂的程序，画出程序流程图是十分必要的。程序流程图是根据控制流程设计的，它可以使程序清晰、结构合理、便于调试。

(3) 分配内存工作区及有关端口地址。分配内存工作区要根据程序区、数据区、暂存区、堆栈区等预计所占空间大小，对片内、外存储区进行合理分配并确定每个区域的首地址，便于编程使用。

(4) 编制汇编源程序。

(5) 仿真、调试程序。编写好的程序要达到运行通畅，逻辑功能正确，必须通过不断地调试、修改、优化来逐步完成，而且这一过程必须重复进行。

(6) 固化程序。

以下将结合 MCS-51 的特点，介绍一些常用的程序设计方法。

6.2 基本程序结构设计

6.2.1 顺序结构程序设计

顺序结构是一种最简单、最基本的程序，按照程序编写的顺序依次执行，编写这类程序主要应注意正确地选择指令，提高程序的执行效率。

例 6.1 双字节二进制数求补。

题意分析：本程序对 R3(高)、R2(低)中的二进制定点数取反加 1 便得到其补码。

程序流程图如图 6.1 所示。

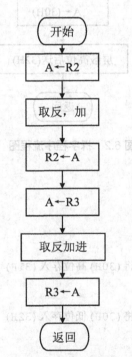

图 6.1 双字节二进制数求补流程图

解：编程清单如下：

```
        ORG   2000H
MAIN:   MOV   A,R2
        CPL   A
        ADD   A,#01H
        MOV   R2,A        ;低位字节补码送 R2
```

```
        MOV     A,R3
        CPL     A
        ADDC    A,#01H          ;高位加进位
        MOV     R3,A            ;高位字节补码送R3
        RET
```

例 6.2 拆字程序。将 30H 的内容拆开，高位送 31H 低位，低位送 32H 低位。

题意分析：本题的关键是利用逻辑与指令实现内容的屏蔽。

程序流程图如图 6.2 所示。

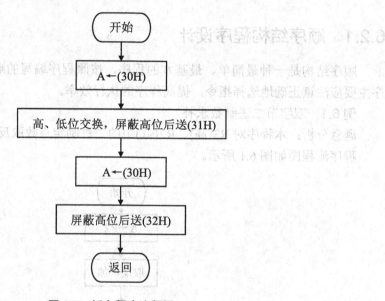

图 6.2 拆字程序流程图

解：编程清单如下：

```
        ORG     0050H
CWORD:  MOV     A,30H
        SWAP    A
        ANL     A,#0FH
        MOV     31H,A           ;将(30H)高位存入(31H)
        MOV     A,30H
        ANL     A,#0FH
        MOV     32H,A           ;将(30H)低位存入(32H)
        END
```

6.2.2 循环结构程序设计

在程序设计中，当需要对某段程序多次重复执行时，可采用循环的方法设计程序。循环结构的程序一般包括下面几个部分。

1. 置循环初值

置循环初值是设置用于循环过程工作单元的初始值。例如，设置循环次数计数器、地

址指针初值、存放和数的单元初值等。

2. 循环体

重复执行的程序段部分。

3. 循环修改

在单片机中，一般用一个工作寄存器 Rn 作为计数器，给这个计数器赋初值作循环次数，每循环一次对其进行修改。

4. 循环控制

判断控制变量是否满足终值条件，不满足则转去重复执行循环工作部分，满足则顺序执行，退出循环。

若循环程序的循环体中不再包括循环程序，即为单循环程序。如果在循环体中还包含循环程序，那么，这种称为循环嵌套，这样的程序就称为二重、三重、甚至多重循环程序。在多重循环程序中，只允许外重循环嵌套内重循环程序，而不允许循环体互相交叉，另外，也不允许从循环程序的外部跳入循环程序的内部。

例 6.3 数据传送程序。将内部 RAM 40H 单元开始的内容依次传送到外部 RAM 1000H 单元开始的区域，直至遇到传送的内容是 0 为止。

题意分析：本题要解决的关键问题是数据块的传送和不同存储器单元之间的数据传送。前者采用循环程序结构，以条件控制指令结束；后者采用间接寻址方式，以累加器 A 作为时间变量实现数据传送。

程序流程图如图 6.3 所示。

解：编程清单如下：

```
        ORG    2000H
        MOV    R0,#40H          ;R0 指向内部 RAM 数据首地址
        MOV    DPTR,#1000H      ;DPTR 指向外部 RAM 数据区首地址
MAIN:   MOV    A,@R0            ;A←(R0)
        MOVX   @DPTR,A          ;(DPTR)←A
        CJNE   A,#00H,NEXT
        SJMP   FINISH           ;若 A=0,传送完成
NEXT:   INC    R0               ;修改地址指针
        INC    DPTR
        AJMP   MAIN             ;继续传送
FINISH: SJMP   $
        END
```

例 6.4 数据极值查找程序。内部 RAM 30H 单元开始存放了 10 个数，找出其中最大的数。

题意分析：采用比较交换法来查找最大数。先指定 MAX 单元，使第一个数存入 MAX 单元，然后把它和数据块中的每一个数逐一比较，大的数存放在 MAX 单元，直到数据块中每个数都比较完，此时 MAX 单元中得到最大的数。

程序流程图如图 6.4 所示。

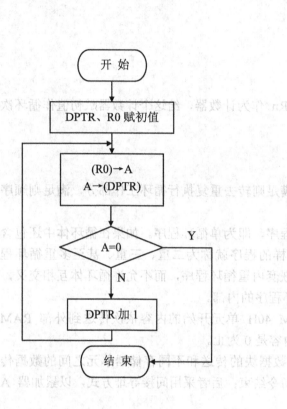

图 6.3 数据传送程序流程图

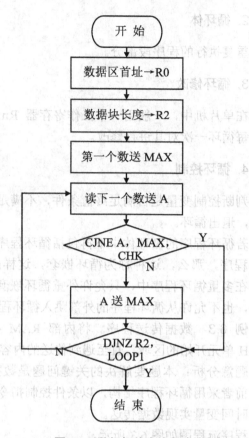

图 6.4 数据极值查找程序流程图

解：编程清单如下：

```
        ORG     0100H
        MAX     DATA  50H
        MOV     R0,#30H         ;数据首址送 R0
        MOV     R2,#10          ;数据长度送 R2
        MOV     MAX,@R0         ;读第一个数
        DEC     R2
LOOP1:  INC     R0
        MOV     A,@R0           ;读下一个数
        CJNE    A,MAX,CHK       ;数值比较
CHK:    JC      LOOP2           ;MAX 大则跳至 LOOP2
        MOV     MAX,A           ;大数送 MAX
LOOP2:  DJNZ    R2,LOOP1        ;继续循环
        SJMP    $               ;停止
        END
```

例 6.5 片内 RAM 中数据块排序程序。内部 RAM 有一个无符号数据块，工作寄存器 R0 指向数据块的首地址，其长度存放在 R2 中，请将数据块中的数据按从大到小的顺序进行排列，排列后数据仍存放在原来位置。

题意分析：数据排列程序常采用冒泡法。冒泡法是一种相邻数互换的排序方法，与上例查找极大值相似，一次冒泡即找到数据块极小值放到数据块最后，再一次冒泡次小数排在倒数第二位置，多次冒泡实现降序排列。

程序流程图如图 6.5 所示。

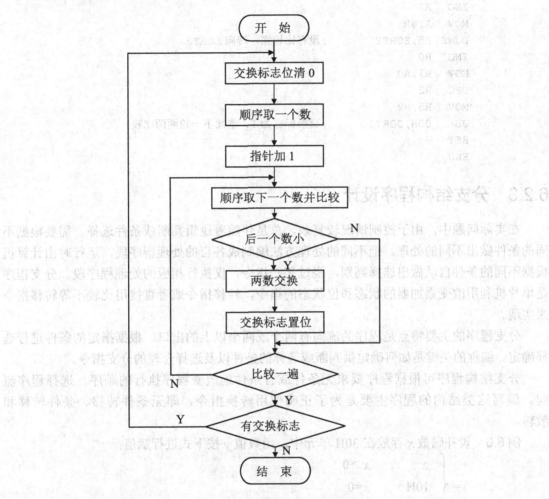

图 6.5 数据块排序程序流程图

解：编程清单如下：

```
SORT:   MOV   A,R0
        MOV   R1,A        ;把 R0 暂存到 R1 中
        MOV   A,R2
        MOV   R5,A        ;把 R2 暂存到 R5 中
SORT1:  CLR   00H         ;交换标志单元清 0
        DEC   R5          ;个数减 1
        MOV   A,@R1
SORT2:  INC   R1
        CLR   C
        SUBB  A,@R1       ;相邻的两个数比较
```

```
            JNC     NEXT                ;前一个数大,转移到NEXT
            SETB    00H                 ;否则,交换标志置位
            XCH     A,@R1               ;两数交换
    NEXT:   DEC     R1
            MOV     @R1,A
            INC     R1
            MOV     A,@R1
            DJNZ    R5,SORT2            ;没有比较完,转向SORT2
            INC     R0
            MOV     R1,R0
            DEC     R2
            MOV     R5,R2
            JB      00H,SORT1           ;交换标志为1,继续下一轮两两比较
            RET
            END
```

6.2.3 分支结构程序设计

在实际问题中,由于控制情况较复杂,总是伴随着逻辑判断或条件选择,需要根据不同的条件做出不同的处理。把不同的处理方法编制成各自的处理程序段,运行时由计算机根据不同的条件自动做出选择判别,绕过某些指令,仅执行相应的处理程序段。分支程序是单片机利用改变累加器的状态和位状态的指令,转移指令或者直接用比较不等转移指令来实现。

分支程序的主要特点是程序的流向有两个或两个以上的出口,根据指定的条件进行选择确定。编程的关键是如何确定供判断或选择的条件以及选择合理的分支指令。

分支结构程序可根据程序要求无条件或有条件地改变程序执行的顺序,选择程序流向。编写这类结构的程序主要是为了正确使用转换指令,即无条件转移、条件转移和散转。

例 6.6 设补码数 x 存放在 30H 单元中,函数值 y 按下式进行赋值:

$$y=\begin{cases} x, & x>0 \\ 10H, & x=0 \\ x+5, & x<0 \end{cases}$$

试编写程序,根据 x 的值求出 y,并放回原单元。

题意分析:取出 x 后先作取值范围判断,用累加器 A 状态转移指令判断 x 是否为 0,用位状态转移指令判断 x 是大于 0 还是小于 0。

程序流程图如图 6.6 所示。

解:编程清单如下:

```
MAIN:   MOV     A,30H
        JZ      LOOP1
        JNB     ACC.7,LOOP2
        ADD     A,#5
        MOV     30H,A
LOOP2:  SJMP    $
```

```
LOOP1: MOV    30H,#10H
       SJMP   $
```

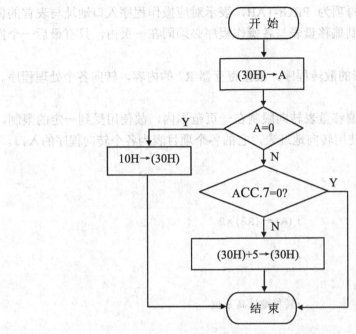

图 6.6　例 6.6 程序流程图

例 6.7　使用地址偏移量表的散转程序。按 R2 的内容转向 5 个处理程序。

说明：散转程序是指经过某个条件判断后，程序有多个流向(3 个以上)。在键盘接口程序设计中经常会用到散转程序。

解：编程清单如下：

```
JMP1:  MOV    A,R2
       MOV    DPTR,#TAB
       MOVC   A,@A+DPTR
       JMP    @A+DPTR
TAB:   DB     PRG0-TAB
       DB     PRG1-TAB
       ...
       DB     PRG4-TAB
```

PRG0:　处理程序 0

PRG1:　处理程序 1

PRG2:　处理程序 2

PRG3:　处理程序 3

PRG4: 处理程序4

程序中，地址偏移量的每项为 PRGi-TAB，表示对应操作程序入口地址与表首的偏移量，偏移量占一个字节，限制偏移量表与各操作程序必须同在一页内，只有最后一个操作程序的长度不受限制。

例 6.8　使用转向地址表的散转程序。根据寄存器 R7 的内容，转向各个处理程序。设转向入口为 PRG0～PRGn。

说明：前面介绍的地址偏移量表转向限制在一页范围内，故使用受到一定的限制。在转向范围较大时，可以直接使用转向地址表，它的各个项目表为各个转向程序的入口。

解：编程清单如下：

```
JMP2:   MOV     DPTR,#TAB
        MOV     A,R7
        ADD     A,R7            ;(A)←(R2)×2
        JNC     NEXT
        INC     DPH             ;(R2)×2>256
NEXT:   MOV     R2,A
        MOVC    A,@A+DPTR
        XCH     A,R2            ;转移地址高8位
        INC     A
        MOVC    A,@A+DPTR
        MOV     DPL,A           ;转移地址低8位
        MOV     DPH,R2
        CLR     A
        JMP     @A+DPTR
TAB:    DW      PRG0
        DW      PRG1
        ...
        DW      PRGn
```

6.3　子程序设计

6.3.1　子程序的概念

在解决实际问题时，经常会遇到一个程序中多次使用同一个程序段，如延时程序、查表程序、算术运算程序段等功能相对独立的程序段。为了节省存储空间，往往把它独立出来，附加额外的指令，将其编制成可供反复调用的公用的独立程序段，并通过适当的方法把它与其他程序段连接起来。这种程序设计的方法称为子程序设计。被独立出来的程序段称为子程序，调用子程序的程序叫主程序或调用程序。

子程序设计是使程序模块化的一种重要手段。当设计一个比较复杂的程序时，根据程序实现的主要功能及各功能要调用的公用部分，将程序划分为若干个相对独立的模块。确定各模块调用关系和参数传递方式，为各模块分配不同的名字(入口地址)，然后把每个模块都编制成子程序，最后将这些模块根据调用关系连成一个整体。这样既便于分工合作，

又可避免重复劳动，节省存储空间，提高调用程序设计的效率和质量，使程序整洁、清晰、易读，便于修改和扩充。

6.3.2 子程序的设计

设计包含子程序的程序时，需注意以下几个问题。

1. 主程序与子程序之间的转返

子程序的调用和返回实质上就是程序控制的转移，原则上用一般的转移指令即可完成，可事实上并没有那么简单。对于主程序，在什么时候，应从什么位置进入哪个子程序，事先是很清楚的，因此主程序调用子程序是可以预先安排的。但对于子程序，每次执行完后应返回到哪个调用程序以及调用程序的什么位置，子程序是无法预先安排的。因为子程序不能预先知道哪个主程序什么时候在什么位置调用它，因此也无法知道执行后返回到哪个主程序的什么位置，该位置与主程序的调用位置有关。所以主程序与子程序间的转返是子程序必须解决的一个问题，这个问题是通过调用指令和返回指令解决的。

2. 主程序与子程序间的参数传递

主程序与子程序相互传递的信息称为参数。主程序提供给子程序以便加工处理的信息称为入口参数，经子程序加工处理后回送给主程序的信息称为出口参数。每个子程序的功能虽然是确定的，但每次调用它所完成的具体工作和传递的结果一般是不同的，即主程序与子程序间传递的参数对每一次调用来说是不一样的。为了实现主程序与子程序间参数的传递，就要约定一种主程序和子程序双方都接受的参数传递方式。

在调用子程序时，主程序应事先把入口参数放到某些约定的位置，子程序在运行时，可以从约定的位置得到有关的参数。同样，子程序在运行结束前，也应把出口参数送到约定位置，在返回主程序后，主程序可以从这些地方得到需要的结果。

3. 现场保护

执行子程序时，不可避免地要使用一些寄存器或存储器，因此子程序执行后，某些寄存器或存储器的内容会发生变化。如果主程序在这些寄存器或存储器中已经存放了有用的信息，则从子程序返回主程序后，主程序的运行会因原存信息被破坏而出错。解决这个问题的方法是在使用这些不能被破坏的寄存器或存储器之前，将其内容保存起来，使用之后再将其还原。前者称为保护现场，后者称为恢复现场。

保护现场与恢复现场的操作既可以在主程序中完成，也可以在子程序中完成。一般情况下是在子程序中完成，这一功能通过进栈和出栈指令实现。由于子程序调用是由主程序决定的，所以现场不一定要加以保护，可以按实际情况灵活掌握。

由上述设计要点可知，子程序一般有以下结构：首先保护现场，其次取入口参数进行加工处理，并将处理结果送出口参数约定的寄存器或存储单元保存，然后恢复现场，最后返回主程序。

例 6.9 用程序实现 $c=a^2+b^2$，假设 a、b、c 分别存放于 R2、R3、R4 中。

题意分析：本题可以用子程序来实现，即通过调用子程序查平方表，结果在主程序中相加得到。

解：编程清单如下：

主程序：

```
MAIN:   MOV     A,R2
        ACALL   SQR             ;调用查表程序
        MOV     R0,A            ;a² 暂存 R0 中
        MOV     A,R3
        ACALL   SQR             ;调用查表程序
        ADD     A,R0            ;A ← a²+b²
        MOV     R4,A
        SJMP    $
```

子程序：

```
SQR:    INC     A
        MOVC    A,@A+PC
        RET
TAB:    DB      0,1,4,9,16
        DB      25,36,49,64,81
        END
```

例 6.10 设计求内部 RAM 中 N 个字节无符号数之和(小于 65 536)的子程序。

题意分析：该子程序的入口参数在内部 RAM 中，故可用间址指针指示参数的位置，这样既可节省传递数据的工作量，也可实现可变长度运算。因此，用 R0 来传递字节无符号数在内部 RAM 中的首地址，用 R7 来传递数据长度 N，运算结果存放的内部 RAM 的首地址也由间址寄存器 R1 来传递。

解：编程清单如下：

```
NADD:   MOV     @R1,#0          ;清 0 存放结果的 2 个单元
        INC     R1
        MOV     @R1,#0
        MOV     A,@R0
        ADD     A,@R1
        MOV     @R1,A
        DEC     R1              ;R1 指向低地址(高字节)
        CLR     A
        ADDC    A,@R1           ;高字节加低字节产生的进位
        MOV     @R1,A
        INC     R1              ;R1 指向高地址(低字节)
        INC     R0              ;修改 N 个字节无符号数指针
        DJNZ    R7,LOOP
        RET
```

6.4 实用程序举例

本节从实用角度出发，介绍一些在单片机应用系统软件设计中经常用到的汇编语言程序实例，包括代码转换程序、延时程序、查表程序和运算程序。中断程序设计在第 4 章已作介绍，本节不再重复。

6.4.1 代码转换程序

人们日常习惯使用十进制数，而计算机能识别和处理的是二进制数，计算机输入、输出数据又常用 BCD 码、ASCII 码和其他代码，因此，代码转换十分有用。

例 6.11 8 位二进制数转换为 BCD 码。将累加器 A 中的二进制数 0~FFH 内的任一数转换为 BCD 码(0~255)。

题意分析：BCD 码是每 4 位二进制数表示一位十进制数。本例中要求转换的最大 BCD 码为 255，需要 12 位二进制数，超过一个字节(8 位)，因此，把高 4 位存放在 B 的低 4 位，高 4 位清 0，低 8 位存放在 A 中。转换的方法是将 A 中二进制数除以 100、10，所得商即为百、十位数，余数为个位数。

解：编程清单如下：

```
BINBCD: MOV  B,#100
        DIV  A,B        ;除法指令，A/B →商在 A 中，余数在 B 中
        PUSH ACC        ;将商(百位数)暂存在堆栈中
        MOV  A,#10
        XCH  A,B        ;余数交换到 A 中,B=10
        DIV  A,B        ;A/B →商(十位)在 A 中，余数(个位)在 B 中
        SWAP A          ;十位数移到高半字节
        ADD  A,B        ;十位数和个位数组合在一起
        POP  B          ;百位数存放到 B 中
        RET
```

例 6.12 双字节二进制数转换为 BCD 码。

题意分析：因为$(a_{15} a_{14} \cdots a_1 a_0)_2=(\cdots(0\times2+a_{15})\times2+a_{14}\cdots)\times2+a_0$，所以，将二进制数从最高位逐次左移入 BCD 码寄存器的最低位，并且每次都实现$(\cdots)\times2+a_i$的运算。共循环 16 次，由 R7 控制。

入口：R3R2(16 位无符号二进制整数)。

出口：R6(万位)、R5(千位、百位)、R4(十位、个位)存放 5 位 BCD 码。

程序流程图如图 6.7 所示。

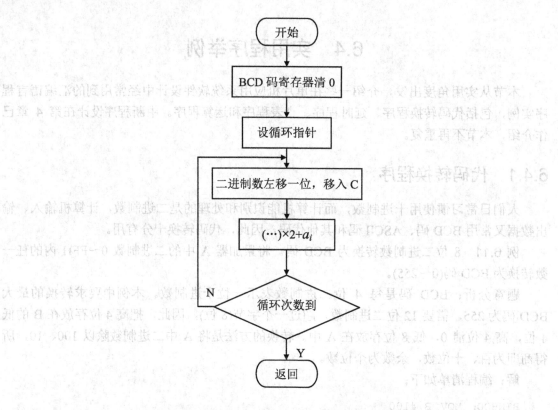

图 6.7 双字节二进制数转换 BCD 码程序流程图

解：编程清单如下：

```
BCBCD:  CLR   A           ;BCD 码寄存器清 0
        MOV   R4,A
        MOV   R5,A
        MOV   R6,A
        MOV   R7,#16       ;设循环指针
LOOP:   CLR   C            ;左移一位，移入 C
        MOV   A,R2
        RLC   A
        MOV   R2,A
        MOV   A,R3
        RLC   A
        MOV   R3,A
        MOV   A,R4         ;实现 (…)×2+$a_i$ 运算
        ADDC  A,R4
        DA    A
        MOV   R4,A
        MOV   A,R5
        ADDC  A,R5
        DA    A
        MOV   R5,A
        MOV   A,R6
        ADDC  A,R6
```

```
        DA      A
        MOV     R6,A
        DJNZ    R7,LOOP
        RET
```

例 6.13 BCD 码转换为二进制数。将累加器 A 中的 BCD 码转换成二进制数,结果仍存放在累加器 A 中。

题意分析:A 中存放的 BCD 码数的范围是 0~99,转换成二进制数后是 00H~63H,所以仍然可以存放在累加器 A 中。转换方法为 A 中的高半个字节(十位)乘以 10,再加上 A 的低半个字节。计算公式为 $A_{7\sim4}\times10+A_{3\sim0}$。

解:编程清单如下:

```
BCDBIN: PUSH    ACC             ;暂存 A 的内容
        ANL     A,#0F0H         ;屏蔽掉低 4 位
        SWAP    A               ;将 A 的高 4 位与低 4 位交换
        MOV     B,#10
        MUL     AB              ;BA←A×B
        MOV     B,A
        POP     ACC             ;取原 BCD 码
        ANL     A,#0FH
        ADD     A,B             ;个位数与十位数相加
        RET
```

例 6.14 4 位二进制数转换为 ASCII 代码。

题意分析:由二进制数和 ASCII 码之间的对应关系可知,对于小于 10 的 4 位二进制数加 30H 得到相应的 ASCII 代码,对于大于 10(等于 10)的 4 位二进制数加 37H 得到相应的 ASCII 码。

入口:4 位二进制数存放于 R2 中。

出口:ASCII 码存放于 R2 中。

程序流程图如图 6.8 所示。

解:编程清单如下:

```
BINASC: PUSH    PSW
        MOV     A,R2            ;取 4 位二进制数
        ANL     A,#0FH          ;屏蔽高 4 位
        PUSH    A
        CLR     C
        SUBB    A,#0AH
        POP     A
        JC      LOOP            ;该数<10 转到 LOOP
        ADD     A,#07H
LOOP:   ADD     A,#30H
        MOV     R2,A            ;转换后的 ASCII 码送入 R2
        POP     PSW
        RET
```

例 6.15 ASCII 码转换为 4 位二进制数。本程序是例 6.14 的逆过程。

入口：ASCII 码存于 R2 中。

出口：转换后的二进制数仍存于 R2 中。

程序流程图如图 6.9 所示。

解：编程清单如下：

```
BINASC: PUSH  PSW
        MOV   A,R2        ;取 ASCII 码
        CLR   C
        SUBB  A,#30H      ;ASCII 码减 30H
        MOV   R2,A        ;得二进制数送入 R2 中
        SUBB  A,#0AH      ;结果减 10
        JC    LOOP        ;如果 Cy=1,表示该值≤9
        MOV   A,R2        ;否则该值＞9,必须再减 7
        SUBB  A,#07H
        MOV   R2,A
LOOP:   POP   PSW
        RET
```

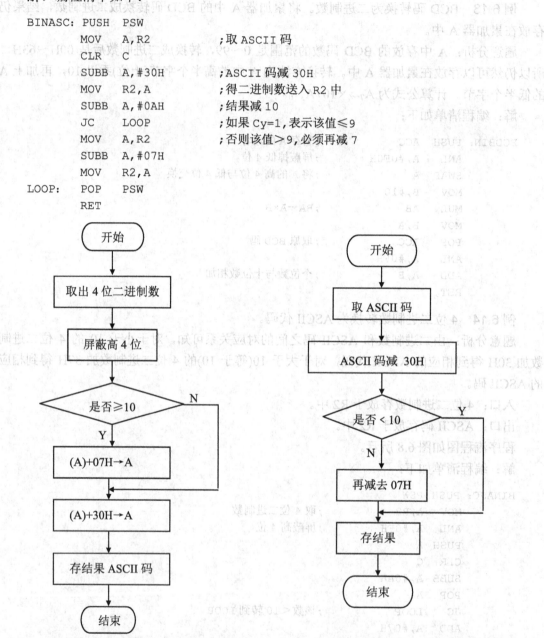

图 6.8　4 位二进制数转换为 ASCII 码程序流程图　　图 6.9　ASCII 码转换为 4 位二进制数程序流程图

6.4.2　延时程序

在单片机应用中，常需要定时，如定时中断、定时检测、定时扫描等。定时功能除可

以使用定时/计数器实现之外，更多的是使用定时程序完成。定时程序是典型的循环程序，通过对一个延时程序的循环来实现定时，因此也把定时程序称为延时程序。

1. 单循环延时程序

```
        MOV   R7,#TIME
LOOP:   NOP                    ;1 周期
        NOP                    ;1 周期
        DJNZ  R7,LOOP          ;2 周期
```

$$延时时间=(4×T_机)×TIME$$

若单片机晶振频率为 6MHz，则 1 个机器周期 $T_机$=2μs，若 R7=100，则定时时间=(4×2μs)×100=800μs，此定时程序的定时范围为 8～2048μs。

由于单循环延时程序的时间延时较小，为了延长定时时间，通常采用多重循环方法。

2. 双循环延时程序

```
        MOV   R7,#TIME1        ;1 周期
LOOP1:  MOV   R6,#TIME2        ;1 周期
LOOP2:  NOP                    ;1 周期
        NOP                    ;1 周期
        DJNZ  R6,LOOP2         ;2 周期
        DJNZ  R7,LOOP1         ;2 周期
```

$$延时时间=(TIME2×4+2+1)×TIME1×T_机+1×T_机$$

设单片机晶振频率为 6MHz，TIME1=125，TIME2=100，则

延时时间=(100×4+2+1)×125×2μs+1×2μs

=100752μs≈100ms

此双重循环程序的定时范围为 16μs～526ms，若需要处理长的延迟时间，可采用多重循环。1s 定时可用 3 重循环，而用 7 重循环的定时程序可长达几年。

6.4.3 查表程序

在单片机应用系统中，应用程序时常要对数据进行复杂计算，而由于受汇编语言指令特点的限制，使得编程困难，程序冗长，运算速度慢，而且精度不易得到保证。在这种情况下，采用查表法往往使问题的解决简单得多。

在 MCS-51 汇编语言中，有两条专门的查表指令：

```
MOVC A,@A+DPTR
MOVC A,@A+PC
```

其中，DPTR 为数据指针寄存器，一般用来存放表首地址。

查表程序主要用于代码转换、代码显示、实时值查表计算和按命令号实现程序转移等。下面通过几个程序来学习查表程序的编写。

例 6.16 在程序中定义一个 0～9 的平方表，利用查表指令找出累加器 A=05 的平方值。

题意分析：所谓表格是指在程序中定义一串有序的常数，如平方表、字型码表、键码表等。因为程序一般都是固化在程序存储器中，因此可以说表格是预先定义在程序的数据区中，然后和程序一起固化在 ROM 中的一串常数。查表程序的关键是表格的定义和如何实现查表。

解：编程清单如下：

```
        ORG    0050H
        MOV    DPTR,#TABLE          ;表首地址→DPTR
        MOV    A,#05                ;05→A
        MOVC   A,@A+DPTR            ;查表指令，25→A
        SJMP   $                    ;程序暂停
TABLE:  DB     0,1,4,9,16,25,36,49,64,81   ;定义0～9平方表
        END
```

例 6.17 用指令"MOVC A，@A+PC"实现查找平方表。

解：编程清单如下：

```
        ORG    0050H
        MOV    A,#05                ;05→A
        ADD    A,#02                ;修正A的值，修正值为查表指令距离表格首地址
                                    ;的字节数减去1
        MOVC   A,@A+PC              ;25→A
        SJMP   $
TABLE:  DB     0,1,4,9,16,25,36,49,64,81   ;定义0～9平方表
        END
```

例 6.18 在一个温度控制器中，测出的电压与温度为非线性关系，需对它进行线性化补偿。测得的电压已由 A/D 转换为 10 位二进制数。现要求采用查表法实现线性化处理。

题意分析：测出不同温度下的输入值，然后用测得的数据构成一个表，表中存放温度值 y，x 为电压值。设测量输入值 x 放入 R2R3 中，转换后的线性温度值仍放入 R2R3 中。

解：编程清单如下：

```
        ORG    0060H
LTB:    MOV    DPTR,#TABLE          ;表格地址送DPTR
        MOV    A,R3
        CLR    C
        RLC    A
        MOV    R3,A
        XCH    A,R2
        RLC    A
        XCH    R2,A
        ADD    A,DPL                ;(R2R3)+(DPTR)→(DPTR)
        MOV    DPL,A
        MOV    A,DPH
        ADDC   A,R2
        MOV    DPH,A
        CLR    A
        MOVC   A,@A+DPTR            ;查第一字节
```

```
            MOV     R2,A
            CLR     A
            INC     DPTR
            MOVC    A,@A+DPTR           ;查第二字节
            MOV     R3,A
            RET
   TABLE:   DW…                         ;温度值表
```

6.4.4 运算程序

单片机指令系统中只提供了单字节二进制数的加、减、乘、除指令，而在实际应用程序设计中经常要用到多字节的各种运算，这里提供一些这类程序设计的方法。

例 6.19 多字节无符号数加法。

题意分析：多字节运算一般是按从低字节到高字节的顺序依次进行。

入口：(R0)=被加数低位字节地址指针

(R1)=加数低位字节地址指针

(R2)=字节数

出口：(R0)=和数高位地址指针

程序流程图如图 6.10 所示。

解：编程清单如下：

```
BINADD:     CLR     C
LOOP1:      MOV     A,@R0               ;取被加数
            ADDC    A,@R1               ;两数相加，带进位
            MOV     @R0,A
            INC     R0
            INC     R1
            DJNZ    R2,LOOP1            ;未加完转 LOOP1
            JNC     LOOP2               ;无进位转 LOOP2
            MOV     @R0,#01H
            RET
LOOP2:      DEC     R0
            RET
```

说明：要考虑低字节向高字节的进位情况，最低两字节相加，无低位来的进位，因此，在进入循环之前应对进位标志清 0。最高位两字节相加若有进位，则和数将比加数和被加数多出一个字节。

例 6.20 多字节无符号数减法。

入口：(R0)=被减数低位字节地址指针

(R1)=减数低位字节地址指针

(R2)=字节数

出口：(R0)=差的低字节

(R3)=差值字节数

07H 单元为符号位

程序流程图如图 6.11 所示。

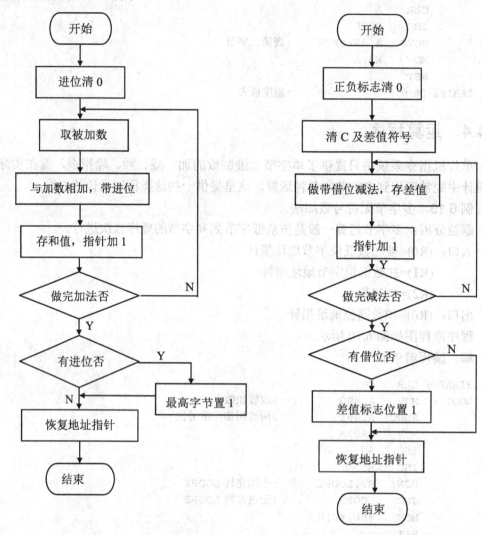

图 6.10　多字节无符号数加法程序流程图　　图 6.11　多字节无符号数减法程序流程图

解：编程清单如下：

```
BINSUB: PUSH  PSW
        CLR   C                ;清标志位
        CLR   07H              ;清结果标志位单元
        MOV   R3,#00H
        MOV   A,@R0            ;取被减数
        SUBB  A,@R1            ;两数相减
        MOV   @R0,A
        INC   R0               ;地址值增 1
        INC   R1
        INC   R3
        DJNZ  R2,LOOP3         ;作减法完否
        JNB   C,LOOP4          ;有无借位
```

```
            SETB  07H              ;差为负置"1"符号位
LOOP4:  POP   PSW
        RET
```

例 6.21 双字节无符号数乘法。

说明：R5R4×R3R2→@R0(4 个连续单元)，被乘数存放在 R5R4 中，乘数存放在 R3R2 中，乘积存放在@R0 间接寻址的 4 个连续单元中。

题意分析：利用单字节乘法指令，可扩展为多字节乘法运算。双字节的扩展算法如下。R5R4×R3R2 =(R5×2^8 + R4)×(R3×2^8 + R2)= R5×R3×2^{16} + R5×R2×2^8 + R4×R3×2^8 + R4×R2 首先将 4 个连续的结果单元清零，然后将部分积逐项累加到结果单元：×2^{16} 的项即 R5×R3 累加到两低地址单元，×2^8 的项即 R5×R2 和 R4×R3 两项累加到中间两单元，×2^0 的项即 R4×R2 累加到两高地址单元，如图 6.12 所示。

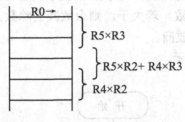

图 6.12 例 6.21 算法示意图

解：编程清单如下：

```
DMUL:   MOV   A,#4
DM:     MOV   @R0,#0      ;将 R0 指向的 4 个连续单元清 0
        INC   R0
        DJNZ  A,DM
        DEC   R0          ;使 R0 指向 4 个连续单元的高地址单元
        MOV   A,R2        ;R4×R2
        MOV   B,R4
        ACALL ADDM
        MOV   A,R2        ;R5×R2
        MOV   B,R5
        ACALL ADDM
        INC   R0          ;R4×R3 的累加单元与 R5×R2 相同，所以 R0 加 1
        MOV   A,R3        ;R4×R3
        MOV   B,R4
        ACALL ADDM
        MOV   A,R3        ;R5×R3
        MOV   B,R5
        ACALL ADDM
        RET
ADDM:   MUL   AB
        ADD   A,@R0       ;A×B 累加到 R0 指向的两个连续单元中
        MOV   @R0,A
        MOV   A,B
        DEC   R0
```

```
        ADDC  A,@R0
        MOV   @R0,A
        DEC   R0
        MOV   A,@R0
        ADDC  A,#0
        MOV   @R0,A
        INC   R0         ;R0 指向下一项部分积的累加单元中
        RET
```

例 6.22 双字节无符号数除法。

说明：R7R6÷R5R4→R7R6…R3R2，被除数存放在 R7R6 中，除数存放在 R5R4 中，所得商存放在 R7R6 中，余数存放在 R3R2 中。

题意分析：单字节除法指令不能扩展为多字节除法。对于多字节除法，最常用的算法是"移位相减"法。为了编程方便，将余数和被除数组合在一起进行向左移位。每一次移位后，判断余数是否大于除数。若大于，则余数减去除数，商上 1；否则商上 0。被除数左移空出的低位空间用来存放商。

程序流程图如图 6.13 所示。

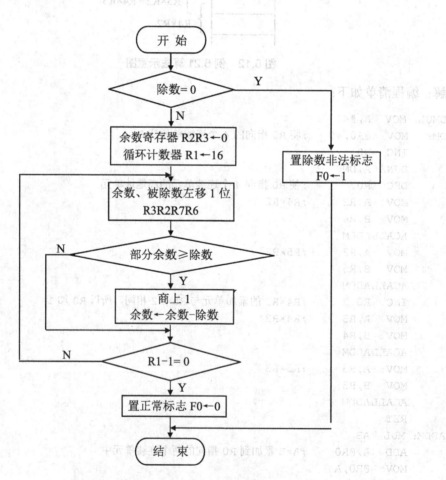

图 6.13 双字节无符号数除法程序流程图

解：编程清单如下：

```
DDIV:   MOV   A,R4          ;判断除数是否合法
        JNZ   DD0           ;除数不为0，转DD0
        MOV   A,R5
        JZ    ERROR         ;除数为0，转ERROR
DD0:    MOV   R2,#0         ;余数寄存器清0
        MOV   R3,#0
        MOV   R1,#16        ;设置循环次数(16)计数器
DD1:    CLR   C             ;余数、被除数即R3R2R7R6左移一位
        MOV   A,R6
        RLC   A
        MOV   R6,A
        MOV   A,R7
        RLC   A
        MOV   R7,A
        MOV   A,R2
        RLC   A
        MOV   R2,A
        MOV   A,R3
        RLC   A
        MOV   R3,A
        MOV   A,R2          ;部分余数减除数，先减低8位
        SUBB  A,R4
        MOV   R0,A          ;暂存相减结果
        MOV   A,R3          ;再减高8位
        SUBB  A,R5
        JC    DD2           ;部分余数小于除数，转DD2
        INC   R6            ;部分余数大于除数，商上1
        MOV   R3,A          ;相减结果送R3R2
        MOV   02H,00H       ;直接寻址R2和R0
DD2:    DJNZ  R1,DD1
        CLR   F0            ;除法完成F0 = 0
        RET
ERROR:  SETB  F0            ;除数为0，F0 = 1
        RET
```

6.5 小　　结

单片机汇编语言程序设计是单片机应用系统设计的重要组成部分。汇编语言程序基本结构包括顺序结构、分支结构、循环结构和子程序结构等。

程序设计的关键是掌握解题思路。程序设计的步骤一般分为题意分析、画流程图、分配寄存器和内存单元、源程序设计、程序调试等。

程序设计中还要注意单片机软件资源的分配，内部RAM、工作寄存器、堆栈、位寻址区等资源的合理分配对程序的优化，可读性和可移植性等起着重要作用。

习 题

1. 什么是汇编、反汇编？为什么要汇编？
2. 循环程序一般包括哪几个部分？
3. 数据拼拆程序：将一个字节内的两个 BCD 码十进制数拆开并变成相应的 ASCII 码的程序段如下：

```
MOV    R0,#32H
MOV    A,@R0
ANL    A,#0FH
ORL    A,#30H
MOV    31H,A
MOV    A,@R0
SWAP   A
ANL    A,#0FH
ORL    A,#30H
MOV    32H,A
```

分析上面的程序段，给每一条指令加上注释，并说明 BCD 码和拆后的 ASCII 码各自存放在内部 RAM 的什么地方。

4. 分析下面程序，已知(20H)=85H，(21H)=19H，执行下面程序段后，30H 单元的内容是什么？

```
MOV    30H,20H
ANL    30H,#00011111B
MOV    A,21H
SWAP   A
RL     A
ANL    A,#11100000B
ORL    30H,A
```

5. 编写程序，已知 ROM 中存有 0~100 的平方表，首地址为 TAB，试根据累加器 A(≤100)中的数值查找对应的平方值，存入内部 RAM 的 31H30H 中。
6. 试采用循环转移指令编写延时 1s 的子程序。设单片机晶振频率为 6MHz。
7. 分析下面程序的功能。

```
       X     DATA  30H
       Y     DATA  32H
             MOV   A,X
             JNB   ACC.7,LOOP
             CPL   A
             ADD   A,#01H
LOOP:        MOV   Y,A
             SJMP  $
             END
```

8. 试编写程序，统计内部 RAM 的 30H～50H 单元中 FFH 的个数，并将统计结果存入 51H 单元。

9. 将片外数据存储器地址为 3000H～3020H 区域的数据块全部转移到片内 RAM 的 30H～50H 中，并将原数据块区域全部清 0。

10. 在以 2000H 为首地址的存储区中，存放着 20 个用 ASCII 码表示的 0～9 之间的数，试编程将它们转换成 BCD 码，并以压缩 BCD 码(即一个单元存放二位 BCD 码)的形式存放在 3000H～3009H 单元中，源数据区偶数地址数据放到目的区的高 4 位。

11. 求两个 8 位有符号数加法，和超过 8 位，两个加数存放于 BLOCK 和 BLOCK+1 单元。

12. 试编写程序将片外数据存储器中 7000H～70FFH 单元全部清 0。

13. 在内部 RAM 40H 单元开始存放一组无符号数，其数目存放在 30H 单元中。试编写程序，求出这组无符号数中的最大数，并将其存入 31H 单元。

14. 已知某单片机系统每隔 1s 测一次温度，8 位温度 A/D 值存放在特殊功能寄存器 SBUF 中，试求其 1min 内的平均值并存入内部 RAM 的 50H 单元。

第 7 章　单片机的 C 语言程序设计

本章要点

- C51 的程序结构
- C51 的数据类型与运算
- 单片机的 C 语言程序设计

本章难点

单片机的 C 语言程序设计

C 语言是一种源于编写 UNIX 操作系统的语言，它是一种结构化语言，可产生压缩代码。C 语言程序设计是单片机开发、应用的重要趋势之一。目前，支持硬断点的单片机仿真器已能很好地进行 C 语言程序调试，为单片机编程使用 C 语言提供了便利条件。用 C 语言进行单片机程序设计，编译器能自动完成变量的存储单元的分配，编程者可以专注于应用软件的设计，大大加快了开发速度，可以对单片机常用的接口芯片编制通用的驱动函数，对常用的功能模块、算法等编制相应的函数，还可以很容易地进行信号处理算法和程序的移植，有利于产品中单片机的重新选型和软件设计水平的提高，与国外嵌入式系统的程序设计接轨。

7.1　单片机编程语言介绍

对于 51 系列单片机，现在有 4 种语言支持，即汇编、PL/M、C 和 Basic。

Basic 通常附在 PC 上，是初学编程的第一种语言。一个新变量名定义之后可在程序中作变量使用，非常易学，根据解释行可以找到错误而不是当程序执行完才能显现出来。Basic 由于逐行解释自然很慢，每一行必须在执行时转换成机器代码，需要花费许多时间，不能做到实时性。Basic 为简化使用变量，所有变量都用浮点值。Basic 是用于要求编程简单而对编程效率和运行速度要求不高的场合。8052 单片机片内就固化了 Basic 语言解释器。

PL/M 是 Intel 从 8080 微处理器开始为其系列产品开发的编程语言。它很像 Pascal，是一种结构化语言，但它使用关键字去定义结构。PL/M 编译器好像汇编器一样可产生紧凑代码。PL/M 总的来说是"高级汇编语言"，可详细控制代码的生成。但对 51 系列，PL/M 不支持复杂的算术运算、浮点变量，而且无丰富的库函数支持。

与汇编相比，C 语言有以下优点：对单片机的指令系统不要求了解，仅要求对 51 的存储器结构有初步了解，寄存器分配、不同存储器的寻址及数据类型等细节可由编译器管理。既有多种高级语言的特点，又具备汇编语言的功能；有丰富的库函数，运算速度快、编译效率高、可移植性好，而且可以实现对系统硬件的直接控制；提供的库包含许多标准子程序，具有较强的数据处理能力，将已编好的程序可容易地植入新程序，因为它具有方便的模块化编程技术，支持广泛采用的由顶向下结构化程序设计，为软件开发中采用模块化设计方法提供了有效支持；可以大大缩短目标系统软件的开发周期，软件的可读性明显增加，便于改进、扩充，研制规模更大、性能更完备的系统。

7.2 C51 的程序结构

与一般 C 语言相似，C51 程序的基本单位是函数。函数由函数说明和函数体两部分组成。一个 C 源程序至少包含一个主函数，也可以是一个主函数和若干其他函数。主函数是程序的入口；主函数中的所有语句执行完毕，则程序结束。

C51 程序的一般格式如下：

```
类型      函数名(参数表)
参数说明;
{
    数据说明部分;
    执行语句部分;
}
```

在程序中，函数有 3 种形态：函数定义、函数调用和函数说明。

函数定义相当于汇编中的一般子程序。函数调用相当于调用了程序的 CALL 语句，要求有函数名和实参数表。在 C 语言中，更普遍地规定函数调用可以出现在表达式中。函数定义和函数调用不分先后，但若调用在定义之前，必须在调用前先进行函数说明。函数说明是一个没有函数体的函数定义。

C51 中函数分为两大类：库函数和用户定义函数。被调用的函数可以是库函数，也可以是用户函数。库函数是 C51 在库文件中已定义的函数，其函数说明在相关的头文件中。用户在编程时只要用 include 预处理指令将头文件包含在用户文件中，直接调用即可。用户函数是用户自己定义、自己调用的一类函数。

7.3 C51 的数据与运算

7.3.1 数据类型

C51 的数据类型也与一般 C 语言相同，如表 7.1 所示。

当计算结果隐含着另外一种数据类型时，数据类型可以自动进行转换。例如，将一个位变量赋给一个整型变量时，位型值自动转换为整值，有符号变量的符号也能自动进行处理。还可以用 C 语言的标准指令进行数据类型的人工转换。

表 7.1　C51 的数据类型

数据类型	位 型	位长度/bit	字节长度/byte	值域范围
				0、1
字符型 (char)	Unsigned char	8	1	0～255
	Signed char	8	1	−128～127
整型 (int)	Unsigned int	16	2	0～65535
	Signed int	16	2	−32768～32767
长整型 (long)	Unsigned long	32	4	0～4294967295
	Signed long	32	4	−2147483648～2147483647
浮点型 (float)	float	32	4	约 10^{-38}～10^{38}
	double	64	8	约 10^{-308}～10^{308}
一般指针		24	3	存储空间 0～65535

对于 C51 编译器来说,位变量(bit)和无符号字符变量(unsigned char)两种数据类型可以直接支持 MCS-51 的机器指令。如果不进行负数运算,编程时最好采用无符号(unsigned)格式,以保证程序的运算速度并减少存储空间。有符号字符变量(signed char)虽然也只占用一个字节,但需要进行额外的操作来测试代码的符号位。使用不必要的变量类型(如浮点变量),将增加所调用的库函数,使运行速度减慢,程序变得过于庞大甚至超出代码区。位变量与 MCS-51 硬件特性操作有关,必须定位在 MCS-51 CPU 片内存储区(RAM)的可位寻址空间中。对于有符号变量的乘除法运算,C 编译器将相应的库函数自动调入程序,来解决变得十分复杂的符号问题。

整型变量(int)的长度为 16 位。与 8080 和 8086 CPU 系列不同,MCS-51 系列 CPU 将 int 型变量的符号标志位(msb)存放在低地址字节。有符号整型变量(signed int)也使用 msb 位作为标志位,并使用二进制的补码表示数值。可直接使用几种专用的机器指令来完成多字节的加、减、乘、除运算。

长整型变量(long int)的 32 位长度占用 4 个字节。浮点型变量(float)的 32 位也占 4 个字节。

为了编程书写的方便,可以养成习惯,在源程序开头通过 #define 语句来定义缩写的变量数据类型。例如:

```
#define uchar unsigned char
#define uint unsigned int
```

这样,在以后的编程中,就可以用 uchar 代替 unsigned char、用 uint 代替 unsigned int 来定义变量。

7.3.2　数据的存储

1. 存储类型与存储空间

C51 编译器是面向 MCS-51 系列单片机及其硬件控制系统的开发工具,通过将变量、常量定义成各种存储类型(data、bdata、idata、pdata、xdata、code)的方法，将它们定位在相应的存储区，如表 7.2 所示。

例如：

bit bdata flags：位变量 flags 被定义为 bdata 存储类型，定位在片内数据存储区(RAM)中的位寻址区(20H～2FH)。

表 7.2 存储类型及其对应的存储区

存储类型	存 储 区
data	直接寻址片内数据存储区，128B，0～7FH；访问速度快，存放常用变量或临时性传递变量
bdata	可位寻址片内数据存储区，16B，128 位；允许位与字节混合访问
idata	间接寻址片内数据存储区(RAM)，128B，0～7FH
pdata	由 MOVX @R0 分页访问片外数据存储区，256B/页；高 8 位地址保存在 P2 口，用于 I/O 操作
xdata	由 MOVX @DPTR 访问片外数据存储区(片外 RAM)，64KB，0～FFFFH；存放不常用变量、等待发送或处理的数据
code	由 MOVC @DPTR 访问程序存储区(ROM 或 EPROM)，64KB，0～FFFFH；存放指令代码和固定信息

Float idata x，y，z：浮点变量 x、y、z 被定义为 idata 存储类型，定位在片内数据存储区，并只能用间接寻址的方法进行访问。

Unsigned char xdata vector[10][4][4]：三维数组 vectort[10][4][4]被定义为 xdata 存储类型，定位在片外数据存储区(片外 RAM)中，数组变量占据 10×4×4=160 个字节存储空间。

2．存储模式

C51 的 3 种存储模式 SMALL、COMPACT 和 LARGE 决定了参数传递区域、变量的默认存储类型，无明确存储类型的说明等，如表 7.3 所示。

表 7.3 C51 的 3 种存储模式

存储模式	参量及局部变量传递区域	范 围	默认存储类型	特 点
SMALL	可直接寻址的片内存储区	128B	data	访问方便，所有对象(包括栈)都必须嵌入片内 RAM
COMPACT	分页片外存储区	256B/页	pdata	通过 Ri(i=0,1)间接寻址，栈位于片内 RAM
LARGE	片外存储区	64KB	xdata	通过 DPTR 间接寻址，效率较低，数据指针不能对称操作

7.3.3 MCS-51 结构的 C51 定义

1. 特殊功能寄存器(SFR)的 C51 定义

对分散在 MCS-51 单片机片内 RAM 区 80H～0FFH 地址范围内的 21 个特殊功能寄存器(SFR)，只能用直接寻址方式操作。为了能直接访问这些 SFR，C51 编译器提供了一种与标准 C 语言不兼容，只适用于对 MCS-51 系列单片机进行 C 编程的关键字"sfr"定义的方法。

格式如下：

```
sfr 特殊功能寄存器名'='该特殊功能寄存器的地址常数' ;'
```

例如：

```
sfr SCON=0x98; /*串口控制寄存器地址 98H*/
sfr TMOD=0x89; /*定时器控制寄存器地址 89H*/
```

2. I/O 口的 C51 定义

使用 C51 编程时，8051 片内 I/O 口与片外扩展 I/O 口可以统一在头文件中定义，也可以在程序中(一般在开始时)定义。

片内 I/O 口用关键字 sfr 定义。

例如：

```
sfr P1=0x90;    /*定义 P1 口，地址 90H*/
```

片外扩展 I/O 口的硬件译码地址，看作片外数据存储单元，用#define 语句定义。

例如：

```
#include <absacc.h>
#define PORTA XBYTE(0xffc);  /*将 PORTA 定义为外部 I/O 口，地址为 0xffc，长度为 8
                               位*/
```

在头文件或程序中定义口地址后，在程序中就可以自由使用这些片内、外 I/O 口。C51 编译器按 8051 实际硬件结构建立 I/O 口变量名与其实际地址的联系，可以用软件来模拟 8051 的硬件操作。

3. 特殊位(sbit)的 C51 定义

C51 的扩充功能可以单独访问 SFR 中的位，使用关键字"sbit"可以访问位寻址对象，但也像 SFR 一样不与标准 C 兼容。用关键字"sbit"定义某些特殊位，并接受任何符号名，"="号后有 3 种方法将绝对地址赋给变量名。

例如：

```
sfr  PSW=0xD0;       /*定义 PSW 寄存器地址为 0xD0*/
sbit OV=PSW^2;       /*定义 OV 位为 PSW.2 地址为 0xD2*/
sbit OV=0xD0^2;      /*定义 OV 位地址为 0xD2*/
```

```
sbit OV=0xD2;
```

4. 位变量(bit)的 C51 定义

除了通常的 C 数据类型外，C51 编译器还支持"bit"数据类型。
例如：

```
bit direction-bit;        /*将 direction-bit 定义为位变量*/
```

7.3.4 C51 的指针类型

1. 基于存储器的指针

基于存储器的指针可以高效访问对象，类型由 C 源代码中存储器类型决定，并在编译时确定。由于不必为指针选择存储器，这些指针的长度可为 1 个字节(idata*，data*，pdata*)或 2 个字节(code*，xdata*)。这类操作在编译时一般被"行内"(inline)编码，无需进行库调用。

例如：

```
char xdata*px;
```

在 xdata 存储器中定义了一个指向字符类型(char)的指针 px。指针自身在默认存储区(决定于编译模式)，长度为 2B(值为 0～0xFFFF)。

```
struct time idata *ptime;
```

定义了一个位于默认存储器中的指针 ptime，指向位于 idata 存储器中的结构"time"，结构成员可以通过 8051 的@R0 或@R1 进行间接访问，指针 ptime 为 1B 长。

2. 一般指针

一般指针占用 3 个字节：1 个字节为存储器类型，2 个字节为偏移量。存储器类型决定了对象所用的 8051 存储空间，偏移量指向实际地址。一般指针可以访问处于 8051 存储器空间中任何位置的变量。这样就允许一般函数，如 cpy()等，将数据以任意一个地址复制到另一个地址空间。

第一个字节代表的指针存储器类型编码如表 7.4 所示。

表 7.4　第一个字节代表的指针存储器类型编码

存储器类型	idata	xdata	pdata	data	code
值	1	2	3	4	5

例 7.1　将常数值 0x41 写入地址为 0x8000 的外部数据存储器。

```
#define XBYTE((char*)0x20000L)
XBYTE[0x8000]= 0x41;
```

其中，XBYTE 被定义为(char*)0x20000L，0x20000L 为一般指针，其存储类型为 2，

偏移量为 0000，这样 XBYTE 成为指向 xdata 零地址的指针。而 XBYTE[8000]则是外部数据存储器的 0x8000 绝对地址。

绝对地址被定义为"long"型常量，低 16 位包含偏移量，而高 8 位表明了存储器类型。为了表示这种指针，必须用长整数来定义存储类型。

当用户用常数作指针时，必须注意正确定义存储类型和偏移量，选择有实际意义的值作为指针常数，否则可能导致不可预测的程序动作。

7.4 单片机的 C 语言程序设计

7.4.1 顺序结构程序的设计

例 7.2 片内 RAM 的 20H 单元存放着一个 0～05H 的数，用查表法，求出该数的平方值放入内部 RAM 的 21H 单元。

解：编程如下：

```
main(){
    char x,*p;
    char code tab[6]={0,1,4,9,16,25};
    p=0x20;
    x=tab[*p];
    p ++;
    *p= x;
}
```

7.4.2 循环结构程序的设计

C 语言的循环语句有以下几种形式。

(1) while(表达式){语句；}

其中，"表达式"为循环条件，"语句"为循环体。当表达式值为真(值为 1)时，重复执行"语句"。适用于等待中断或查询。

(2) do{语句；} while(表达式)

其中，"表达式"为真时执行循环体"语句"，直至"表达式"为假则退出循环执行下一个语句。

(3) for(表达式 1；表达式 2；表达式 3；){语句；}

其中"语句"为循环体。执行过程是：执行"表达式 1"后进入循环体，如"表达式 2"为真，按"表达式 3"修改变量，再执行循环体，直到"表达式 2"为假。"语句"中的表达式可以缺省其中任一项甚至全部，但两个分号不可省略。如 for(；；){语句；}为无限循环，for(i=4；；i++){语句；}从 4 开始无限循环，for(；i<100；)相当于 while(i<100)。

例 7.3 编程完成求 0+1+2+3+4+5+6+7+8+9+10 的和。

解：采用 do-while 语句编程如下：

```
main(){
```

```
    int sum=0,i;
    do{
        sum+=i;
        i++;
    }
    while(i<=10);
}
```

改用 for 语句编程如下：

```
main(){
    int sum=0,i;
    for(i=0;i<=10;i++)
        sum+=i;
}
```

程序的执行结果：sum=55。

7.4.3　分支结构程序的设计

C 语言的分支选择语句有以下几种形式。

(1) if(表达式){语句；}

句中"表达式"为真则执行"语句"，否则执行下一条语句。当花括号中的"语句"不只一条时，花括号不能省略。

(2) if(表达式){语句 1；}else{语句 2；}

句中"表达式"为真则执行"语句 1"，否则执行"语句 2"，再执行下一条语句。if 语句可以嵌套。

(3) switch(表达式){

```
case  常量表达式 1：{语句 1；} break;
case  常量表达式 2：{语句 2；} break;
…
case  常量表达式 n：{语句 n；} break;
default：{(语句 n+1；)
    }
```

说明：

① 语句先进行表达式的运算，当表达式的值与某一 case 后面的常量表达式相等，就执行它后面的语句。

② 当 case 语句后有 break 语句时，执行完这一 case 语句后，跳出 switch 语句，当 case 后面无 break 语句，程序将执行下一条 case 语句。

③ 如果 case 中常量表达式的值和表达式的值都不匹配，就执行 default 后面的语句。如果无 default 语句就退出 switch 语句。

④ default 的次序不影响执行的结果，也可无此语句。

⑤ case 语句适于多分支转移的情况下使用。

例 7.4　片内 RAM 的 20H 单元存放一个有符号数 x，函数 y 与 x 有以下关系式：

$$y = \begin{cases} x, & x > 0 \\ 20H, & x = 0 \\ x+5, & x < 0 \end{cases}$$

试编制程序实现。

解：设 y 存放于 21H 单元，程序如下：

```
main(){
    char x,*p,*y;
    p=0x20;
    y=0x21;
    for(;;){
        x=*p;
        if (x>0) *y=x;
        if (x<0) *y=x+5;
        if (x==0) *y=0x20;
    }
}
```

程序中为观察不同数的执行结果，采用了死循环语句 for(;;)，上机调试时退出死循环可按 Ctrl+C 组合键。

例 7.5 采用 10MHz 晶振，在 P1.0 脚上输出周期为 2.5s，占空比为 20% 的脉冲信号。

解：使用定时器，取 10ms 定时，需定时器计数次数为 $10×10^3×10/12=8333$，周期 2.5s 需 250 次中断；占空比 20%，高电平应为 50 次中断。

程序名为 time3.c，程序代码如下：

```
#include<reg51.h>
#define uchar unsigned char
uchar time;
uchar period=250;
uchar high=50;
timer0()  interrupt 1 using 1{      /*T0 中断服务程序*/
    TH0= -8333/256;                 /*重载计数初值*/
    TL0= -8333%256;
    if(++time==high)P1=0            /*高电平时间到,变低*/
    else if(time==period){          /* 周期时间到,变高*/
        time=0;
        P1=1;
    }
}
main(){
    TMOD=0X01;                      /*定时器 0 方式 1*/
    TH0= -8333/256;                 /*预置计数初值*/
    TL0= -8333%256;
    EA=1;                           /*开 CPU 中断*/
    ET0=1;                          /*开 T0 中断*/
    TR0=1;                          /*启动 T0*/
```

```
do{ } while(1);
}
```

7.5 汇编语言和 C 语言的混合编程

1. 混合编程的方法

混合编程通常是用高级语言 C 编写主程序，用汇编语言编写硬件有关的程序。不同的编译程序，高级语言对汇编的调用方法不同，在 Franklin C51 中，是将不同的模块(包括不同语言的模块)分别汇编或编译，再通过连接生成一个可执行文件。

虽然几个字节的外部代码只用一次的时间消耗很少，但循环重复使用时消耗时间很长。较好的方法是各模块都以高级语言编写，而在经常用到的函数处让 CODE 选项有效。函数名的转换如表 7.5 所示。

表 7.5 函数名的转换表

说 明	符 号 名	解 释
void func (void)	FUNC	无参数传递或不含寄存器参数的函数名不作改变转入目标文件中，名字只是简单地转为大写形式
void func (char)	_FUNC	带寄存器参数的函数名加入"_"字符前缀以示区别，它表明这类函数包含寄存器内的参数传递
void func (void) reentrant	_?FUNC	对于重入函数加上"_?"字符串前缀以示区别，它表明该函数包含栈内的参数传递

2. 参数传递

混合语言编程的关键是参数和函数返回值的传递必须有完整的约定，否则无法在程序中取到。两种语言必须使用同一规则，通常是汇编模块服从高级语言，因为汇编语言编程可以控制自如，而各种编译器使用的规则不同，甚至与存储模式有关，也不是所有编译器都可混合不同模式的模块。

典型的传递规则是所有参数都以内部 RAM 的固定位置传递给程序，传递位也必须位于内部可位寻址空间的顺序位中。顺序和长度(字节/字/字符/整数)必须让调用程序和被调用程序一致。内部 RAM 相同标示的块可共享。进行汇编程序调用前，调用程序在块中填入要传递的参数，调用时假定所需值已在块中。

传递参数可使用寄存器，或采用固定存储器位置，或使用堆栈。CPU 寄存器中最多传递 3 个函数，这种参数传递技术产生精炼的高效代码。参数传递的寄存器选择如表 7.6 所示。

表 7.6 参数传递的寄存器选择

参数类型	char	int	long, float	一般指针
第 1 个参数	R7	R6, R7	R4~R7	R1, R2, R3
第 2 个参数	R5	R4, R5	R4~R7	R1, R2, R3
第 3 个参数	R3	R2, R3	无	R1, R2, R3

例如：

func1(int a, int b, int*c)中，"a" 是第 1 个参数，int 型变量，在 R6、R7 中传递；"b" 是第 2 个参数，int 型变量，在 R4、R5 中传递；"c" 是第 3 个参数，指针变量，在 R1、R2、R3 中传递。

汇编语言通过寄存器或存储器传递参数给 C 语言程序。汇编语言通过寄存器传递参数给 C 语言的返回值如表 7.7 所示。

表 7.7 函数返回值的寄存器

返回值	寄存器	说明
bit	C	进位标志
(unsigned)char	R7	
(unsigned)int	R6, R7	高位在 R6 位，低位在 R7
(unsigned)long	R4~R7	高位在 R4 位，低位在 R7
float	R4~R7	32 位 IEEE 格式，指数和符号位在 R7
指针	R1, R2, R3	R3 存放存储器类型，高位在 R2 位，低位在 R1

3. 编程举例

例 7.6 在汇编程序中比较两数大小，将大数放到指定的存储区，由 C 程序的主调函数取出。

解：

C 语言主程序如下。

模块一：

```
#define uchar unsigned char
void max(uchar a,uchar b);          /*定义汇编函数*/
main(){
        uchar a=5,b=35,*c,d;
        c=0x30;                     /*c 指针变量指向内部 RAM30H 单元*/
        max(a,b);                   /*调汇编函数，a, b 为传递的参数*/
        d=*c;                       /*d 存放模块二传递过来的参数*/
}
```

汇编语言程序如下。

模块二：

```
PUBLIC   _MAX                    ;_MAX 为其他模块调用
     DE    SEGMENT CODE           ;定义 DE 段为再定位程序段
     RSEG   DE                    ;选择 DE 为当前段
_MAX:   MOV  A,R7                 ;取模块一的参数 a
        MOV  30H,R5               ;取模块一的参数 b
        CJNE A,30H,TAG1           ;比较 a，b 的大小
TAG1:   JC   EXIT
        MOV  30H,R7               ;大数存于 30H 单元
EXIT:   RET
        END
```

此例中，C 语言程序通过 R7 和 R5 传递字符型参数 a 和 b 到汇编语言程序，汇编语言程序将返回值放在固定存储单元(30H 单元)，主调函数通过指针取出返回值。

7.6 小　　结

本章介绍了 C51 的基本数据类型、存储类型及 C51 对单片机内部部件的定义，并介绍了 C 语言基础知识，最后通过编程实例介绍了各种结构的程序设计，以上是利用 C 语言编写单片机程序的基础，都应该掌握并灵活应用，只有多编程、多上机才能不断提高编程的能力。

如何编写高效的 C 语言程序，通常应注意以下问题。

(1) 定位变量。

经常访问的数据对象放入在片内数据 RAM 中，可在任何一种模式下用输入存储器类型的方法实现。访问片内 RAM 要比访问片外 RAM 快得多。

(2) 尽可能使用最小数据类型。

MCS-51 系列单片机是 8 位机，因此对具有 char 类型的对象的操作比具有 int 或 long 类型的对象方便得多。建议编程者只要能满足要求，应尽量使用最小数据类型。

(3) 只要有可能，最好使用 unsigned 数据类型。

8XX51 单片机的 CPU 不直接支持有符号数的运算，因而 C51 编译必须产生与之相关的更多的代码以解决这个问题。如果使用无符号类型，产生的代码要少得多。

(4) 只要有可能，最好使用局部函数变量。

编译器总是尝试在寄存器里保持局部变量。这样，将索引变量(如 FOR 和 WHILE 循环中计数变量)声明为局部变量是最好的；这个优化步骤只为局部变量执行。使用"unsigned char/int"的对象通常能获得最好的结果。

习　　题

1. C 语言的优点是什么？
2. 怎样构成一个 C51 程序？

3. C语言程序主要的结构特点是什么？

4. 为什么C语言以函数为程序的基本单位？

5. 为什么当前会出现以C语言取代汇编语言的发展趋势？

6. 怎样实现从一个模块中调用另一模块的程序？这两个模块必须怎么做？

7. 什么样的程序通常放在"库"中？当库中的文件比连接器所需要的多时会怎样？

8. 指出下面程序的错误。

```
#include<reg51.h>
main()
{
a=C;
int a=7,c;
delay(10)
void delay();
{
chari;
for(i=0;i<=255;"++");
}
```

9. 定义变量a、b、c，a为内部RAM的可位寻址区的字符变量，b为外部数据存储区浮点型变量，c为指向int型xdata区的指针。

10. 编程将8051的内部数据存储器20H单元和35H单元的数据相乘，结果存到外部数据存储器中(位置随意)。

11. 8051的片内数据存储器25H单元中放有一个0~10的整数，编程求其平方根(精确到5位有效数字)，将平方根放到30H单元为首址的内存中。

12. 将外部RAM的10H~15H单元的内容传送到内部RAM的10H~15H单元。

13. 内部RAM的20H、21H和22H、23H单元分别存放着两个无符号的16位数，将其中的大数置于24H和25H单元。

14. 将内部RAM的21H单元存放的非压缩BCD码数转换为二进制存入30H为首址的单元，BCD码的长度存放在20H单元。

15. 将内部RAM的30H单元存放的2字节二进制数转换为非压缩BCD码数存于21H为首址的单元中，长度存放于20H单元。

第 8 章　MCS-51 的系统扩展与接口技术

本章要点

- I/O 口的扩展、8255A 的初始化及扩展 I/O
- 程序存储器、数据存储器的扩展
- 键盘接口、显示接口
- A/D、D/A 转换器的工作原理及典型的 A/D、D/A 芯片应用实例

本章难点

- 接口地址的确定
- 芯片工作时序
- 三总线的正确连接
- 键盘接口程序的编写

在由单片机构成的实际测控系统中，最小应用系统往往不能满足要求，在系统设计时首先要解决系统扩展问题。单片机的系统扩展主要有并行 I/O 口的扩展、程序存储器(ROM)的扩展、数据存储器(RAM)的扩展等。本章先介绍各种扩展的常见电路、典型芯片及其使用方法。

实际的单片机应用系统常常需要连接一些外部设备。其中，键盘和显示器是实现人机对话必不可少的外设；A/D、D/A 转换器是实现模拟量与数字量之间转换的装置，是单片机与外界联系的重要途径。本章将讨论常用外设的工作原理，与单片机的接口实现。

8.1　最小系统的概念

1. 单片机最小系统的结构

单片机最小系统也称为单片机的基本系统，这种系统所选择的单片机内部资源已能满足系统的硬件需求，不需外接存储器或 I/O 接口。这种单片机内一定含有用户的程序存储器(用户程序写入到内部只读程序存储器)，如 EPROM 型单片机、E²PROM 型单片机、定制的 ROM 型单片机。单片机最小系统的结构如图 8.1 所示。

图 8.1　单片机最小系统的结构

2. 8051/8751 最小应用系统

8051/8751 片内有 ROM/EPROM，构成最小应用系统时，只要将单片机接上时钟电路和复位电路即可，如图 8.2 所示。应用时要注意以下两点。

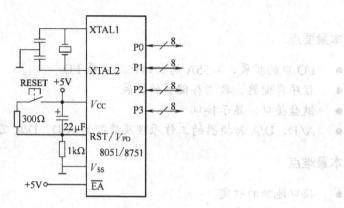

图 8.2　8051/8751 最小应用系统

(1) 由于不需要外扩程序存储器，$\overline{EA}$ 接高电平。P0、P1、P2、P3 口均可作 I/O 口用。

(2) 内部程序存储器容量有限，另外对于 8051 片内 ROM，用户应用软件要依靠厂家用半导体掩膜技术置入，因此一般在批量生产的应用系统中才得以应用。

3. 8031 最小应用系统

由于 8031 片内无程序存储器，因此在组成最小应用系统时，除了外加时钟电路和复位电路外，必须外扩 EPROM，如图 8.3 所示。

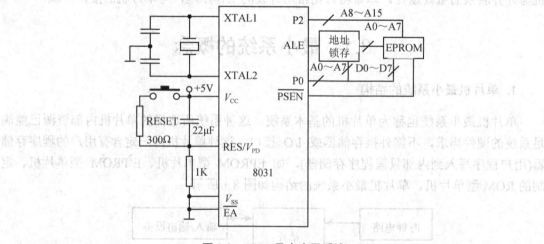

图 8.3　8031 最小应用系统

最小应用系统体积小、结构简单、功耗低、成本低，在简单的应用系统中得以广泛应用。但在构成典型的测控系统时，最小应用系统往往不能满足要求，须利用单片机的总线连接相应的外围芯片以满足实际系统的要求。

8.2 并行 I/O 口的扩展

单片机应用系统需为外围设备及被控对象提供数据交换接口,虽然 MCS-51 系列单片机有 4 个 8 位并行 I/O 口,但 I/O 口的简单扩展仍然避免不了,特别是片内不带程序存储器的 8031,其最小应用系统就占据了 P0 口和 P2 口作为地址线和数据线,P3 口通常使用其第 2 功能,因此能提供给用户的 I/O 口线就只有 P1 口,扩展 I/O 口势在必行。

MCS-51 系列单片机在扩展 I/O 口时,扩展结构总体可分为 3 种类型:第 1 种是由外接数据缓冲器或数据锁存器构成的简单扩展并行接口,第 2 种是通过可编程的标准接口芯片扩展 I/O 口;第 3 种是利用串行口外接移位寄存器扩展 I/O 口,即串口工作在方式 0 时接 74LS164 或 74LS165 移位寄存器。

MCS-51 是将外部 I/O 口和外部 RAM 统一编址的,每个扩展的接口相当于一个扩展的外部 RAM 单元,访问外部接口就像访问外部 RAM 一样,用的都是 MOVX 指令,因此外部 I/O 口的读/写过程要受 $\overline{WR}$、$\overline{RD}$ 的控制。

8.2.1 并行 I/O 口的简单扩展

1. 用 74LS273 扩展并行输出口

74LS273 与 8031 的接口如图 8.4 所示。输出程序如下:

口地址:FDFFH

程序:

```
MOV   DPTR, # 0FDFFH
MOV   A, # 0A5H
MOVX  @ DPTR, A
```

2. 用 74LS244 扩展并行输入口

74LS244 与 8031 的接口如图 8.5 所示。输出程序如下:

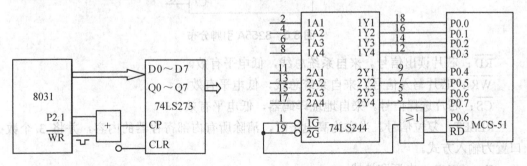

图 8.4　74LS273 与 8031 的接口　　　　图 8.5　74LS244 与 8031 的接口

口地址:FBFFH

程序:

```
MOV  DPTR, # 0FBFFH
MOVX @DPTR, A
```

8.2.2 用 8255 芯片扩展 I/O 口

MCS-51 系统,特别是 8031 的 I/O 线并不多,因此大多数的应用都需扩展并行 I/O 接口,Intel 公司的 8255 可编程通用并行接口电路可以直接和 MCS-51 接口。

1. 8255A 引脚分布

8255A 芯片是一个采用 NMOS 工艺制造的、40 引脚双列直插式(DIP)封装组件。其引脚分布如图 8.6 所示。

(1) 与 CPU 接口的信号线。

D7~D0:8255A 的双向数据线,与系统的数据总线相连。

A1,A0:端口地址选择信号。用于选择 8255A 的 3 个数据端口和 1 个控制端口。当 A1A0 为 00、01、10 时,分别选择数据端口 A、B、C;当 A1A0 为 11 时,选择控制口。

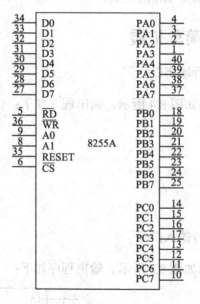

图 8.6 8255A 引脚分布

$\overline{RD}$:芯片读出信号。来自系统总线,低电平有效。
$\overline{WR}$:芯片写入信号。来自系统总线,低电平有效。
$\overline{CS}$:芯片选择信号。来自地址译码器,低电平有效。
RESET:复位信号。当它为高电平时,清除所有内部寄存器的内容,并将 3 个数据端口置为输入方式。

V_{CC},GND:电源和地线。

A1、A0、$\overline{RD}$、$\overline{WR}$、$\overline{CS}$ 信号组合所实现端口的各种操作如表 8.1 所示。

第8章 MCS-51 的系统扩展与接口技术

表 8.1 8255 的端口操作表

$\overline{CS}$	A1	A0	$\overline{DR}$	$\overline{WR}$		功能说明
0	0	0	0	1	输入(读)	端口A→数据总线
0	0	1	0	1	输入(读)	端口B→数据总线
0	1	0	0	1	输入(读)	端口C→数据总线
0	1	1	0	1		非法状态
0	0	0	1	0	输出(写)	数据总线→端口A
0	0	1	1	0	输出(写)	数据总线→端口B
0	1	0	1	0	输出(写)	数据总线→端口C
0	1	1	1	0		数据总线→控制口
0	×	×	1	1		D7～D0 呈高阻状态
1	×	×	×	×		

(2) 与 I/O 设备相连的信号线。

PA7～PA0：A 口数据线。

PB7～PB0：B 口数据线。

PC7～PC0：C 口数据线。

这 24 根信号线均可用来连接 I/O 设备，它们既可以传送数字量信号，也可以传送开关量信号。

2. 8255A 的控制字和初始化编程

8255A 是可编程接口，有 3 个数据口和 1 个只能写不能读的控制端口，可以通过指令往控制口中设置控制字来决定它的工作方式。并且只有先写入控制字，才能通过 3 个数据端口实现正确的 I/O 操作。

控制字分为两类：方式选择命令字和端口按位置位/复位控制字。

(1) 方式选择控制字。

8255A 的数据端口有 3 种不同的工作方式。方式选择控制字就是对它们的工作方式进行设置，它将 3 个数据端口分为 A、B 两组。其中 A 组包括端口 A 和端口 C 的高 4 位，B 组包括端口 B 和端口 C 的低 4 位。图 8.7 所示为 8255A 的方式选择控制字的格式。

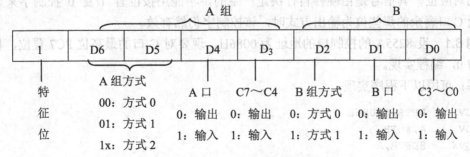

图 8.7 8255A 方式选择控制字

8255A 共有 3 种工作方式。
- 方式 0：基本的输入/输出方式；
- 方式 1：选通输入/输出方式(应答方式)；
- 方式 2：双向传输方式。

端口 A 可工作在 3 种工作方式中的任何一种，端口 B 只能工作在方式 0 或方式 1，端口 C 则常常配合端口 A 和端口 B 工作，为这两个端口的输入/输出传输提供控制信号和状态信号。可见，只有端口 A 可工作在方式 2 下。

同组的两个端口可以分别作为输入端口或输出端口，并不要求它们同为输入端口或同为输出端口。而一个端口到底作为输入端口还是输出端口，则完全通过对方式选择控制字的编程来确定。

对 8255A 的初始化操作就是设置 8255A 的工作方式和输入/输出方式的操作。也就是通过输出指令往控制端口传送方式选择控制字。

(2) 端口 C 按位置 1/复 0 控制字。

由于当端口 C 设置为输出方式时，常常用于控制目的，用来发送控制信号。此时，可利用端口 C 的位操作功能，即按位置 1/复 0 控制字，将端口 C 的某一位置 1 或清 0，而不影响端口 C 的其他位的状态。其格式如图 8.8 所示。

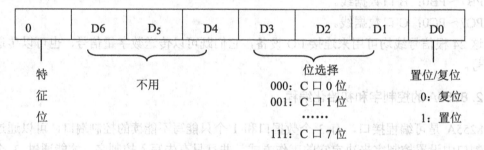

图 8.8　端口 C 按位置 1/复 0 控制字

对于控制口来说，它是通过接收控制字的最高位来区分是方式选择字还是按位置 1/复 0 控制字。如 D7=1，则该控制字是方式选择字，否则是按位置 1/复 0 控制字。

但要注意的是，虽然是对端口进行置 1 或清 0，但该控制字不是写入端口 C，而是将按位置 1/复 0 控制字写入控制口。并且只有当该位被置为输出方式时才有效。

另外，当端口 A 用于方式 1 和方式 2 或者端口 B 用于方式 1 时，端口 C 中用于联络信号的对应位，其信号是由硬件自行决定产生的，不能用按位置 1/复 0 控制字来加以改变，而 C 口剩余的那些位为输出方式时，该控制字仍然有效。

例 8.1　设 8255A 的控制口的地址为 0086H，现要对 C 口的最高位 PC7 置位，将次位 PC6 清 0，编程实现。

解：可用以下程序实现：

```
MOV     DPTR,#0086H
MOV     A,#0FH
MOVX    @DPTR,A
MOV     A,#0CH
```

```
MOVX    @DPTR,A
```

3. 8255A 的 3 种工作方式

由方式选择字已经知道，8255A 有 3 种工作方式，即方式 0、方式 1、方式 2。下面对 3 种工作方式分别加以讨论。

(1) 方式 0——基本输入/输出方式。

方式 0 下传送数据时不需联络信号，每组 12 位可全部作为 I/O 线使用。具体地说，可将 3 个数据端口分为两个 8 位端口：A 口和 B 口，以及两个 4 位端口，即 C 口的高 4 位端口和 C 口的低 4 位端口，并且它们均可通过方式选择字任意规定为输入口或输出口。所以各个端口的输入或输出，共有 16 种组合，可适用于多种场合。

方式 0 的使用场合有两种：一种是无条件传送，另一种是查询式传送。

无条件传送时，发送方和接收方自行维持同步，它们之间不需要联络信号，即认为对方已准备好。具体地说，当 CPU 读时，外设的数据应该已经准备就绪；当 CPU 写时，外设也已处理完以前的数据并已准备接收新的数据。在这种情况下，对接口的要求很简单，只要接口能实现输入缓冲和输出锁存，即可进行正确的信息传输。因此，用 8255A 进行无条件传送时，可实现三路 8 位数据传输或两路 8 位及两路 4 位的数据传输。

查询式传送时需要有应答信号，但方式 0 没有规定具体的应答信号，必须自行定义。

一般是将端口 A 和端口 B 作为数据的输入/输出口，而将端口 C 分为高 4 位和低 4 位两部分，可分别作为输入状态信息的输入口或输出控制信号的输出口。这样，利用端口的配合，就可实现端口 A 和端口 B 的查询式数据传输。

(2) 方式 1——选通输入/输出方式。

方式 1 又称应答方式。当端口 A 和端口 B 用做方式 1 传输数据时，必须利用端口 C 提供联络信号，且这些联络信号和 C 口的数位保持固定的对应关系，它们不能用程序加以改变，除非改变端口的工作方式。

端口工作在方式 1 时的联络信号的含义如下。

- $\overline{STBA}$、$\overline{STBB}$：外设数据输入选通信号，由外设送往 8255A。输入时，外设用 $\overline{STBA}$、$\overline{STBB}$ 信号把它已经送到外设数据线上的数据选通锁存到相应端口的输入锁存器内。$\overline{STBA}$ 选通 A 口，$\overline{STBB}$ 选通 B 口。
- IBF：输入缓冲区满信号，由 8255A 送往 CPU 或外设以供查询。当 IBF 有效时，表示 8255A 的相应端口已经接收到输入数据，但尚未被 CPU 取走。此时外设应暂停发送新的数据，直到输入缓冲器变空为止。IBFA 表示 A 口输入缓冲器满，IBFB 表示 B 口输入缓冲器满。
- $\overline{OBFA}$、$\overline{OBFB}$：输出缓冲区满信号，由 8255A 输出给外设，以便通知外设取走数据，也可以送给 CPU 以供查询。当 $\overline{OBFA}$、$\overline{OBFB}$ 有效时，表示相应端口的输出缓冲器有数据，外设可以取走该数据。$\overline{OBFA}$ 表示 A 口输出缓冲器满，$\overline{OBFB}$ 表示 B 口输出缓冲器满。
- $\overline{ACKA}$、$\overline{ACKB}$：外设接收到输出数据的应答信号，由外设输入给 8255A。8255A 输出时，外设送回 $\overline{ACKA}$、$\overline{ACKB}$ 信号后表示数据已经取走，允许更新相

应端口的输出缓冲器，CPU 可以输出下一个数据。$\overline{ACKA}$ 表示 A 口数据已经取走，$\overline{ACKB}$ 表示 B 口数据已经取走。
- INTR：中断请求信号，由 8255A 输出给 CPU 或中断控制器。输入数据时出现 IBF 信号或输出时出现 $\overline{OBFA}$ 或 $\overline{OBFB}$ 有效信号后，8255A 都会形成有效的中断请求信号 INTR 以向 CPU 申请中断，请求 CPU 输入/输出下一个数据。INTRA 有效表示 A 口申请中断，INTRB 有效表示 B 口申请中断。

综上所述，方式 1 的工作特点可归纳如下。
- 端口 A 和端口 B 均可工作在方式 1 的输入或输出方式。
- 若端口 A 和端口 B 中只有一个工作在方式 1，而另一个工作在方式 0，则端口 C 有 3 位作为方式 1 的联络信号，其余数位均可工作在方式 0 的输入或输出方式。
- 若端口 A 和端口 B 都工作在方式 1，则需 C 口中有 6 位作为其联络信号，剩下的 2 位还可工作在方式 0 的输入/输出方式。

由于方式 1 不但可以采用中断方式传送数据，而且具备相应的联络信号，因此其应用十分广泛。只要选定方式 1，在规定一个端口的输入/输出方式的同时，就自动规定了有关的控制信号和中断请求信号。如果外设能向 8255A 提供输入数据选通信号或输出数据接收应答信号，即可采用方式 1，达到既方便又有效的传送目的。

(3) 方式 2——双向传输方式。

方式 2 是双向传输方式。由于该方式需占用端口 C 的 5 个数位作为联络信号，所以当端口工作于方式 2 时，端口 B 只能用做方式 0 或方式 1，也就是说方式 2 只适用于端口 A。在方式 2 下外设可以在 A 口的 8 位数据线上，分时向 CPU 发送数据或从 CPU 接收数据，但不能同时进行。

方式 2 和方式 1 类似，一旦设定为方式 2，端口 C 的数位自动提供相应的控制信号。

方式 2 是一种双向工作方式，如果一个并行外设既可以作为输入设备，也可以作为输出设备，并且输入和输出是分时进行的。那么将此设备与 8255A 的 A 口相连，并使 A 口工作在方式 2 就非常方便。

4. 用 8255 芯片扩展 I/O 口

(1) 8255 与 8031 的连接。
8255 与 8031 的连接如图 8.9 所示。
(2) 程序编写。
① 端口地址。
A 口：7FFCH；B 口：7FFDH；C 口：7FFEH；控制口(控制字)：7FFFH。

第8章 MCS-51 的系统扩展与接口技术

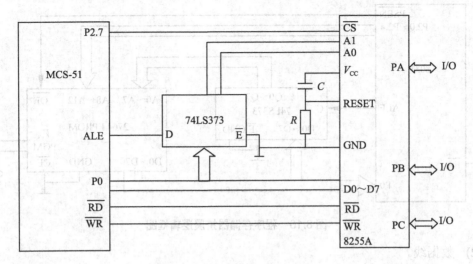

图 8.9　8255 与 8031 的连接

② 编程如下：

```
MOV     DPTR,#7FFFH
MOV     A,#83H
MOVX    @DPTR,A
MOV     A,#74H
MOV     DPTR,#7FFCH
MOVX    @DPTR,A
INC     DPTR
MOVX    A,@DPTR
```

8.3　存储器的扩展

8.3.1　程序存储器的扩展

8031 的片内没有程序存储器，必须外接 EPROM 作为程序存储器，以常用的 2764 EPROM 为例，8031 最多可外接 8 片 2764(64KB)，其逻辑框图如图 8.10 所示。

1. 单片机的接口信号

ALE：允许地址锁存信号。用于锁存片外地址的低 8 位，还可作为外时钟输出。
$\overline{PSEN}$：外程序存储器读选通信号。
$\overline{EA}$：程序存储器内外选择信号。$\overline{EA}$=1 时，前 4KB 为内，后 4KB 为外；$\overline{EA}$=0 时，只访问外部。

2. 程序存储器与单片机的连接方法

(1) 地址线。
P0 口外接地址锁存器(74LS 373)，由 ALE 锁存地址低 8 位，高 8 位由 P2 提供。

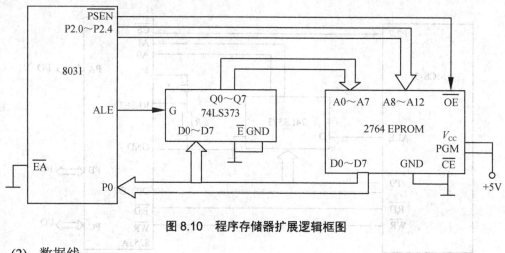

图 8.10　程序存储器扩展逻辑框图

(2) 数据线。

2764 的 D0～D7 与 P0.0～P0.7 直接相连。

(3) 控制线。

2764 的 $\overline{OE}$（允许输出）与 $\overline{PSEN}$ 相连，其 $\overline{CE}$（片选）与高位译码相连。

3. 地址锁存器

外地址锁存器可用 74LS373 锁存器，74LS373 为带三态门的 8D 锁存器，其逻辑符号如图 8.11 所示。

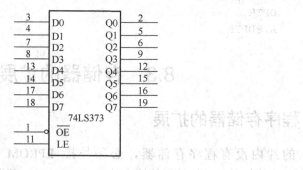

图 8.11　地址锁存器逻辑符号

4. 地址译码器

地址译码器可用 74LS138 实现。

注意：通常扩展一片 2764 就可以不用地址译码器。

8.3.2　数据存储器的扩展

MCS-51 单片机芯片内部仅有 128B 的 RAM，当现场数据较多时，片内 RAM 往往不够使用，因而要进行数据存储器的扩展，常用的扩展芯片为 6116(2KB)和 6264(8KB)。

外部 RAM 电路与 8031 接口如图 8.12 所示。

由图可知，外部程序/数据存储器与 8031 接口在数据线与地址线的连接上是一致的，只是 $\overline{\text{PSEN}}$、$\overline{\text{RD}}$、$\overline{\text{WR}}$ 这 3 条控制线不同。

MCS-51 对外部数据存储器操作较简单，它只提供了下面两种形式以实现累加器 A 和 RAM 之间的数据传送。

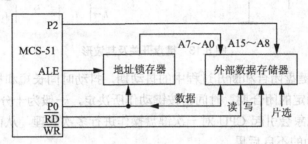

图 8.12　外部 RAM 电路与 8031 接口

(1)　　MOV　　P2, #addH
　　　　MOV　　Ri, #addL
　　　　MOVX　A, @Ri
　　　　MOVX　@Ri, A

(2)　　MOV　　DPTR, #add16
　　　　MOVX　A, @DPTR

地址译码：通常外接地址译码器，但当无片外 RAM 时，可考虑使用线选法。

8.4　键 盘 接 口

键盘是几乎所有仪器仪表或其他单片机应用系统不可缺少的部件，是单片机应用系统设计的一个重要组成部分。本节介绍典型的键盘和 MCS-51 的接口技术以及相应的程序设计方法。

8.4.1　键盘消抖原理

键盘是由若干个按键组成的开关矩阵，它是最简单的单片机输入设备，操作员可以通过键盘输入数据或命令，实现简单的人机通信。键盘上闭合键的识别由专用的硬件实现的称为编码键盘，靠软件识别的称为非编码键盘。本节主要讨论非编码键盘的工作原理、接口技术和程序设计。

1．键盘输入的特点

通常键盘的开关为机械弹性开关，利用机械触点的合、断特性。一个电信号通过机械触点的断开、闭合过程，其行线电压输出波形如图 8.13 所示。

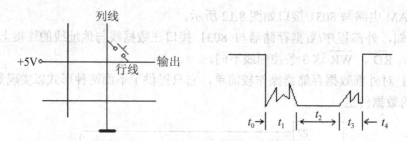

图 8.13 键盘开关及其波形

图中 t_1 和 t_3 是键盘闭合和断开过程中的抖动期,抖动时间长短和机械特性有关,一般为 5~10ms,t_2 为稳定的闭合期,时间由按键动作所决定,一般为十分之几秒到几秒,t_0、t_4 为断开期。抖动现象会引起 CPU 对一次键盘操作进行多次处理,从而可能产生错误,因此必须设法消除抖动的不良后果。

2. 按键的确认

按键的闭合与否反映在行线输出电压是高电平还是低电平,如果是高电平则表示键断开,如果是低电平则表示键闭合,通过对行线电平的检测,从而判断是否有按键按下。

3. 按键去抖动

为保证 CPU 对按键每按下一次作一次处理且仅作一次处理,必须消除抖动的影响,去抖动有硬件去抖动和软件去抖动两种。

硬件消抖一般采用双稳态消抖电路,这种电路如图 8.14 所示。当开关按下使触点"1"与"2"接触后,尽管动触点会由于撞击而反弹,但动触点不会反弹到使接点"3"与"4"接通,虽然动触点在抖动,但由于由两个与非门构成的 RS 触发器的作用,使输出是一个没有毛刺的负脉冲。

如果按键较多,硬件消抖动的电路太复杂,可以采用软件消抖,在第 1 次检测到有键按下时,执行一段延时 10ms 的子程序之后,再检测此按键,如果第 2 次检测结果仍为按下状态,CPU 便确认此按键已真正按下,从而消除了抖动的影响。

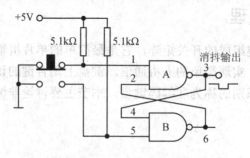

图 8.14 消抖动电路

8.4.2 独立式键盘

在按键较少、操作速度较高或程序设计较为简单的情况下，选择独立式键盘。独立式键盘各按键独立，每个按键各接一根输入线，每根输入线上的按键工作状态不会影响到其他输入线上的工作状态。因此，通过输入线电平的检测就可以很容易地判断哪个键被按下了。

独立式键盘工作电路如图 8.15 所示，按键直接与单片机的 I/O 口连接，通过判断 I/O 口的电平，可识别按下的按键。

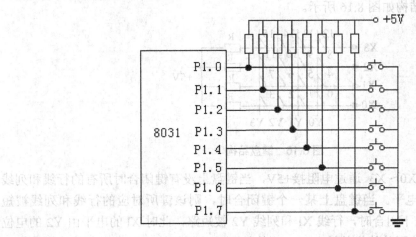

图 8.15 独立式按键电路

对图 8.15 所示电路进行编程，PKEY1～PKEY8 分别为每个按键的功能程序，编程如下：

```
KEY:    MOV   P1,#0FFH              ;预读P1口的准备
        MOV   A,P1                  ;读P1口的值
        MOV   R2,A                  ;保存P1口的值到R2
        LCALL DELAY_10ms            ;延时消抖
        MOV   P1,#0FFH
        MOV   A,P1                  ;再读P1口的值
        CJNE  A,R2,KEY               ;与上次保存的值相比较
        CJNE  A,#01H,KEY2           ;判断是不是键1
        LJMP  PKEY1                 ;如果是键1按下，则跳转到该按键的执行程序处
KEY2:   CJNE  A,#02H,KEY3           ;判断是不是键2
        LJMP  PKEY2                 ;如果是键2按下，则跳转到该按键的执行程序处
KEY3:   CJNE  A,#04H,KEY4
        LJMP  PKEY3
        …
KEY8:   CJNE  A,#80H,RETURN         ;如果都不是则重新读键值
        LJMP  PKEY8;
RETURN: LJMP  KEYEND;
PKEY1:  …
PKEY2:  …
```

```
PKEY8: ...
KEYEND: RET
```

8.4.3 矩阵式键盘接口

独立式键盘电路每一个按键开关占用一根 I/O 口线，当按键数较多时，要占用较多的 I/O 口线。因此在按键较多的情况下，通常多采用矩阵式键盘电路，它由行线和列线组成，按键位于行线和列线的交点上。

一个 4×4 的键盘结构如图 8.16 所示。

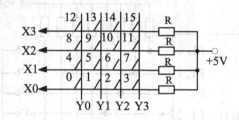

图 8.16 键盘结构

图中键盘的行线 X0～X3 通过电阻接+5V，当键盘上没有键闭合时所有的行线和列线都断开，行线都呈高电平。当键盘上某一个键闭合时，则该键所对应的行线和列线被短路。例如，6 号键被按下闭合时，行线 X1 和列线 Y2 被短路，此时 X1 的电平由 Y2 的电位所决定。如果把行线接到单片机的输入口，列线接到单片机的输出口，则在单片机的控制下，先使列线 Y0 为低电平(0)，其余 3 根列线 Y1、Y2、Y3 都为高电平，读行线状态。如果 X0、X1、X2、X3 都为高电平，则 Y0 这一列上没有键闭合。如果读出的行线状态不全为高电平，则为低电平的行线和 Y0 相交的键处于闭合状态。如果 Y0 这一列上没有键闭合，接着使列线 Y1 为低电平，其余列线为高电平，用同样的方法检查 Y1 这一列上有无键闭合。以此类推，最后使列线 Y3 为低电平，其余的列线为高电平，检查 Y3 这一列上是否有键闭合。这种逐行逐列地检查键盘状态的过程称为对键盘的一次扫描。

CPU 对键盘扫描可以采取程序控制的随机方式，CPU 空闲时扫描键盘。也可以采取定时控制方式，每隔一定时间，CPU 对键盘扫描一次，CPU 可随时响应键盘输入请求。也可以采用中断方式，当键盘上有键闭合时，向 CPU 请求中断，CPU 响应键盘输入中断，对键盘扫描，以识别哪一个键处于闭合状态，并对键输入信息做出相应处理。CPU 对键盘上闭合键的键号确定，可以根据行线和列线的状态计算求得，也可以根据行线和列线状态查表求得。

图 8.17 所示为 4×8 键盘、6 位显示器和 8031 的接口逻辑，图中 8031 外接一片 8155，8155 的 RAM 地址为 7E00H～7EFFH，I/O 口地址为 7F00H～7F05H，8155 的 PA 口为输出口，控制键盘的列线 Y0～Y7 的电位作为键扫描口，同时又是 6 位显示器的扫描口，PB 口作为显示器的段数据口，8155 的 C 口作为输入口，PC0～PC3 接行线 Y0～Y3，称为键输入口。

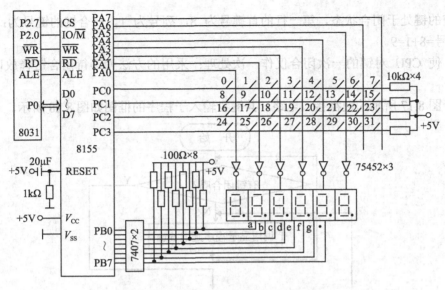

图 8.17 键盘、显示器和 8031 的接口

8.4.4 键盘输入程序设计

1. 键盘输入程序的功能

键盘输入程序的功能有以下 4 个方面。

(1) 判别键盘上有无键闭合：其方法为扫描口 PA0~PA7 输出全"0"，读 PC 口的状态，若 PC0~PC3 为全"1"(键盘上行线全为高电平)，则键盘上没有闭合键；若 PC0~PC3 不为全"1"，则有键处于闭合状态。

(2) 去除键的机械抖动：其方法为判别到键盘上有键闭合后，延迟一段时间再判别键盘的状态，若仍有键闭合，则认为键盘上有一个键处于稳定的闭合期；否则，认为是键的抖动。

(3) 判别闭合键的键号：方法为对键盘的列线进行扫描，扫描口 PA0~PA7 依次输出如表 8.2 所示。

表 8.2 扫描口 PA0~PA7 的输出

PA7	PA6	PA5	PA4	PA3	PA2	PA1	PA0
1	1	1	1	1	1	1	0
1	1	1	1	1	1	0	1
...							
1	0	1	1	1	1	1	1
0	1	1	1	1	1	1	1

相应地顺次读出 PC 口的状态，若 PC0~PC3 为全"1"，则列线输出为"0"的这一列上没有键闭合；否则，这一列上有键闭合。闭合键的键号等于为低电平的列号加上为低电平的行的首键号。例如，PA 口的输出为 11111101 时，读出 PC0~PC3 为 1101，则 1 行

1 列相交的键处于闭合状态，第一行的首键号为 8，列号为 1，闭合键的键号为：N=行首键号+列号=8+1=9。

(4) 使 CPU 对键的一次闭合仅作一次处理：采用的方法为等待闭合键释放以后再做处理。

对于图 8.17 所示的键盘接口电路，其键盘输入子程序的框图如图 8.18 所示。

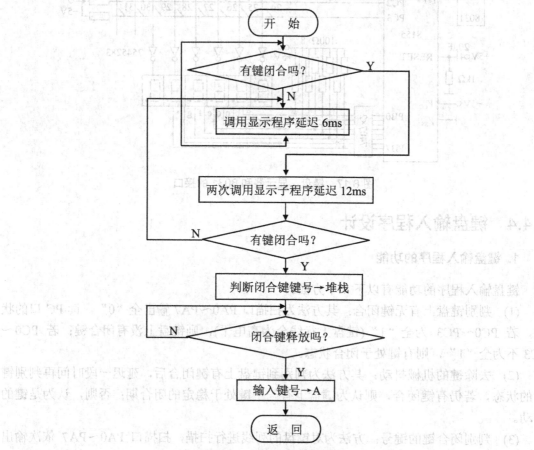

图 8.18 键输入子程序框图

2. 程序设计

程序中把显示子程序作为去抖动延时子程序，这样可保证进入键输入子程序后，显示器始终是亮的。下面为键盘输入子程序的清单，从该程序返回后输入键的键号存放在 A 中。

子程序清单如下：

```
KEYI:  ACALL  KS1         ;调用判别有无键闭合子程序
       JNZ    LK1
NI:    ACALL  DIR         ;调用显示子程序，延迟 6ms
       AJMP   KEYI
LK1:   ACALL  DIR         ;延迟 12ms
       ACALL  DIR
       ACALL  KS1         ;调用判别有无闭合键子程序
       JNZ    LK2
```

第 8 章 MCS-51 的系统扩展与接口技术

```
            ACALL   DIR             ;调用显示子程序延迟 6ms
            AJMP    KEYI
LK2:        MOV     R2,#0FEH        ;扫描模式→R2
            MOV     R4,#00H
LK4:        MOV     DPTR,#7F01H     ;扫描模式→8155A
            MOV     A,R2            ;转判 1 行
            MOVX    @DPTR,A
            INC     DPTR
            INC     DPTR
            MOVX    A,@DPTR         ;读 8155C 口
            JB      ACC.0,LONE
            MOV     A,#00H          ;0 行有键闭合,首键号 00H→A
            AJMP    LKP
LONE:   JB      ACC.1,LTWO      ;转判 2 行
            MOV     A,#08H          ;1 行有键闭合,首键号 08H→A
            AJMP    LKP
LTWO:   JB      ACC.2,LTHR      ;转判 3 行
            MOV     A,#10H          ;2 行有键闭合,首键号 10H→A
            AJMP    LKP
LTHR:   JB      ACC.3,NEXT      ;转判下一列
            MOV     A,#18H          ;3 行有键闭合,首键号 18H→A
LKP:        ADD     A,R4
            PUSH    ACC             ;键号进堆栈保护
LK3:        ACALL   DIR             ;判键释放否
            ACALL   KS1
            JNZ     LK3
            POP     ACC             ;列计数器加 1
            RET
NEXT:   INC     R4              ;列计数器加 1
            MOV     A,R2            ;判是否已扫描到最后一列
            JNB     ACC.7,KND       ;仍无键入扫描模式左移 1 位
            RL      A
            MOV     R2,A
            AJMP    LK4
KND:        AJMP    KEYI
KS1:        MOV     DPTR,#7F01H     ;全"0"扫描口
            MOV     A,#00H
            MOVX    @DPTR,A
            INC     DPTR
            INC     DPTR
            MOVX    A,@DPTR         ;读键入状态
            CPL     A
            ANL     A,#0FH          ;屏蔽高位
            RET
DIR:        MOV     R7,#0CH         ;延迟 6ms 子程序(晶振为 12MHz)
D6A:        MOV     R6,#0F8H
            DJNZ    R6,$
```

```
        DJNZ    R7,D6A
        RET
```

3. 键盘输入程序的改进

由分析可知，前面程序主要存在以下问题，因而无实用价值。
(1) 无键按下，程序将进入死循环。
(2) 按键不抬起，程序也将进入死循环，且显示不亮。
键盘输入程序可作以下更改：

```
KS1:    MOV     DPTR,#7F01H
        MOV     A,#00H
        MOVX    @DPTR,A
        INC     DPTR
        INC     DPTR
        MOVX    A,@DPTR
        CPL     A
        ANL     A,#0FH
        JNZ     LK2
LK0:    CLR     00H
LK1:    MOV     A,#0FFH
LK2:    ACALL   DIR
        ACALL   DIR
        ACALL   DIR
        MOV     R2,#08H
        MOV     R3,#0FEH
LK3:    MOV     DPTR,#7F01H
        MOV     A,R3
        MOVX    @DPTR,A
        RL      A
        INC     DPTR
        INC     DPTR
        MOVX    A,@DPTR
        CPL     A
        ANL     A,#0FH
        JNZ     LK4
        DJNZ    R2,LK3
        SJMP    LK0
LK4:    SWAP    A
        ORL     A,R2
        JB      00H,LK1
        MOV     DPTR,#TAB
        MOV     R3,#1FH
LK5:    MOV     A,R3
        MOVC    A,@A+DPTR
        CJNE    A,B,LK7
LK6:    SETB    00H
        MOV     A,R3
        RET
```

```
LK7:    DJNZ    R3,LK5
        SJMP    LK6
TAB:    DB      88H,48H,47H,46H,28H,27H,26H…
```

8.4.5 键盘扫描方式

1. 定时扫描方式

在程控扫描方式中，只有当 CPU 空闲时才调用键盘输入子程序，实时性差，效率低。

MCS-51 对键盘的扫描也可采用定时方式，利用内部的定时器，产生 10ms 的定时中断，CPU 响应中断时对键盘进行扫描，以响应键输入请求，其硬件逻辑和图 8.16 所示相同。定时中断服务程序采用以下设计思想：在内部 RAM 的位寻址区设立抖动标志 KM、处理标志 KP、有效标志 KIN 3 个标志位和键号缓冲器 KBOF。程序流程如图 8.19 所示。

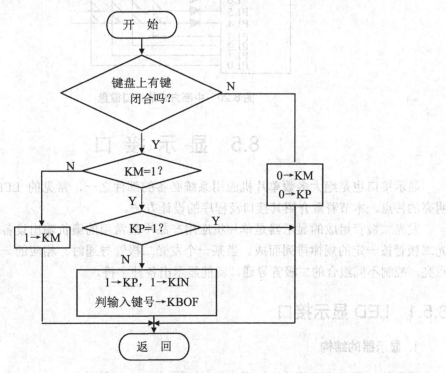

图 8.19　定时扫描中断程序流程

2. 中断扫描方式

定时扫描控制方式的主要优点是：能及时响应输入的命令或数据，便于操作员对正在执行的程序进行干预。这种控制方式，不管键盘上有无键闭合，CPU 总是定时地关心键盘状态，因为人工输入动作极慢，有时操作员对正在运行的系统很少甚至不会干预，所以在大多数情况下，CPU 对键盘进行空扫描。为了进一步提高 CPU 的效率，可以采用中断方式，当键盘上有键闭合时产生中断请求，CPU 响应中断，执行中断服务程序，判别键盘上闭合键的键号，并作相应的处理。

图 8.20 描述了一个 4×4 键盘与 8031 的接口电路。键盘的列线接到 P1 口的低 4 位，键盘的行线通过二极管连接到 P1 口的高 4 位，P1.0～P1.3 作键盘输入线，P1.4～P1.7 作扫描输出线。初态时 P1.4～P1.7 为全"0"，键盘上没有键闭合时 $\overline{INT1}$ 为高电平，当键盘上任一个键闭合时 $\overline{INT1}$ 端变低，向 CPU 发出中断请求。若 CPU 开放外部中断 1，则响应中断请求，执行中断服务程序，允许定时中断程序，禁止 $\overline{INT1}$ 中断。定时中断程序去抖动，扫描到键号写入缓冲器，置位标志通知主程序处理，判断到键释放后又允许 $\overline{INT1}$ 中断，禁止定时中断程序扫描键盘。

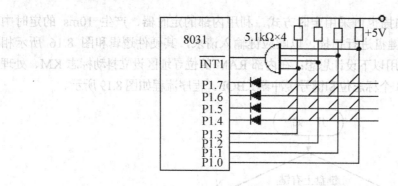

图 8.20 中断方式的接口键盘

8.5 显 示 接 口

显示接口也是绝大多数单片机应用系统必备的部件之一，常见的 LED 显示具有清晰明亮的特点。本节着重介绍其接口及程序的设计方法。

发光二极管组成的显示器是单片机应用产品中最常用的廉价输出设备。它由若干个发光二极管按一定的规律排列而成。当某一个发光二极管导通时，相应的一个点或一笔画被点亮，控制不同组合的二极管导通，就能显示出各种字符。

8.5.1 LED 显示接口

1. 显示器的结构

常用的 7 段显示器的结构如图 8.21 所示。发光二极管的阳极连在一起的称为共阳极显示器，阴极连在一起的称为共阴极显示器。1 位显示器由 8 个发光二极管组成，其中 7 个发光二极管 a～g 控制 7 个笔画(段)的亮或暗，另一个控制一个小数点的亮和暗，这种笔画式的 7 段显示器能显示的字符较少，字符的形状有些失真，但控制简单，使用方便。

还有一种点阵式的发光显示器，发光二极管排成一个 $n×m$(如 5×7)的矩阵，一个发光二极管控制点阵中的一个点，这种显示器显示的字形逼真，能显示的字符比较多，但控制比较复杂。

第 8 章 MCS-51 的系统扩展与接口技术

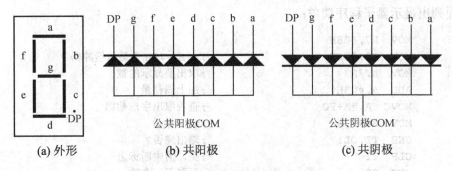

(a) 外形　　　　(b) 共阳极　　　　(c) 共阴极

图 8.21　7 段发光显示器的结构

2. 显示器的工作方式和显示程序设计

(1) 静态显示方式。

所谓静态显示，就是当显示器显示某一个字符时，相应的发光二极管恒定地导通或截止。例如，7 段显示器的 a、b、c、d、e、f 导通，g 截止时显示 "0"。这种显示方式的每一个 7 段显示器需要一个 8 位输出口控制。图 8.22 给出了用 8255 的 3 个口控制 3 位 7 段显示器的接口逻辑，程序中将相应的字形数据(常称之为段数据)写入 8255 的 PA、PB、PC 口，显示器就显示出 3 位字符(数字或部分英文字母)。

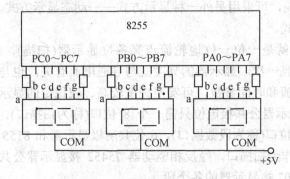

图 8.22　3 位静态显示器接口

作为 MCS-51 串行口方式 0 输出的应用，可以在串行口上扩展多片串行输入并行输出的移位寄存器 74LS164 作为静态显示器接口。图 8.23 给出了 8 位静态显示器的接口逻辑。

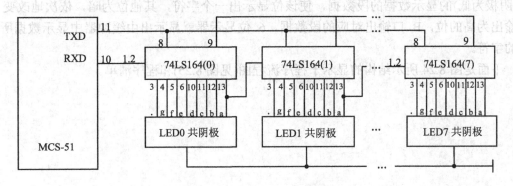

图 8.23　8 位静态显示器接口

下面列出显示器子程序清单：

```
DIR:    MOV  R7,#08H
        MOV  R0,#7FH        ;7FH～78H 为显示缓冲器
DL0:    MOV  A,@R0          ;取出要显示的数
        ADD  A,#0BH         ;加上偏移量
        MOVC A,@A+PC        ;查表取出字形数据
        MOV  SBUF,A         ;送出显示
DL1:    JNB  TI,DL1         ;输出完否？
        CLR  TI             ;完，清中断标志
        DEC  R0             ;再取下一个数
        DJNZ R7,DL0         ;循环 8 次
        RET                 ;返回
SEGTAB: DB   3FH,06H,5BH,4FH,66H    ;0，1，2，3，4
        DB   6DH,7DH,07H,7FH,6FH    ;5，6，7，8，9
        DB   77H,7CH,39H,5EH,79H    ;A，B，C，D，E
        DB   71H,40H,73H,1CH,00H    ;F，一，P，凵，暗
```

静态显示的优点是：显示稳定，在发光二极管导通电流一定的情况下显示器的亮度大，系统在运行过程中，仅仅在需要更新显示内容时 CPU 才执行一次显示更新子程序，这样大大节省了 CPU 的时间，提高 CPU 的工作效率；其缺点是位数较多时显示口随之增加。为了节省 I/O 口线，可采用另外一种显示方式——动态显示方式。

(2) 动态显示方式。

所谓动态显示，就是一位一位地轮流点亮各位显示器(扫描)，对于每一位显示器来说，每隔一段时间点亮一次。显示器的亮度既与导通电流有关，也与点亮时间和间隔时间的比例有关。调整电流和时间参数，可实现亮度较高、较稳定的显示。若显示器的位数不大于 8 位，则控制显示器公共极电位只需一个 8 位口(称为扫描口)，控制各位显示器所显示的字形也需一个 8 位口(称为段数据口)。6 位共阴极显示器和 8155 的接口逻辑如图 8.24 所示。8155 的 A 口作为扫描口，经反相驱动器 75452 接显示器公共极，B 口作为段数据口，经同相驱动器 7407 接显示器的各个段。

对于图 8.24 中的 6 位显示器，在 8031 的 RAM 存储器中设置 6 个显示缓冲器单元 79H～7EH，分别存放 6 位显示器的显示数据，8155 的 A 口扫描输出总是只有一位为高电平，即 6 位显示器中仅有一位公共阴极为低电平，其他位为高电平，8155 的 B 口输出相应位(阴极为低)的显示数据的段数据，使该位显示出一个字符，其他位为暗，依次地改变 A 口输出为高的位，B 口输出对应的段数据，6 位显示器就显示出由缓冲器中显示数据所确定的字符。

下面是图 8.24 所示结构的显示子程序流程图(见图 8.25)和程序清单。

第8章 MCS-51的系统扩展与接口技术

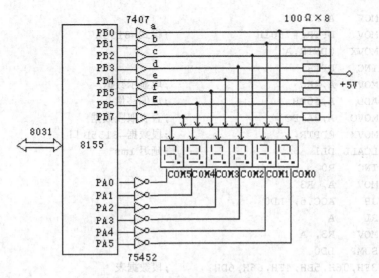

图8.24 6位动态显示器接口

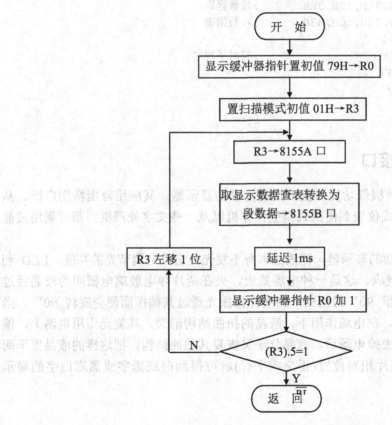

图8.25 显示子程序的程序流程图

程序清单如下：

```
DIR:    MOV   R0,#79H              ;置缓冲器指针初值
        MOV   R3,#01H
```

```
              MOV    A,R3
       LD0:   MOV    DPTR,#7F01H          ;模式→8155A
              MOVX   @DPTR,A
              INC    DPTR
              MOV    A,@R0                ;取显示数据
              ADD    A,#0DH               ;加偏移量
              MOVC   A,@A+PC              ;查表取段数据
       DIR1:  MOVX   @DPTR,A              ;段数据→8155B口
              LCALL  DL1                  ;延迟 1ms
              INC    R0
              MOV    A, R3
              JB     ACC.5, LD0
              RL     A
              MOV    R3, A
              SJMP   LD0
       DSEG:  3FH,06H,5BH,4FH,66H,6DH     ;段数据表
       DSEG1: 7DH,07H,7FH,6FH,77H,7CH     ;段数据表
       DSEG2: 39H,5EH,79H,71H,73H,3EH     ;段数据表
       DSEG3: 31H,6EH,1CH,23H,40H,03H     ;段数据表
       DSEG4: 18H,00,00,00
       DL1:   MOV R7,#02H                 ;延时子程序
       DL:    MOV R6,#0FFH
       DL6:   DJNZ R6,DL6
              DJNZ R7,DL
              RET
```

8.5.2 液晶显示器接口

液晶显示(LCD)是一种极低功耗、抗干扰能力强的显示器,其应用范围特别广泛。从电子表到计算器,从袖珍式仪表到便携式微型计算机以及一些文字处理机,都可利用液晶显示器。

液晶显示器是一种被动的显示器,即液晶本身不发光,它只是调节光的亮度。LCD 利用液晶的扭曲-向列效应制成,这是一种电场效应,夹在两片导电玻璃电极间的液晶经过一定处理,其内部的分子呈 90°的扭曲,当线性偏振光透过其偏振面便会旋转 90°。当在玻璃电极上加上电压后,在电场作用下,液晶的扭曲结构消失,其旋光作用也消失,偏振光便可以直接通过。当去掉电场后,液晶分子又恢复其扭曲结构。把这样的液晶置于两个偏振光之间,改变偏振片相对位置(正交或平行)就可得到白底黑字或黑底白字的显示形式。

1. LCD 显示器的分类

当前市场上液晶显示器的种类繁多,按排列形式可分为笔段型、字符型和点阵型。
(1) 笔段型。
笔段型都是以长条状显示像素组成一位显示。该类型主要应用于数字显示,也可用于西文字母和某些字符显示。这种段型显示通常分为 6 段、7 段、8 段、9 段、14 段和 16 段

等,形状上总是围绕数字 8 的结构变化,其中以 7 段的最为常用,应用于电子表、数字仪器和计算器中。

(2) 点阵字符型。

点阵字符型显示模块是用来专门显示字母、数字和符号等,点的大小可根据显示的清晰度来设置,它是由 5×7 或者 5×10 点阵组成的,每个点阵显示一个字符,这类模块广泛应用于单片机应用系统中。

(3) 点阵图形型。

点阵图形型是在一平板上排列多行或者多列,形成矩阵形式的晶格点,点的大小可以根据显示器的清晰度来设计。这类液晶显示器可广泛用于图形显示,如游戏机、笔记本电脑和彩色电视等设备中。

2. LCD 点阵字符型显示模块

要使用点阵型 LCD,必须有相应的 LCD 控制器、驱动器对 LCD 显示器进行扫描、驱动,以及一定空间的 RAM 和 ROM 来存储相应的命令和显示字符的点阵。现在人们已将 LCD 控制器、驱动器、RAM、ROM 和 LCD 显示器用 PCB 连接在一起,称为液晶显示模块 LCM(LCD Module)。使用者只要向 LCM 送入相应的命令字和数据就能实现需要的显示,这种模块与单片机接口简单,使用灵活、方便。下面以广泛应用的 1602 型 LCD 为例,对字符显示模块的基本结构、指令格式作简单介绍。

(1) 基本结构。

液晶板:液晶板上排列着 5×7 点阵的字符显示位,每个显示位可显示一个字符。从规格上讲可分为每行 8 位、16 位、20 位、24 位、32 位、40 位,有一行、两行和四行 3 类,1602 型 LCD 为 16 位两行。

模块电路框图:字符型电路是由控制器、驱动器和电阻电容构成的,内部逻辑较为复杂,读者仅需了解其功能模块和外部电路的接口。模块 PCB 上共有 16 个引线端,其中 8 条数据线、3 条控制线、5 条电源线,如表 8.3 所示与 8031 连接,通过送入数据和指令可对显示方式和显示内容作出选择。

表 8.3 LCM 模块引脚定义

引 脚	符 号	名 称	功 能
1	V_{ss}	接地	0V
2	V_{dd}	电源	+5V±5%
3	V_{ee}	液晶驱动电压	0~5V
4	RS	寄存器选择	H 数据寄存器 L 指令寄存器
5	R/W	读/写选择端	H 读数据 L 写数据或者指令
6	E	液晶模块使能端	下降沿锁存触发

续表

引 脚	符 号	名 称	功 能
7~14	DB0~DB7	8位数据总线	数据或者指令传输
15	BLA	背光电源正极	+5V
16	BLK	背光电源负极	0

(2) 指令格式。

LCD控制器有多个内部寄存器，RS和R/W引脚上的电平共同决定选择哪一个寄存器，如表8.4所示。

表8.4 读/写和命令数据选择

RS	R/W	操 作
0	0	指令寄存器写入
0	1	忙标志和地址计数器读出
1	0	数据寄存器写入
1	1	数据寄存器读出

指令格式如表8.5所示。

表8.5 指令格式

RS	R/W	DB7	DB6	DB5	DB4	DB3	DB2	DB1	DB0

指令格式中RS、R/W决定寄存器的选择，而DB7~DB0则决定指令的功能。这些指令的功能强大，可组成各种输入移位方式以满足不同的要求。

3. 软件程序设计

8031与LCM的接口电路如图8.26所示，以间接访问方式为例介绍显示程序的编程。

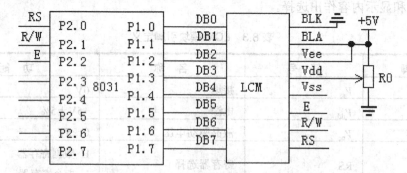

图8.26 字符型液晶显示器硬件电路

本程序在液晶显示器上显示几个字母，程序清单如下：

```
RS      EQU     P3.0            ;控制位宏定义,数据地址选择位
RW      EQU     P3.1            ;数据命令选择位
```

```
            E       EQU     P3.2                    ;LCD 使能端
            LCDP    EQU     P1                      ;LCD 数据端口
                    BF      EQU     LCDP.7          ;LCD 忙标志位
                    LINEF   BIT     00H             ;换行标志位
                    ORG     0000H
                    AJMP    START
START:
INIT:               LCALL   LCDINIT                 ;液晶显示器初始化
MAIN:               MOV     LCDP,#01H               ;开屏幕
                    LCALL   WINSTR
                    MOV     R0,#00H                 ;初始化寄存器
                    MOV     R1,#00H
MAIN1:              MOV     LCDP,R0                 ;写入数据
                    LCALL   WDATA                   ;时序使能
                    LCALL   DELAY600ms              ;显示延时
                    LCALL   MEXTC                   ;显示下一个字符
                    INC     R1
                    INC     R0
                    CJNE    R1,#0FH,MAIN2           ;判断是否行尾
                    MOV     R1,#00H
                    LCALL   CHGLINE                 ;换行
MAIN2:              CJNE    R0,#00H,MAIN1           ;判断是否 LCD 结尾
                    AJMP    MAIN                    ;重新再显示
LCDINIT:            MOV     LCDP,#01H               ;液晶模块初始化程序
                    LCALL   WINSTR
                    MOV     LCDP,#06H
                    LCALL   WINSTR
                    MOV     LCDP,#38H
                    LCALL   WINSTR
                    MOV     LCDP,#80H
                    LCALL   WINSTR
                    MOV     LCDP,#0FH
                    LCALL   WINSTR
                    SETB    LINEF
                    RET
ISBF:               LCD 内部 DDRAM 读写忙判断子程序
ISBF1:              CLR     RS                      ;设定 RS、R/W 读写和数据命令方式
                    SETB    RW
                    CLR     E
                    LCALL   DELAYLCD                ;时序等待延时
                    SETB    E                       ;LCD 使能
                    JB      BF,ISBF1                ;忙标志位判断
                    CLR     RW
                    RET
                                                    ;写入命令时序子程序
WINSTR:             CLR     RS                      ;设定 RS、R/W 读写和数据命令方式
                    CLR     RW
                    CLR     E
                    ACALL   DELAYLCD                ;时序等待延时
```

```
                SETB    E                   ;LCD 使能
                RET
        WDATA:  CLR     RW                  ;写入数据时序子程序
                SETB    RS                  ;设定 RS、R/W 读写和数据命令方式
                CLR     E
                LCALL   DELAYLCD            ;时序等待延时
                SETB    E                   ;LCD 使能
                CLR     RS
                RET
        RADDR:  CLR     RS                  ;读数据时序子程序
                SETB    RW                  ;设定 RS、R/W 读写和数据命令方式
                CLR     E
                LCALL   DELAYLCD            ;时序延时
                SETB    E                   ;LCD 使能
                CLR     RW
                RET
        CHGLINE: JB     LINEF,CHG1          ;LCD 行末换行子程序
                AJMP    CHG2                ;如果是第 2 行末尾,则跳到第 1 行首,否则跳到第 2 行首
        CHG1:   MOV     LCDP,#0C0H          ;跳到第 1 行
                LCALL   WINSTR              ;写入命令字
                CLR     LINEF               ;清除标志位
                AJMP    CHGEND
        CHG2:   MOV     LCDP,#80H           ;跳到第 2 行首
                LCALL   WINSTR              ;写入命令字
                SETB    LINEF               ;设置标志位
        CHGEND
                END
        NEXTC:  LCALL   RADDR               ;字符顺序写入子程序
                MOV     A,LCDP
                ANL     A,#7FH
                CJNE    A,#0FH,NEXTC1       ;判断是否行尾,是则跳到下一行
                CLR     LINEF               ;清除标志位
                MOV     LCDP,#0C0H
                LCALL   WINSTR
                AJMP    NEXTCEND
        NEXTC1: CJNE    A,#41H,NEXTC0       ;判断是第 1 行末或者第 2 行尾
                SETB    LINEF               ;设置标志位
                MOV     LCDP,#080H          ;写入命令
                LCALL   WINSTR              ;写入命令时序字
                AJMP    NEXTCEND
        NEXTC0: INC     A
                ADD     A,#80H
                MOV     LCDP,A
                LCALL   WINSTR
        NEXTCEND: RET
                END
```

8.6 A/D 接 口

在单片机参与的控制系统中,被检测或被控的对象往往是连续变化的自然量,如温度、压力、流量及转速等,这些量被称为模拟量,显然模拟量不能通过单片机直接进行处理或输出控制,如果要将这些模拟量传送给单片机,首先应将模拟量转换为电信号,然后将这些模拟的电压或电流转换成单片机能接收的数字信号。当单片机要输出控制某一部件动作时,往往又需要将数字信号转换成模拟信号。实现模拟量与数字量之间转换的装置,就是模/数(A/D)转换器或数/模(D/A)转换器。本节先介绍模/数(A/D)转换器。

1. ADC0809 的内部结构及引脚功能

ADC0809 的内部结构如图 8.27 所示。

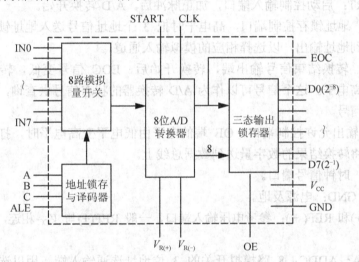

图 8.27 ADC0809 内部结构

ADC0809 的电路综合功能如下。
- 分辨率为 8 位。
- 最大不可调误差小于 ±1LSB。
- 单一 +5V 供电,模拟输入范围 0~5V。
- 具有锁存控制的 8 路模拟开关。
- 可锁存三态输出,输出与 TTL 兼容。
- 功耗为 15mW。
- 不必进行零点和满度调整。
- 转换速度取决于芯片的时钟频率。时钟频率范围为 10~1280kHz,当时钟为 500kHz 时,转换时间为 128μs。

ADC0809 的引脚排列如图 8.28 所示,引脚功能如下。

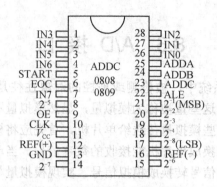

图 8.28 ADC0809 引脚排列

- IN0~IN7：8 路模拟量输入端口。
- D0(2^{-8})~D7(2^{-1})：8 位数字量输出端口。
- START：启动控制输入端口，加正脉冲后，A/D 转换开始。
- ALE：地址锁存控制端口，高电平时把 3 个地址信号送入地址锁存器，并经译码器得到地址输出，以选择相应的模拟输入通道。
- EOC：转换结束信号输出端，转换开始后，EOC 信号变低，转换结束时，EOC 返回高电平。这个信号可以作为 A/D 转换器的状态信号供查询，也可以用作中断请求信号。
- OE：输出允许控制端口，OE 端的电平由低电平变高电平时，打开三态输出锁存器，将转换结果的数字量送到数据总线上。
- CLK：时钟信号端口。
- V_{CC}、GND：电源及地。
- REF(+)和 REF(-)：参考电压输入端口，一般 REF(+)与 V_{CC} 相连，REF(-)与 GND 相连。
- ADDA~ADDC：8 路模拟开关的 3 位地址选通输入端，用以选择对应的输入通道。其对应关系如表 8.6 所示。

表 8.6 选通输入端功能表

ADDC	ADDB	ADDA	输入通信
0	0	0	IN0
0	0	1	IN1
0	1	0	IN2
0	1	1	IN3
1	0	0	IN4
1	0	1	IN5
1	1	0	IN6
1	1	1	IN7

2. 8031 单片机与 ADC0809 接口

ADC0809 与 8031 的连接可以采用定时方式、查询方式和中断方式。究竟采用什么方式应视具体情况而定。

图 8.29 所示为 8031 单片机与 ADC0809 的接口电路，该电路既可用作中断方式，又可用作查询方式。

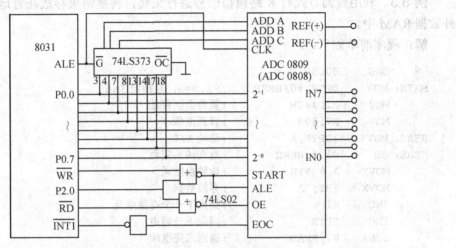

图 8.29　8031 单片机与 ADC0809 的接口

启动 ADC0809 的工作过程为：先送通道号地址到 ADDA～ADDC，由 ALE 信号锁存通道号地址，然后让 START 有效启动 A/D 转换，即执行一条 "MOVX @DPTR，A" 指令产生 $\overline{\text{WR}}$ 信号，使 ALE、START 有效，锁存通道号并启动 A/D 转换。A/D 转换完毕后，EOC 端发出一正脉冲，接着执行 "MOVX A,@DPTR" 产生 $\overline{\text{RD}}$ 信号，使 OE 端有效，打开锁存器三态门，8 位数据就读入到 CPU 中。

例 8.2 利用中断方式，分别对 8 路模拟信号轮流采集一次，转换结果依次存放在首址为 40H 的片外数据 RAM 中。

解：程序清单如下：

```
        ORG    0000H
        AJMP   MAIN
        ORG    0013H
        AJMP   INT1
MAIN:   MOV    R1,#40H          ;置数据区首地址
        MOV    R7,#08H          ;置通道数
        MOV    DPTR,#0FEF8H     ;P2.0=0,且指向 IN0
        SETB   IT1
        SETB   EX1              ;开中断 INT1
        SETB   EA               ;开中断总开关
READ:   MOVX   @DPTR,A          ;启动 A/D
HERE:   SJMP   HERE             ;等待中断
```

```
            DJNZ    R7,READ            ;巡回未完继续
            ⋮
INT1:       MOVX    A,@DPTR            ;读转换结果
            MOVX    @R1,A              ;存放数据
            INC     R1                 ;指向下一存储单元
            INC     DPTR               ;指向下一通道
            RETI                       ;中断返回
```

例 8.3 利用查询方式对 8 路模拟信号进行采集,转换结果存放在首地址为 40H 的片外数据 RAM 中。

解:程序清单如下:

```
            ORG     0000H
MAIN:       MOV     DPTR,#0FEF8H       ;P2.0=0,且指向 IN0
            MOV     R1,#40H            ;置数据区首址
            MOV     R7,#08             ;置通道数
READ:       MOVX    @DPTR,A            ;启动 A/D
HERE:       JB      P3.3,HERE          ;查询转换完否
            MOVX    A,@DPTR            ;读转换结果
            MOVX    @R1, A             ;存放数据
            INC     R1                 ;指向下一个存储单元
            INC     DPTR               ;指向下一通道
            DJNZ    R7,READ            ;巡回未完继续
            ⋮
```

8.7 D/A 转换接口

在单片机应用系统设计中,许多场合会遇到控制对象需用模拟量来控制的情况,D/A 转换器就是把数字信号转变成模拟信号的器件。CPU 与 D/A 转换器的接口是单片机与外界联系的重要接口。D/A 转换器接口设计的主要任务是选择 D/A 集成芯片,配置外围电路及器件,实现数字量到模拟量的转换。

8.7.1 8031 单片机与 DAC0832 的接口

1. DAC0832 的内部结构及引脚功能

DAC0832 是 8 位分辨率的 D/A 转换集成芯片,与微处理器完全兼容。其以价格低廉、接口简单、转换控制容易等优点,在单片机应用系统中得到广泛的应用。其内部逻辑结构如图 8.30 所示。

由图 8.30 可见,DAC0832 主要由两个 8 位寄存器和一个 8 位的 D/A 转换器组成,使用两个寄存器的好处是可以进行两次缓冲操作,能简化某些应用系统中的硬件接口电路设计。

第 8 章 MCS-51 的系统扩展与接口技术

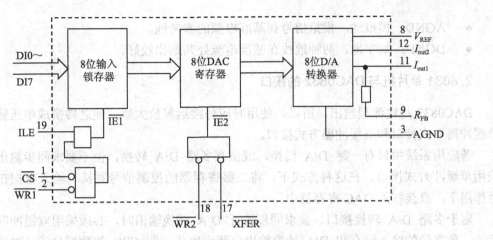

图 8.30 DAC0832 的内部结构

DAC0832 的主要特性参数如下。

- 分辨率为 8 位。
- 电流稳定时间为 1μs。
- 可单缓冲、双缓冲或直接数字输入。
- 只需在满量程下调整其线性度。
- 单一电源供电(+5～+15V)。
- 功耗 200mW。

DAC0832 的引脚排列如图 8.31 所示。各引脚功能如下。

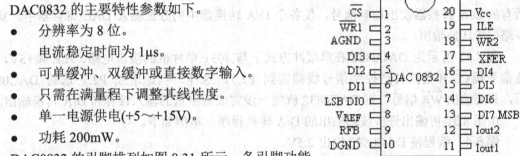

图 8.31 DAC0832 的引脚排列

- DI0～DI7：数据输入线，TTL 电平，有效时间大于 90ns。
- ILE：数据锁存允许控制信号输入线，高电平有效。
- $\overline{CS}$：片选信号输入线，低电平有效。
- $\overline{WR1}$：为输入寄存器的写选通信号，输入寄存器的锁存信号 $\overline{IE1}$ 由 ILE、$\overline{CS}$、$\overline{WR1}$ 的逻辑组合产生。当 ILE 为高电平、$\overline{CS}$ 为低电平、$\overline{WR1}$ 输入负脉冲(宽度应大于 500ns)时，在 $\overline{IE1}$ 产生正脉冲，$\overline{IE1}$ 为高电平时，输入锁存器的状态随数据输入线的状态而变化，$\overline{IE1}$ 的负跳变将数据线上的信息锁存入寄存器。
- $\overline{XFER}$：数据传送控制信号输入线，低电平有效。
- $\overline{WR2}$：DAC 寄存器写选通输入线。DAC 寄存器的锁存信号 $\overline{IE2}$ 由 $\overline{XFER}$、$\overline{WR2}$ 逻辑组合产生。当 $\overline{XFER}$ 为低电平，$\overline{WR2}$ 输入负脉冲时，则在 $\overline{IE2}$ 产生正脉冲，$\overline{IE2}$ 为高电平时，DAC 寄存器的输出和输入寄存器状态一致，$\overline{IE2}$ 的负跳变使输入寄存器的内容存入 DAC 寄存器。
- I_{out1}：电流输出线，当输入全为 1 时，I_{out1} 最大。
- I_{out2}：电流输出线，其值与 I_{out1} 之和为一常数。
- RFB：反馈信号输入线，芯片内部有反馈电阻。
- V_{CC}：电源输入线(+5～+15V)。
- V_{REF}：基准电压输入线(-10～+10V)。

- AGND：模拟地，模拟信号和基准电源的参考地。
- DGND：数字地，两种地线在基准电源处共地比较好。

2. 8031 单片机与 DAC0832 的接口

DAC0832 是电流型输出，所以，使用时应外接运算放大器，使之转换成电压输出。有单缓冲器方式接口和双缓冲器方式接口。

若应用系统中只有一路 D/A 转换，或虽有多路 D/A 转换，但不要求同步输出时，可采用单缓冲方式接口。在这种方式下，将二级寄存器的控制信号并接，输入数据在控制信号作用下，直接打入 DAC 寄存器中。

对于多路 D/A 转换接口，要求同步进行 D/A 转换输出时，必须采用双缓冲同步方式接法，数字量的输入锁存和 D/A 转换输出分两步完成，即 CPU 的数据总线分时地向各路 D/A 转换器输入要转换的数字量，并锁存在各路 D/A 转换器输入寄存器中，然后 CPU 对所有的 D/A 转换器发出控制信号，使各个 D/A 转换器中的数据输入 DAC 寄存器中，实现多路同步转换输出。

图 8.32 所示为 DAC0832 在单缓冲方式下与 8031 单片机的接口电路。ILE 接+5V，片选信号线 $\overline{CS}$ 和数据传送控制信号线都接到 P2.7，这样，当地址线 P2.7 选通 DAC0832 后，只要输出 $\overline{WR}$ 信号，则 DAC0832 就能一步完成数字量的输入锁存和 D/A 转换输出。

由图 8.31 可编出许多波形输出的 D/A 转换程序，举例如下。

例 8.4 编程使 DAC0832 输出 2.5V。

解：编程如下：

```
START:  MOV   DPTR,#7FFFH    ;指向 DAC0832
        MOV   A,#80H         ;数字量入 A
        MOVX  @DPTR,A        ;D/A 转换
```

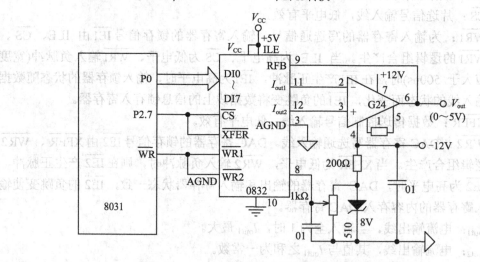

图 8.32　8031 单片机与 DAC0832 的单缓冲方式接口

例 8.5 编程使 DAC0832 产生三角波的程序。

第 8 章 MCS-51 的系统扩展与接口技术

解：编程如下：

```
START:  MOV   DPTR,#7FFFH      ;选中DAC0832
STEP1:  MOV   A,#00H
STEP2:  MOVX  @DPTR,A          ;D/A 转换
        INC   A                ;A 中内容加 1
        CJNE  A,#data,STEP2    ;不等于设置值转移
STEP3:  DEC   A                ;等于设置值 A 内容减 1
        MOVX  @DPTR,A          ;D/A 转换
        CJNE  A,#01H,STEP3     ;不等于 01H 转移
        AJMP  STEP1             ;重复执行
```

例 8.6 编程使 DAC0832 产生梯形波的程序。

解：编程如下：

```
START:  MOV   DPTR,#7FFFH      ;选中DAC0832
STEP:   MOV   R6,#20H          ;置阶跃值
        MOV   R4,#06H          ;置阶跃次数
        MOV   A,#00H           ;给 A 送初值
LOOP1:  MOVX  @DPTR,A          ;D/A 转换
        ACALL DELAY            ;调用延时程序
        ADD   A,R6             ;加阶跃值
        DJNZ  R4,LOOP1         ;重复次数到否
        AJMP  STEP
```

8.7.2 8031 单片机与 AD7520 的接口

1. AD7520 引脚

当 D/A 转换的位数超过 8 位后，MCS-51 单片机就只能分批送出数据进行 D/A 转换。
AD7520 是一种廉价型 10 位 D/A 转换器，由 CMOS 电流开关和 T 形电阻网络构成，其结构简单，通用性好，配置灵活，且具有 10 位中等分辨率。虽是 D/A 转换器的早期产品，无数据输入锁存器、参考基准源和电压输出电路，但至今仍在使用。与 AD7520 引脚和功能完全兼容的产品是 DAC1020。AD7520 的引脚排列如图 8.33 所示，各引脚功能如下。

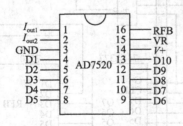

图 8.33 AD7520 引脚排列

- D1~D10：10 位数据输入端(D1 为高位，D10 为低位)。
- $V+$：电源端(+5~+15V)。
- VR：参考电压端(-10~+10V)。

- RFB：反馈电阻输入端。
- GND：数字地。
- I_{out1}、I_{out2}：电流输出端。

2. 8031 单片机与 AD7520 接口

AD7520 为 10 位 D/A 转换器，与 MCS-51 单片机 8 位数据总线连接时，数据须分两次输入。如果用两个单独的锁存器，第 1 个用 8 位，第 2 个用 2 位，就会产生一个问题，当数据送入第 1 个锁存器时，D/A 转换器便立即开始转换这一新数值。经过几微秒之后，第 2 个锁存器的内容改变，以补足 D/A 转换器所需要的位数。由于输入的改变，使 D/A 转换器的输出产生一个闪烁，为了防止输出的闪烁，输入给 D/A 转换器的所有位必须同时改变。为此，可在高位锁存器通路上增设一个附加锁存器。

图 8.34 所示是 8031 单片机通过双缓冲输出口与 AD7520 的连接。图 8.34 中，74LS74(1)的口地址为 7FFFH，74LS74(2)和 74LS377 的口地址均为 0BFFFH，8031 也是分两次操作，在将高两位数据输出到 74LS74(1)后，接着将低 8 位数据送到 74LS377 的同时，则把 74LS74(1)的内容送到 74LS74(2)中，因此 10 位数据同时到达 AD7520 的数据输入端。

D/A 转换的子程序如下：

```
MOV    DPTR,#7FFFH        ;高两位数据 74LS74(1)
MOV    A,dataH
MOVX   @DPTR,A
MOV    DPTR,#0BFFFH       ;高两位数据 74LS74(2)
MOV    A,dataL            ;74LS74(1) 74LS74(2)
MOVX   @DPTR,A
RET
```

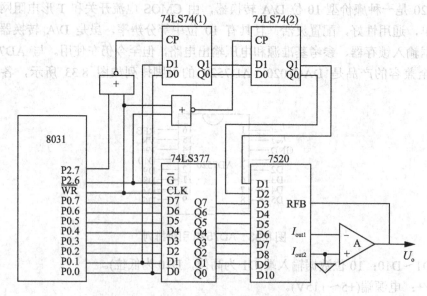

图 8.34　8031 单片机与 AD7520 双缓冲接口

8.8 小　　结

本章主要介绍了 MCS-51 单片机应用系统的片外扩展技术和接口技术。

1. 片外扩展技术

(1) 利用 74LS244 和 74LS273 对单片机的 I/O 口进行简单扩展，学会如何安排其应用程序。

(2) 介绍了常见可编程并行接口芯片 8255 的引脚功能、工作方式、初始化编程的方法。利用 8255 芯片扩展单片机的 I/O 口，通过 8255 芯片单片机能方便地与外设进行信息交换，学会正确连接电路及编写对应的应用程序。

(3) 在单片机应用系统较为复杂的情况下，其内部 RAM 和 ROM 往往不能满足用户的使用要求，为此介绍了片外程序存储器和数据存储器的扩展方法，学会三总线的正确连接及地址范围的确定。

2. 接口技术

(1) 理解最小应用系统的概念，便于正确使用单片机及扩展外设。

(2) 键盘与显示接口是应用系统必备的外设。因此要求单片机应用开发者必须掌握键盘的设计方法；另外显示器的种类虽然较多，但常用的仍是 LED 显示器，故以 7 段数码显示器为例介绍了显示接口的硬件连接与软件安排。

(3) 在实际单片机控制系统中，单片机往往要对外部模拟信号(如温度、流量、压力等)进行处理，而单片机只能识别二进制信息，故必须要用 ADC 来完成这一工作，为此介绍了常用 ADC0809(8 位)的引脚、工作过程和软件编写。

(4) 在实际单片机控制系统中，外部执行部件(电磁阀等)的工作往往是在模拟信号的驱动下完成的，而单片机根据现场要求，经过处理运算之后产生的信息是数字的，此任务正好可由 DAC 来完成。为此介绍了常用 DAC0832(8 位)、AD7520 两种芯片的引脚、工作过程和软件编写。

习　　题

1. 80C51 并行扩展外部 ROM 时，为什么 P0 口要接一个 8 位锁存器 74LS373，而 P2 口却不接？

2. 80C51 同时并行扩展外部 ROM 和 RAM 时，共同使用 16 位地址线和数据线，为什么两个存储空间不会发生冲突？

3. 以 8031 为主机的系统，对其扩展 16KB 的程序存储器，画出硬件电路并给出存储器的地址分配表。

4. 单片机应用系统扩展 32KB 程序存储器，要求：CPU 采用 89C51，程序存储器芯片采用 EPROM，地址为 0000H～7FFFH，试画出电路图。

5. 静态显示和动态显示的区别是什么？

6. 89C51 单片机的 P3 口接一个共阴极的数码管，P1 口接 4×4 的键盘，每个键的键值依次是 0～F，要求任意按下一个键，则在数码管上显示该键的键值，试编写程序完成上述任务。

7. 要求输出图 8.35 所示的连续锯齿波，其峰值为 3V，P2.2 片选，U_{REF}=5V，试画出 DAC0832 单缓冲应用电路，编制程序。

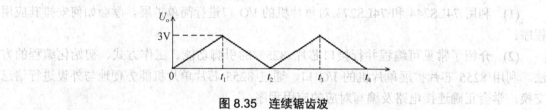

图 8.35 连续锯齿波

第 9 章 单片机应用系统的开发

本章要点

- 单片机应用系统的开发方法
- 开发系统介绍
- 开发系统实例

本章难点

单片机应用系统的开发

通过前面各章的学习，已经掌握了单片机的基本工作原理、程序设计方法、系统扩展及接口技术等，它们是开发单片机应用系统的软件和硬件基础。本章先介绍两个典型开发系统的基本知识，接着介绍单片机应用系统的研制过程，最后通过一个设计实例——多户电子电能表的研制，进一步学习和领会单片机应用系统的开发方法和技巧。

9.1 单片机的开发系统

单片机不同于一般的通用计算机，通用计算机有完备的外围设备和丰富的软件支持，安装上必要的软件就可以进行工作。而单片机仅是一种集成了 CPU、ROM、RAM、I/O 接口和中断系统于一体的超大规模集成电路芯片，要使单片机可以进行工作，必须给它连接一些必要的外围电路和设备，还要对它进行编程调试，直到完成所需要的功能，这一过程既是单片机的应用过程，也是一个研制开发的过程。

对单片机应用系统的设计、调试称为开发。由于单片机只是一个器件，本身无开发能力，必须借助开发工具进行编程及软、硬件的调试。

9.1.1 单片机开发系统的构成

单片机开发系统的典型结构如图 9.1 所示。

单片机开发系统一般由 PC 和通过与 RS-232 串行口相连的仿真器组成。在 PC 本身提供多种软、硬件资源的基础上，再配备调试软件、相应单片机的汇编和高级语言编译软件。

仿真器内有仿真单片机、监控程序存储器、存放用户目标程序和数据的仿真存储器、存放断点的断点存储器，以及仿真单片机运行状态切换和读出修改现场的控制电路，并提供和用户系统单片机相连的仿真适配器。仿真器可分为通用型和专用型两类。通用仿真器由主控板和仿真板构成，调换仿真板就可开发多种型号的单片机，专用仿真器只能开发一种单片机。

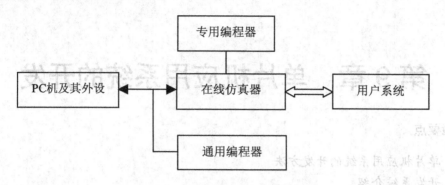

图 9.1　单片机开发系统的典型结构

编程器将程序固化到单片机内或 EPROM 中，通用编程器直接和 PC 串行口或并行口相连，专用编程器一般与仿真器相连。

9.1.2　单片机开发系统的功能

1. 在线仿真功能

开发系统中的在线仿真器应能仿真目标系统中的单片机，并能模拟目标系统的 ROM、RAM 和 I/O 口。使在线仿真时目标系统的运行环境完全"逼真"于脱机运行的环境，以实现系统完全一次性开发。仿真功能体现在以下两个方面。

(1) 仿真功能。

在线仿真时，开发系统应能将在线仿真器中的单片机完整地出借给目标系统，不占用目标系统单片机的任何资源，使目标系统在联机仿真和脱机运行时的环境(工作程序、使用的资源和地址空间)完全一致，实现完全的一次性仿真。

单片机的资源包括片上的 CPU、RAM、SFR、定时器、中断源、I/O 口以及外部可扩充的程序存储器和数据存储器地址空间。这些资源应允许目标系统充分、自由地使用，使目标系统能根据单片机固有的资源特性进行硬件和软件的设计。

(2) 模拟功能。

在开发目标系统的过程中，单片机的开发系统允许用户使用它内部的 RAM 存储器和 I/O 来代替目标系统中的 ROM 程序存储器、RAM 数据存储器及 I/O，使用户在目标系统样机还没有完全配置好以前，便可以借用开发系统提供的资源进行软件开发。在目标程序还未生成的研制初始阶段，用户的目标程序必须存放在开发系统 RAM 存储器中，以便于调试过程中修改程序。

2. 调试功能

开发系统对目标系统中软、硬件的调试功能(也称为排错功能)直接关系到开发的效率。性能优良的单片机开发系统应具有下列调试功能。

(1) 运行控制功能。

开发系统应能使用户有效地控制目标程序的运行，以便检查程序运行的结果，对存在的硬件故障和软件错误进行定位。

- 单步运行：能使 CPU 从任意的程序地址开始，执行一条指令后停止运行。
- 断点运行：允许用户任意设置断点条件，启动 CPU 从规定地址开始运行后，当断点条件(程序地址和指定断点地址符合或者 CPU 访问到指定的数据存储器单元等条件)符合以后停止运行。
- 全速运行：能使 CPU 从指定地址开始连续地全速运行目标程序。
- 跟踪运行：类似单步运行过程，但可以跟踪到子程序中运行。

(2) 目标系统状态的读出修改功能。

当 CPU 停止执行目标系统的程序后，允许用户方便地读出或修改目标系统资源的状态，以便检查程序运行的结果、设置断点条件及设置程序的初始参数。可供用户读出、修改的目标系统资源包括：程序存储器；单片机中片内资源；系统中扩展的数据存储器、I/O 口。

(3) 跟踪功能。

高性能的单片机开发系统具有逻辑分析仪的功能，在目标程序运行过程中，能跟踪存储目标系统总线上的地址、数据和控制信号的状态变化，跟踪存储器能同步地记录总线上的信息。用户可以根据需要显示跟踪存储器搜集到的信息，也可以显示某一位总线状态变化的波形，使用户掌握总线上状态变化的过程，对各种故障的定位特别有用，可大大提高工作效率。

9.2 典型单片机开发系统介绍

9.2.1 DVCC 单片机开发系统

DVCC 单片机仿真系统由启东计算机厂有限公司开发研制生产，DVCC 仿真系统有不同的型号，可用于 MCS-51 系列、MCS-96 系列单片机的仿真开发，下面在这里介绍几种常用的 DVCC 开发系统。

1. DVCC-51-CH 开发系统

DVCC-51-CH 开发系统由下列几个部分组成：8031 单片机、27128、27256/62256、2764/6264/2864EPROM/ROM/E^{2}PROM 存储器、8155、8255 并行 I/O 口、28 键的非编码键盘、6 位 7 段数码管显示器、打印机接口、RS-232 标准接口、录音码机插口、EPROM 存储器编程写入电路以及用于外部扩展的 CPU 仿真器插座等。

DVCC-51-CH 型单片机开发系统内存地址分配为：机器占用 24KB 单元，其中，0000H～3FFFH 的 16KB 单元用来存放系统监控程序，E000H～FFFFH 为 I/O 口地址区，4000H～DFFFH 的 40KB 单元为用户程序区，其中的 4000H～5FFFH 可作为 TV-CH 板的数据缓冲区；8003H～8023H 范围内设有 5 个中断源的入口地址，并且外部数据存储器空间与程序存储器空间合并使用，为用户使用提供方便。

主要技术特性如下。

(1) 中央处理器 Intel 8031 单片机，内部无 ROM。

(2) 系统时钟频率为 6MHz，用户可选用 12MHz，但在串行通信时只能选用 6MHz。

(3) 配有音频盒式磁带机插口，用来与录音机连接。

(4) 8031 单片机内部的两个定时/计数器供用户使用。

(5) 配有两个 40 芯扁平线插座：其中一个为仿真器插座，它是 8031 除晶振引脚之外所有其他引脚的引出端，可用来与外部用户系统连接，对用户系统进行开发或仿真；另一个为通用插座，它是 8255 I/O 口的引出端，可用来与外部通用打印机、APPLE-Ⅱ型机连接。

(6) RS-232 标准插口可与具有 RS-232 标准异步串行接口的 CRT 终端、IBM PC/XT 及其兼容机连接，以及进行通信、汇编、反汇编和程序调试等操作。

(7) 配有 EPROM 编程写入电路，可对 EPROM 2716、2732、2764、27128、E^2PROM 2816A、2864A 进行编程写入和读出，也可对 8751 内部的 EPROM 进行编程写入和读出，以及可读出 8051 内部的 ROM 存储器信息。

(8) 可配置 TV-CH 扩展板，用来与 CRT 显示终端及彩色电视机连接。

(9) 可与 DVCC-48-CB 开发板连接，以对 MCS-48 系列单片机进行开发或仿真。

(10) 可配置 CHGAL 普及型编程器，用来对阵列逻辑芯片进行编程写入。

(11) 设有程序单步/连续运行按键，用来控制程序的单步/连续运行。

2. DVCC-51-ED 开发系统

DVCC-51-ED 机为单 CPU 方式的 8031 单片机仿真器。8031 既是控制机又是 MCS-51 目标系统的处理机，具有 32KB 的监控程序存储器，DVCC-51-ED 机的监控软件包括键盘监控程序、MCS-51 仿真程序、联机通信程序、汇编反汇编程序、打印程序和屏幕显示程序。DVCC-51-ED 机扩展了 64KB 的 RAM 存储器，作为用户源程序存储器，仿真存储器空间也为 64KB，配有 TV 转接插座，扩展一片 8155 RAM I/O 扩展器，8155 的 3 个并行口分别作为键盘显示器接口，还接一片 8255 作为固化器接口、打印接口和 RS-232CS 标准串行口，DVCC-51-ED 机的 40 芯仿真接口，用以连接 8031 目标系统样机或扩展仿真板。

主要功能如下：

(1) 源程序编辑功能：DVCC-51-ED 机允许用户在本机 RAM 空间编辑一个机器语言目标程序，它向用户提供了丰富的编辑命令，其中包括读/写、地址减 1 增 1、插入、删除、偏移量计算、程序搬家命令等。

(2) 屏幕系统功能：DVCC-51-ED 机的 TV 屏幕系统为不具备 IBM-PC 系统机的用户提供了一条智能开发的新途径，该系统采用模块化结构，以菜单形式向用户提供编辑、汇编、反汇编、打印、EPROM 固化、传送、比较及源程序修改、移动、调试等操作指令。

(3) 资源出借功能：DVCC-51-ED 机采用 CPU 切换方式，把机中 8031 分为两个状态，即监控状态和目标状态，能够将 8031 完整地出借给用户系统，用户可以把它视为目标机中的 CPU。在联机调试时，通过输入控制命令，DVCC-51-ED 机能将 64KB 的仿真 RAM 出借给目标机作为程序存储器，用户利用这一硬件资源和软件功能就可进行软件开发。

(4) 调试功能：DVCC-51-ED 机能控制目标机以单拍、跟踪、断点、实时断点和连续方式运行目标程序，在上述运行过程中，TV 屏幕上显示出 PC、A、B、SP、DPTR、R0～

R7、PSW 等基本状态，并显示已经执行及将要执行的两条指令的机器码，碰到断点后，目标系统的 8031 状态更详细地显示在 TV 屏幕上；用户还可以列表显示和修改目标机 8031 现场、扩展 RAM 和 I/O 现场、目标系统程序等，帮助用户快速诊断出目标样机的硬件故障和软件错误。

(5) 一次性开发功能：DVCC-51-ED 机采用特殊硬件结构，监控程序与仿真程序不在同一 64KB 内，因此，仿真空间(0000H～FFFFH)的地址分配完全由用户自行安排，使联机调试成功的 MCS-51 目标系统程序固化后，目标系统便研制成功。

(6) 连接主机调试功能：DVCC-51-ED 机亦能连接 IBM PC/XT、APPLE 等具有 RS-232C 接口的系统机，享用主机的硬件和软件资源。

DVCC-51-ED 机的工作状态选择均采用软件开关，由操作命令控制软件开关状态，具有可靠和操作灵活等优点。

3. DVCC-52 开发系统

DVCC-52 开发系统是在 DVCC-51-ED 机的基础上进行了改进。本仿真系统提供 51 仿真功能和 196 仿真功能。采用专用仿真技术，以前、后台切换方式提供用户仿真程序空间 64KB，地址为 0000H～FFFFH，仿真数据空间为 0000H～FFFFH。196 系统中程序/数据统一编址，因此提供用户的仿真程序空间只有一个 64KB，即 0000H～FFFFH。

主要技术性能如下。

(1) 主机含 8031 CPU，可选配 96 CPU 卡、8088 CPU 卡。
(2) 配有 32KB 或 64KB 或 96KB 管理程序。
(3) 配有 64KB 用户数据/程序空间，可一次性在线仿真。
(4) 带有 4×8 键盘，6 个 LED 8 段数码显示器。
(5) 自带 EPROM 编程器，可对 EPROM 2764、27128 进行编程。
(6) 配备各种单片机常用接口芯片，如 8253A 定时/计数器，EPROM 6264，ADC0809、DAC0832，并行 I/O 口 8255A、8155，可编程中断接口 8259A，串行通信芯片 8251A 等。同时，通过扩展可外配可编程键盘、显示控制器、DMA 芯片 8237 等。
(7) 支持 ASM-51/96/8088、C51/96 等多种语言的汇编、反汇编及动态调试。
(8) 配备 RS-232 串行通信接口，串口可任意选择。
(9) 运行软件系统支持 Win 9x/NT 软件平台，编辑、编译、动态调试等均在同一界面下进行，无须切换。

4. K51 仿真机

K51 是一个支持 Keil C51 设计软件的软件断点仿真机，K51 是一款性价比特别高的单片机仿真器，凡是 51 内核的单片机均可仿真，使用一片 SST89C58 单片机和一片 AT90S8515 单片机来实现仿真功能(主 CPU 和用户 CPU)，两片 CPU 之间通过一根 I/O 引脚通信(通信速率在 33MHz，晶振时约 100kb/s)，主 CPU 负责与 Keil C51 通信，用户 CPU 只与主 CPU 通信。K51 结构框图如图 9.2 所示。

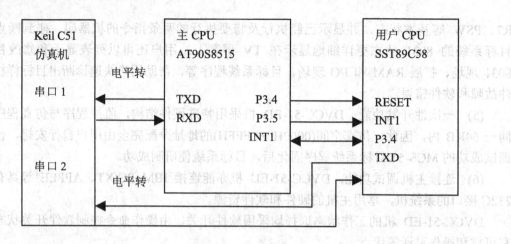

图 9.2 K51 结构框图

主要功能如下：
- 支持串口的仿真功能。
- 串口中断用户可以使用。
- 不占用定时器 2。
- 完全仿真 P0、P2 口。
- 支持 89C52 等嵌入式 CPU 仿真。
- 占用用户堆栈 2 个字节。
- 占用 1 条 I/O：P3.5。
- ISP 在线编程，在线下载。
- 仿真频率最高 33MHz。
- 支持同时最多 10 个断点。
- 支持单步，断点，全速运行。
- 支持汇编，C 语言，混合调试。
- 支持 Keil C51 的 IDE 开发仿真环境 UV1、UV2(V5.20、V6.02、V6.10、V6.12、V6.14)。
- 单步执行时间 60ms。
- 程序代码载入(可以重复装载，无需预先擦除用户程序空间)。
- SFR 读取速度(128 个)200ms。
- 跟踪记录(trace record)256 条。
- 可以仿真标准的 89C51、89C52、89C58 等 51 内核的单片机仿真。

9.2.2 WAVE 单片机开发系统

1. WAVE 仿真的特点

WAVE 仿真系统是由南京伟福实业有限公司开发的产品，其系列产品种类多、功能强，与国内外同档次仿真器相比，有以下一些特点。

(1) 其组合形式为模块式：主机+POD，通过更换不同的 POD，可以对各种 CPU 进行仿真。伟福仿真软件的 Windows 版本支持该公司多种仿真器，为用户提供了一种灵活的多 CPU 仿真系统。

(2) 双平台：DOS 及 Windows 版本。其中 Windows 版本功能强大，中文界面、英文界面可任选，对用户源程序的大小没有任何限制，支持 ASM、C、PLM 语言混合编程，具有项目管理功能，为用户的资源共享、课题重组提供强有力的手段。支持点屏显示，用鼠标左键点一下源程序中的某一变量，即可显示该变量的数值。有丰富的窗口显示方式，多方位、动态地显示仿真的各种过程，使用极为便利。本操作系统一经推出，立即被广大用户所喜爱。

(3) 双工作模式：软件模拟仿真(不要仿真器也能模拟仿真)和硬件仿真。

(4) 双 CPU 结构：不占用户资源。全空间硬件断点，不受任何条件限制，支持地址、数据、外部信号、事件断点、实时断点计数、软件运行时间统计等功能。

(5) 双集成环境：编辑、编译、下载、调试全部集中在一个环境下。多种仿真器，多类 CPU 仿真全部集成在一个环境下。可仿真 51 系列、196 系列、PIC 系列，飞利浦公司的 552、LPC746、DALLAS320、华邦 438 等 51 增强型 CPU。现在很多工程师需要面对和掌握不同的项目管理器、编辑器、编译器。它们由不同的厂家开发，相互不兼容，使用不同的界面，学习、使用都很吃力。伟福 Windows 调试软件为您提供了一个全集成环境，统一的界面，包含一个项目管理器，一个功能强大的编辑器，汇编 Make、Build 和调试工具，并提供一个与第三方编译器的接口。由于风格统一，从而大大节省了精力和时间。

(6) 强大的逻辑分析仪综合调试功能：逻辑分析仪由交互式软件菜单窗口对系统硬件的逻辑或时序进行同步采样，并实时在线调试分析，采集深度 32K(E2000/L)，最高时基采样频率达 20MHz。系统在使用逻辑分析仪时，除普通的单步运行、键盘断点运行、全速硬件断点运行外，还可实现各种条件组合断点，如数据、地址、外部控制信号、CPU 内部控制信号、程序区间断点等。

由于逻辑分析仪可以直接对程序的执行结果进行分析，因此极大地方便了程序的调试。随着科学技术的发展，单片机通信方面的运用越来越多。在通信功能调试时，如果通信不正常，查找原因是非常耗时和低效的，很难搞清楚问题到底出在什么地方，是波特率不对、是硬件通信有问题、是通信协议有问题、是发方出错还是收方出错。有了逻辑分析仪，情况则完全不一样，用它可以分别或者同时对发送方、接收方的输入或输出波形进行记录、存储、对比、测量等各种直观的分析，可以将实际输出的波形与源程序相比较，可立即发现问题所在，从而极大地方便了程序的调试。

2. 仿真器与仿真头介绍

E2000L/T/S 型仿真器功能如表 9.1 所示。E2000L 仿真器外形示意图如图 9.3 所示。E2000L/T/S 型仿真器可配置的仿真头如表 9.2 所示。

表 9.1　E2000L/T/S 型仿真器功能

仿真器型号	功　能
E2000S	通用仿真器(1～16 位，15Mb/s 总线速度)；硬件测试仪；运行时间统计；逻辑笔(选配件)；Windows 版本、DOS 版本双平台
E2000T	含 E2000S 所有功能；事件断点、断点记数；跟踪器；影子存储器；全空间程序/数据时效分析器
E2000L	含 E2000T 所有功能；逻辑分析仪(测试钩为选配件)；可编程波形发生器

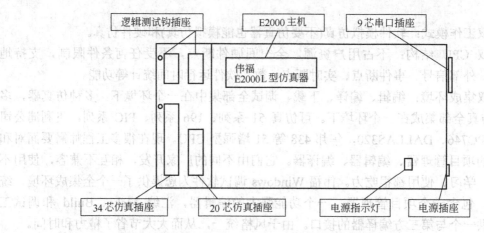

图 9.3　E2000L 仿真器外形示意图

表 9.2　E2000L/T/S 型仿真器可配置的仿真头

仿真头型号	可仿真 CPU
POD8X5X	8X5X 系列(P0 口和 P2 口作为总线或 I/O 口用)
POD520	Dalas310/320/510/520/华邦 77E58
POD51	8X5X 系列 CPU(P0 口和 P2 口作为总线用)
POD2051	2051、1051 系列 CPU(需与 POD8X5X 配合使用)
POD552	Philips 80C552
POD438	华邦 438 CPU
PODLPC	Philips LPC76X
POD196KC	196KC/KB
POD196MC	196MC/MD/MH
POD16C5X	PIC16C52/54/55/56/57/58、PIC12C508/509
POD16C6X/7X	PIC16C61/62/63/64/65/67、PIC16C71/72/73/74
POD16C71X	PIC16C71X 全系列
POD16C8X	PIC16C83/84
新仿真头	伟福公司将为 E2000 系列开发新的仿真头

POD8X5X 仿真头示意图如图 9.4 所示。

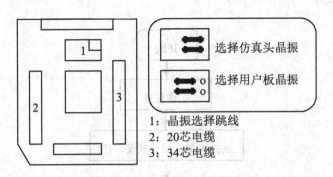

图 9.4 POD8X5X 仿真头示意图

POD8X5X 仿真头可配 E2000 系列、E51 系列仿真器，用于仿真 Intel8031/51 系列及兼容单片机，可仿真 CPU 种类为 8031/32、8051/52、8751/52/54/55/58、89C51/52/55/58、89C1051/2051/4051、华邦的 78E51/52/54/58、LG 的 97C51/52/1051/2051。配有 40 脚 DIP 封装的转接座，可选配 44 脚 PLCC 封装的转接座。选配 2051 转接可仿真 20 脚 DIP 封装的 XXC1051/2051/4051 CPU。

E2000L/T/S 仿真器与 POD8X5X 仿真头的连接如图 9.5 所示。

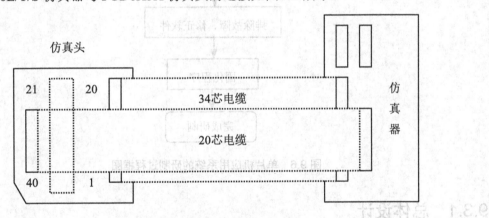

图 9.5 仿真器与仿真头的连接

9.3 单片机应用系统的研制过程

单片机应用系统随着用途不同，硬件和软件差别很大，但系统研制的方法和步骤却基本相同。研制过程包括总体设计、硬件设计、软件设计、仿真调试等几个阶段，图 9.6 所示为单片机应用系统的研制过程框图。

研制单片机应用系统的特点是"软硬兼施"，硬件设计和软件设计必须综合考虑，才能组成高性能的单片机应用系统。

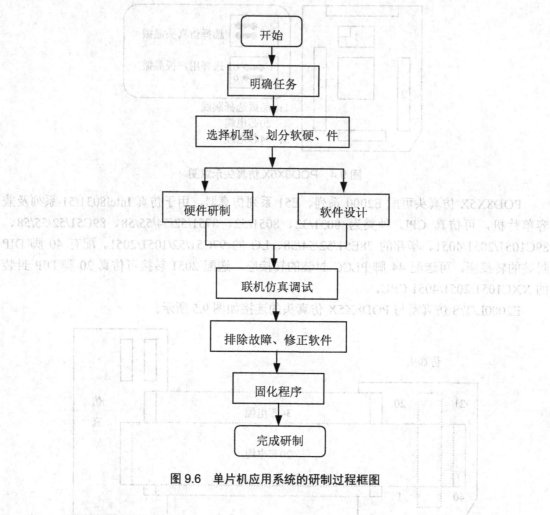

图 9.6 单片机应用系统的研制过程框图

9.3.1 总体设计

1. 确定目标任务

无论是制作智能仪器还是研制工业控制系统,研制单片机应用系统必须首先确定目标任务。根据系统的具体用途和工作环境,提出合理、详尽的系统功能和技术指标,这是系统设计的依据和出发点。

研制者应当尽可能参考国内、外同类产品的有关资料,综合考虑系统的可靠性、先进性、通用性、经济性、可维护性和可扩充性等,使确定的技术指标合理而且符合有关标准。最后拟定出完整的计划任务书。

2. 选择单片机机型和配套器件

选择单片机机型和配套器件时应考虑以下几点。
(1) 货源充足稳定,便于批量生产。
(2) 在考虑性价比高的前提下,选择最容易实现产品技术指标的机型。

(3) 要选择设计者熟悉的机型和元器件，以缩短研制周期。

(4) 元器件(尤其是传感器、存储器、A/D、D/A 等)的选择应符合系统的精度、速度和可靠性等方面的要求。

3. 硬件和软件的功能划分

系统硬件的配置和软件的设计是紧密联系在一起的，且硬件和软件具有一定的互换性。在某些场合，同一功能既可以用硬件实现也可以用软件实现，因此，必须仔细划分好硬件和软件的功能，如图 9.6 所示。

多用硬件完成一些功能，可以提高工作速度，减少软件研制工作量，但会增加硬件成本。若用软件代替某些硬件的功能，可降低硬件成本，但会增加软件的复杂性，降低系统的工作速度。因此，总体设计时，应综合考虑以上因素，合理搭配软、硬件的比例。

9.3.2 硬件设计

从硬件规模来分，单片机应用系统可分为基本系统、扩展系统和系统节点 3 类。若单片机内部资源已能满足应用系统的硬件要求，就可以设计成一个基本系统。需要扩展程序存储器、数据存储器或 I/O 接口电路的单片机应用系统，称为扩展系统。在分布式计算机系统或计算机网络中，作为系统节点的单片机通常用作下位机，上位机则是系统机或网络工作站。

硬件设计的任务是根据总体设计要求，确定系统扩展所需要的存储器、I/O 电路、A/D、D/A 电路及有关外围电路等，然后设计出系统的电路原理图。

9.3.3 软件设计

在应用系统研制中，软件设计是工作量最大，也是最困难的任务。软件设计的一般步骤如图 9.7 所示。

1. 系统定义

软件设计要结合硬件结构，明确软件承担的任务。

(1) 定义各输入/输出的功能，确定与系统的接口方式、口地址、读取和输出方式等。

(2) 在程序存储器、数据存储器区域中，合理分配存储空间，包括系统主程序、常数表格、数据暂存区域、堆栈区域和入口地址等。

(3) 确定数据的传输方式：串行或并行通信、异步或同步通信、数据传输的速率、数据格式和校验方式等。

(4) 对面板控制开关、按键等输入量，以及显示、打印等输出量也必须进行定义。

2. 确定程序结构及设计方法

合理的软件结构是设计单片机应用系统的基础，它能使 CPU 有条不紊地对各个相对独立的任务进行处理。

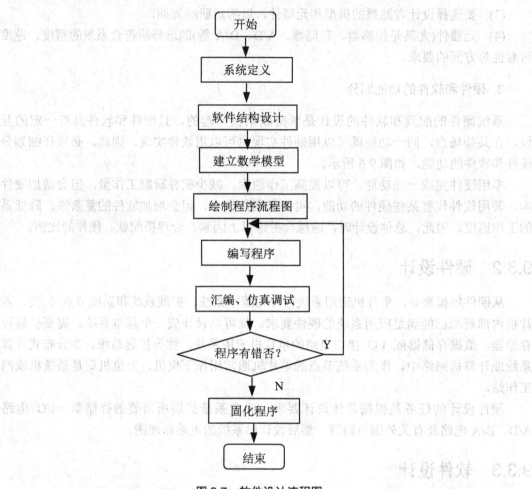

图9.7 软件设计流程图

(1) 顺序程序设计结构。

大多数单片机应用系统可以采用容易理解和掌握的顺序程序设计结构。系统软件由主程序和若干个中断服务程序所构成：主程序是一个顺序执行的无限循环的程序，不停地顺序查询各种软件标志，并完成对通常事务的处理；中断服务程序则对实时事件作出响应，或者在中断子程序中进行必要的处理，或者将标志位置某一值，留给主程序处理。

将系统工作分解为几个相对独立的操作后，根据这些操作的性质和时间关系，确定主程序和中断服务程序分别完成哪些操作，并指定各个中断的优先级，使 CPU 有条不紊地完成这些操作。

顺序程序设计的缺点是：当功能复杂时，实时性差。

(2) 实时多任务操作系统。

对于复杂的实时控制系统，应采用实时多任务操作系统 RTOS(Real Time Operrating System)。这种系统要求对多个对象同时进行实时控制，要求对各个对象的实时信息快速处理并作出响应。为达到系统实时性、并行性的目的，实时多任务操作系统应具备任务调度、实时控制、实时时钟、I/O 控制、中断控制、系统调用和多任务并行等功能。

(3) 模块化程序设计方法。

模块化程序设计是软件设计中常用的方法。这种设计方法是把一个复杂的应用程序分解成若干个功能相对独立的小程序模块，各个程序模块分别进行设计、编程、调试和排错，然后将调试好的各程序模块连接起来联调，最终形成功能完整的实用程序。

模块化程序设计的优点是：单个程序模块的设计和调试比较方便，容易完成，一个模块可以被多个任务共享。其缺点是：单个模块的连接要注意参数的传递和寄存区的覆盖，有时有一定的难度。

(4) 自顶向下程序设计方法。

自顶向下程序设计首先从系统一级的主干程序开始，集中力量解决全局问题，从属的程序或子程序用符号来代替；然后层层细化，主程序编好后再编制各从属的程序和子程序，最终完成整个复杂程序的设计。调试也按这个次序进行。

自顶向下程序设计的优点是：比较符合人们的日常思维习惯，设计、测试和连接同时按一个线索进行，程序错误可以较早地发现；其缺点是：上一级的程序错误将对整个程序产生影响，一处修改可能引起对整个程序的修改。

较好的方法是将上述两种程序设计技术结合起来，在此基础上编写模块并通过调试，将大段程序的设计与调试变成各个模块的连接和统一调试。

3. 进行程序设计

(1) 建立数学模型。

数学模型描述单片机系统中各输入变量和各输出变量之间的数学关系，对系统性能有决定性影响。例如，控制算法的选择和参数的确定，现场测量信息与对应物理量之间关系的描述和处理等。建立起正确、完善的数学模型后，程序只是这种设计思想的具体化。

(2) 绘制程序流程图。

程序流程图也称框图，把程序应完成的各种分立操作表示在不同的框中，并按它们的相互关系连接起来。通常是根据系统功能及操作过程，先绘出程序的简单功能流程粗框图，再对该框图进行扩充和具体化。把每一个粗框的操作细化为对具体的存储单元、工作寄存器、I/O 口的操作，从而绘制出详细的程序流程图。

用程序流程图的方式对任务进行简明直观的描述之后，编写程序要方便得多，也有利于应用模块化和自顶向下等程序设计技术。

(3) 编写程序。

单片机应用程序可以用汇编语言编写，也可以用 C51 等高级语言编写。编写程序时，应采用标准的符号和格式，必要时作若干功能性注释，这对调试和修改程序很有帮助。

(4) 程序的汇编、仿真调试和固化。

程序的编辑汇编(或编译)一般在 PC 上进行。程序经调试正常运行后，再固化到 EPROM 中，完成系统软件设计。程序的调试和固化与所使用的开发工具有关。

另外，在程序的设计中，除要考虑程序的基本功能外，有些全局性的问题需要统筹考虑，如系统的抗干扰问题、系统的安全保护等，这些问题往往需要贯穿设计的始终。

9.4 单片机应用系统开发实例
——多户电子电能表的研制

随着计算机技术的发展，传统的机械式电能表由于精度低、功能少而正在被电子式电能表所取代，并向多功能、多系列发展，如普通单户表、复费率电能表、卡式预付费表、远传表、多户表等。多户表具有利于集中控制、管理方便等优点而得到广泛应用，但其工作原理的核心部分仍是由单户表发展而来的。多户电能表的一般组成框图如图 9.8 所示。

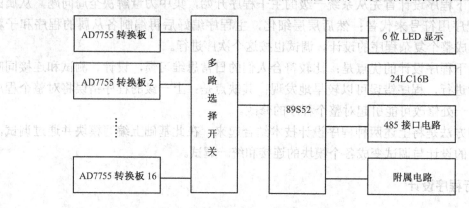

图 9.8 多户电能表组成框图

9.4.1 电能计量原理

1. 电能计量芯片 AD7755 工作原理

AD7755 内部功能框图如图 9.9 所示。来自采样电阻的电流、电压信号经 AD7755 的通道 1(V1P、V1N)和通道 2(V2P、V2N)分别进入内部放大器放大，然后分别经过两个模/数转换器转换成数字信号；电流通道中的高通滤波器(HPF)滤掉电流信号中的直流分量，从而消除了由于电压或电流失调所造成的有功功率计算上的误差；然后两通道信号通过乘法器和低通滤波器(LPF)得到瞬时有功功率信号，最后通过数字-频率转换器将瞬时有功功率信号转换成脉冲信号。此脉冲信号(CF)的输出频率正比于平均有功功率，该信号可作为微处理器的输入信号以供计量，图 9.10 所示为该芯片的引脚排列。

2. 典型应用电路

通过采样电阻(锰铜合金制成)获取的电流采样信号由芯片⑤、⑥脚输入，经过可变电阻网络衰减后的电压采样信号由芯片⑦脚、⑧脚输入，两路信号在芯片内部实现电能计量累加运算，并在内部实现 A/D 转换，以脉冲方式由㉓脚、㉔脚输出供给机械计度器，由㉒脚输出经光耦合器隔离后送给单片机进行数据采集与处理。输出脉冲频率通常可设定为 1600imp/kWh 或 3200imp/kWh，本系统工作参数设定在 1600imp/kWh。具体电路及参数详见《AD7755 应用手册》。

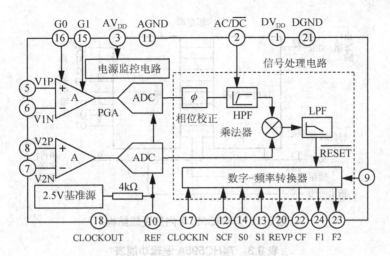

图 9.9　AD7755 内部功能框图

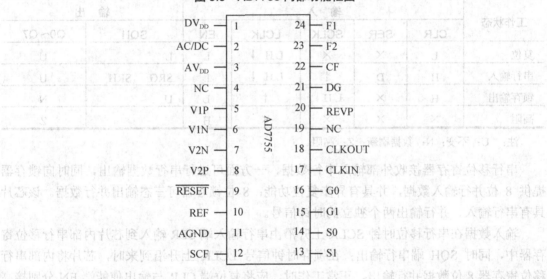

图 9.10　AD7755 引脚排列

9.4.2　显示电路的设计

1. 74HC595A 工作原理

在单片机系统设计中，LED 显示方式由于具有使用方便、价格低廉等优点而得到广泛应用。在采用并行显示方式时，显示电路的段码与位控码要占用单片机的较多口线，尽管可采用 8155 等接口芯片进行扩展，但口线利用率仍较低，不能满足大型控制系统的要求。采用串行显示方式则只需占用 2～3 根口线，节约单片机大量 I/O 线，且使用效果很好。本文介绍一种基于 74HC595A 的 LED 串行显示技术。74HC595A 内部含有 8 位移位寄存器和 8 位 D 锁存器，其结构如图 9.11 所示。逻辑功能表如表 9.3 所示。

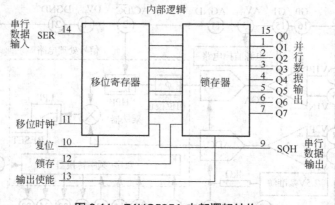

图 9.11 74HC595A 内部逻辑结构

表 9.3 74HC595A 逻辑功能表

工作状态	输入					输出	
	CLR	SER	SCLK	LCLK	EN	SQH	Q0~Q7
复位	L	×	×	LH↓	L	L	U
串行输入	H	D	↑	LH↓	L	SRG　SRH	U
锁存输出	H	×	LH↓	↑	L	U	N
高阻	×	×	×	×	H		Z

注：U：不变；N：数据刷新；Z：高阻。

串行移位寄存器接收外部输入串行数据，一方面可进行串行数据输出，同时向锁存器提供 8 位并行输入数据，并具有异步复位功能；8 位锁存器可三态输出并行数据。该芯片具有串行输入、并行输出两个独立的时钟信号。

输入数据在串行移位时钟 SCLK 上升沿由串行输入端 SER 输入到芯片内部串行移位寄存器中，同时 SQH 端串行输出；在锁存时钟信号 LCLK 上升沿到来时，芯片将内部串行移位寄存器 8 位数据并行输出。正常工作时，应将复位端 CLR 与输出使能端 EN 分别接高电平、低电平。

2. 显示电路设计

本系统采用 6 位 LED 动态显示计量电量，其中利用 5 位显示整数部分，1 位显示小数部分，两片 74HC595A 分别用于段码、位控码控制，如图 9.12 所示。

3. 显示程序编写

显示程序流程图如图 9.13 所示，显示程序(显示缓冲区首址为 38H)清单如下：

```
DISP:   MOV     R0,#38H
        MOV     R3,#0FEH
        MOV     A,R3
LOOP4:  MOV     R7,#06H
        SETB    C
LOOP:   CLR     91H
```

第9章 单片机应用系统的开发

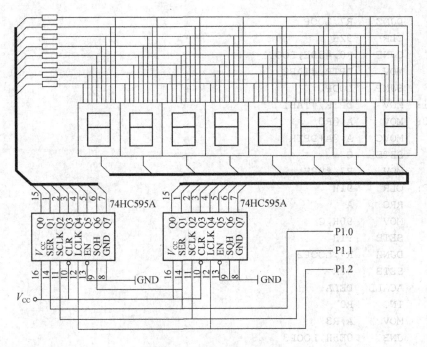

图9.12 电能表显示电路

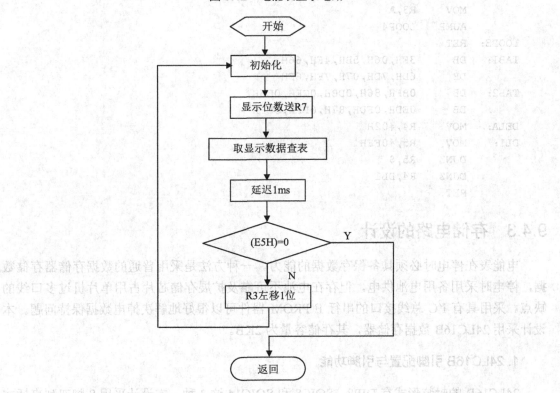

图9.13 显示程序流程图

```
        RRC     A
        MOV     90H,C
        SETB    91H
```

```
        DJNZ   R7,LOOP
        CLR    92H
        CJNE   R0,#39H,LOOP1
        MOV    DPTR,#TAB2
        SJMP   LOOP0
LOOP1:  MOV    DPTR,#TAB1
LOOP0:  MOV    A,@R0
        MOVC   A,@A+DPTR
        SETB   C
        MOV    R7,#08H
LOOP2:  CLR    91H
        RRC    A
        MOV    90H,C
        SETB   91H
        DJNZ   R7,LOOP2
        SETB   92H
        ACALL  DELA
        INC    R0
        MOV    A,R3
        JNB    0E5H,LOOP3
        RL     A
        MOV    R3,A
        AJMP   LOOP4
LOOP3:  RET
TAB1:   DB     3FH,06H,5BH,4FH,66H
        DB     6DH,7DH,07H,7FH,6FH
TAB2:   DB     0BFH,86H,0DBH,0CFH,0E6H
        DB     0EDH,0FDH,87H,0FFH,0EFH
DELA:   MOV    R4,#02H
DL1:    MOV    R5,#0FFH
        DJNZ   R5,$
        DJNZ   R4,DL1
        RET
```

9.4.3 存储电路的设计

电能表在停电时必须具备保存数据的能力。一种方法是采用普通的数据存储器存储数据，停电时采用备用电池供电，但存在电池不可靠及扩展存储芯片占用单片机过多口线的缺点。采用具有 I^2C 总线接口的串行 E^2PROM 器件可以很好地解决掉电数据保持问题。本设计采用 24LC16B 数据存储器，其存储容量为 2KB。

1. 24LC16B 引脚配置与引脚功能

24LC16B 的封装形式有 DIP8、SOIC8 和 SOIC14 这 3 种。本设计采用 8 脚双列直插式封装(DIP8)，如图 9.14 所示，各引脚功能如下：

● SCL：串行时钟输入端。

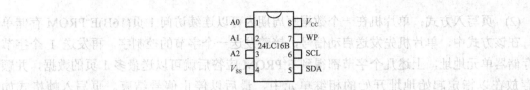

图 9.14　24LC16B 引脚排列

- SDA：串行数据输入/输出(或地址输入)端。
- WP：写保护输入端。用于硬件数据保护，当其为低电平时，可以对整个存储器进行正常的读/写操作。当其为高电平时，存储器具有写保护功能，被保护部分的读操作不受影响。
- A0、A1、A2：页面选择地址输入端。
- V_{CC}、V_{SS}：+5V 电源端、接地端。

2. 存储结构与寻址

24LC16B 的存储容量为 2KB，内部分成 8 个存储区域，每个存储区容量为 256B，操作时有芯片寻址及片内子地址寻址。

- 芯片寻址：24LC16B 的芯片地址为 1010，其地址控制字格式为 1010A2A1A0 R/W。其中 A2、A1、A0 为片内存储区域选择位，R/W 为芯片读/写控制位，该位为 0 表示对芯片进行写操作，该位为 1 表示对芯片进行读操作。
- 片内子地址寻址：芯片寻址可指定进行芯片读/写的 8 个存储区之一，具体寻址片内某个子地址(字节地址)另需一个字节的子地址，其寻址范围为 00H～FFH，共 256 个寻址单元。

3. 读/写操作时序

串行 E^2PROM 一般有两种写入方式：一种是字节写入方式；另一种是页写入方式。页写入方式允许在一个写周期内(10ms 左右)对一个字节到一页的若干字节进行编程写入，24LC16B 的页面大小为 16B。采用页写方式可提高写入效率，但应注意不要造成页地址空间的"翻卷"。

(1) 字节写入方式：单片机在一次数据帧中只访问 E^2PROM 一个单元。在这种方式下，单片机先发送启动信号，然后发送一个字节的控制字，再发送一个字节的存储器单元子地址，上述几个字节都得到 E^2PROM 响应后，再发送 8 位数据，最后发送 1 位停止信号。发送帧格式如图 9.15 所示。

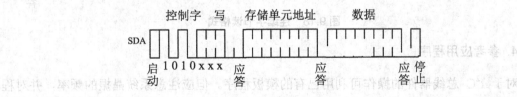

图 9.15　字节写入格式

(2) 页写入方式：单片机在一个数据写周期内可以连续访问 1 页(16B)E²PROM 存储单元。在该方式中，单片机先发送启动信号，接着发送一个字节的控制字，再发送 1 个字节的存储器单元地址，上述几个字节都得到 E²PROM 应答后就可以送最多 1 页的数据，并顺序存放在以指定起始地址开始的相继单元中，最后以停止信号结束。页写入帧格式如图 9.16 所示。

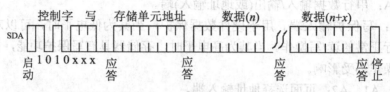

图 9.16 页写入帧格式

(3) 指定地址读操作：读指定地址单元的数据。单片机在启动信号后首先发送含有片选地址的写操作控制字，E²PROM 应答后再发送 1B(2KB 以内的 E²PROM)的指定单元的地址，E²PROM 应答后再发送 1 个含有片选地址的读操作控制字，此时如果 E²PROM 作出应答，被访问单元的数据就会按 SCL 信号同步出现在串行数据/地址线 SDA 上。这种读操作的数据帧格式如图 9.17 所示。

图 9.17 指定地址字节读格式

(4) 指定地址连续读：此种方式的读地址控制与前面指定地址读相同。单片机接收到每个字节数据后应做出应答，只要 E²PROM 检测到应答信号，其内部的地址寄存器就自动加 1 指向下一个单元，并顺序将指向单元的数据送到 SDA 串行数据线上。当需要结束读操作时，单片机接收到数据后在需要应答的时刻发送一个非应答信号，接着再发送一个停止信号即可。这种读操作的数据帧格式如图 9.18 所示。

图 9.18 连续字节读格式

4. 参考应用程序

对于 I²C 总线器件的操作可利用已有的模板程序。但应注意系统晶振的频率，并对程序作适当的调整，以保证操作时序的要求，特别是要保证写操作的时间(10ms 左右)。本例中定义单片机 P1.5 脚为 E²PROM 数据线 SDA，P1.4 脚为时钟控制线 SCL，发送数据缓冲区为 20H，接收数据缓冲区为 38H。

存储程序流程图如图 9.19 所示，其中图 9.19(a)所示为主程序流程图；图 9.19(b)所示为写数据模块流程图；图 9.19(c)所示为读数据模块流程图；图 9.19(d)所示为写数据子模块流程图；图 9.19(e)所示为读数据子模块流程图。

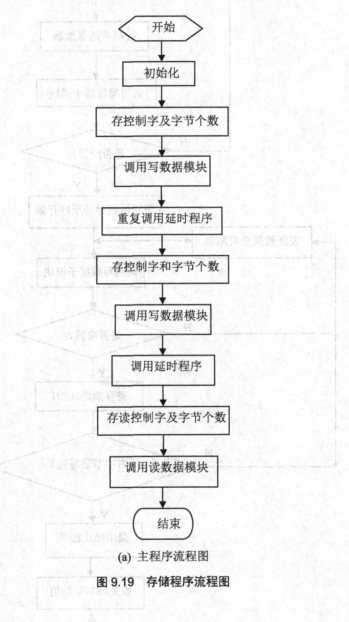

(a) 主程序流程图

图 9.19 存储程序流程图

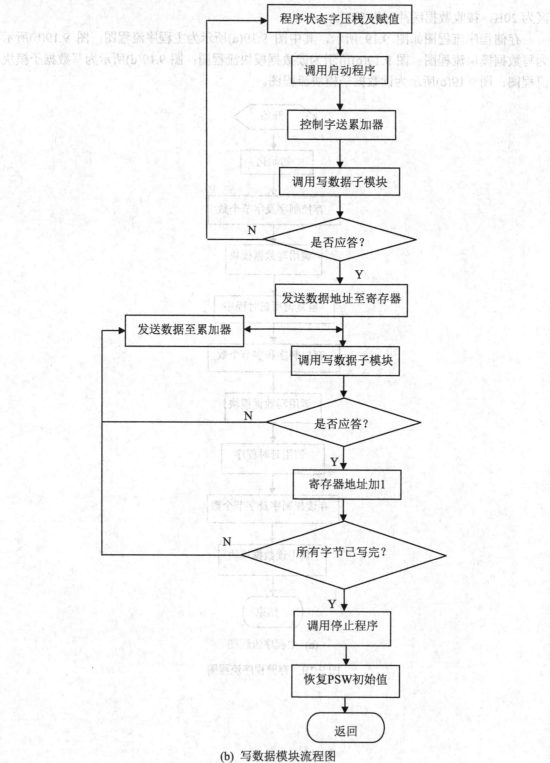

(b) 写数据模块流程图

图 9.19 （续一）

第 9 章 单片机应用系统的开发

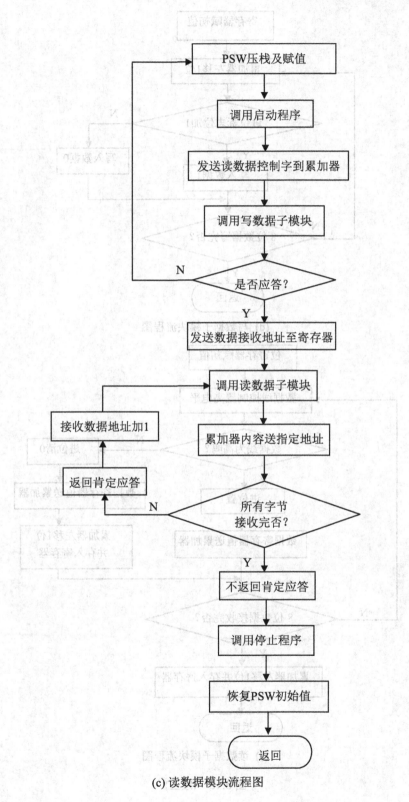

(c) 读数据模块流程图

图 9.19 （续二）

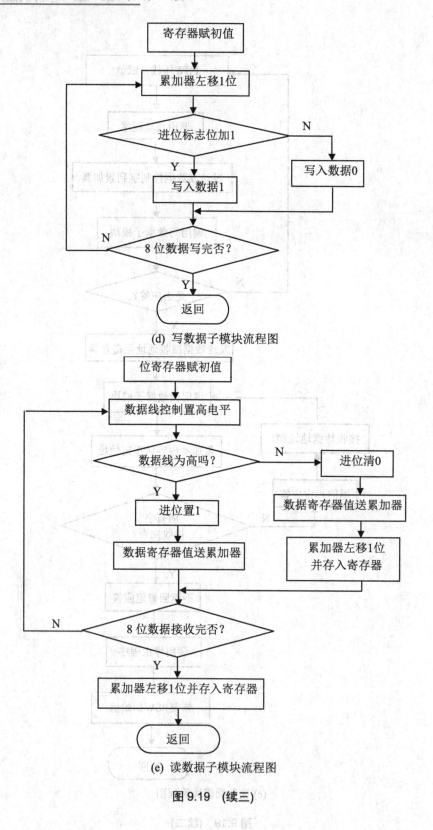

(d) 写数据子模块流程图

(e) 读数据子模块流程图

图 9.19 （续三）

第9章 单片机应用系统的开发

程序清单如下：

;主程序

```
            SDA     BIT  P1.5
            SCL     BIT  P1.4
            SLAW    EQU  0A0H
            SLAR    EQU  0A1H
            SLA     EQU  30H
            MTD     EQU  20H
            MRD     EQU  38H
            NUMBYT  EQU  10H
            MOV     SP,#50H
IIC:        MOV     SLA ,#SLAW
            MOV     NUMBYT,#07H
            CALL    WRNBYT
            CALL    DELAY
            CALL    DELAY
            MOV     SLA ,#SLAW
            MOV     NUMBYT, #01H
            CALL    WRNBYT
            CALL    DELAY
            CALL    DELAY
            MOV     SLA ,#SLAR
            MOV     NUMBYT,#06H
            CALL    RDNBYT
            NOP
            RET;
```

I^2C 总线应用模板程序如下：

```
STA:        SETB    SDA
            SETB    SCL
            NOP
            NOP
            NOP
            NOP
            CLR     SDA
            NOP
            NOP
            NOP
            NOP
            CLR     SCL
            RET
STOP:       CLR     SDA
            SETB    SCL
            NOP
            NOP
            NOP
            NOP
            SETB    SDA
```

```
              NOP
              NOP
              NOP
              NOP
       CLR    SCL
       RET
MACK:  CLR    SDA
       SETB   SCL
       NOP
       NOP
       NOP
       NOP
       CLR    SCL
       SETB   SDA
       RET
MNACK: SETB   SDA
       SETB   SCL
       NOP
       NOP
       NOP
       NOP
       CLR    SCL
       CLR    SDA
       RET
CACK:  SETB   SDA
       SETB   SCL
       CLR    F0
       NOP
       NOP
       JNB    SDA,CEND
       SETB   F0
CEND:  CLR    SCL
       NOP
       NOP
       NOP
       NOP
       RET
WRBYT: MOV    R0,#08H
WLP:   RLC    A
       JC     WR1
       AJMP   WR0
WLP1:  DJNZ   R0,WLP
       RET
WR1:   SETB   SDA
       SETB   SCL
       NOP
       NOP
       NOP
       NOP
```

```
            CLR     SCL
            CLR     SDA
            AJMP    WLP1
WR0:        CLR     SDA
            SETB    SCL
            NOP
            NOP
            NOP
            NOP
            CLR     SCL
            AJMP    WLP1
RDBYT:      MOV     R0,#08H
RLP:        SETB    SDA
            SETB    SCL
            JNB     SDA,RD0
            AJMP    RD1
RLP1:       DJNZ    R0,RLP
            RET
RD0:        CLR     C
            MOV     A,R2
            RLC     A
            MOV     R2,A
            CLR     SCL
            AJMP    RLP1
RD1:        SETB    C
            MOV     A,R2
            RLC     A
            MOV     R2,A
            CLR     SCL
            AJMP    RLP1
WRNBYT:     PUSH    PSW
            MOV     PSW,#18H
            CALL    STA
            MOV     A,SLA
            CALL    WRBYT
            CALL    CACK
            JB      F0,WRNBYT
            MOV     R1,#MTD
WRDA:       MOV     A,@R1
            CALL    WRBYT
            CALL    CACK
            JB      F0,WRNBYT
            INC     R1
            DJNZ    NUMBYT,WRDA
            CALL    STOP
            POP     PSW
            RET
RDNBYT:     PUSH    PSW
            MOV     PSW,#18H
```

```
            CALL    STA
            MOV     A,SLA
            CALL    WRBYT
            CALL    CACK
            JB      F0,RDNBYT
RDN:        MOV     R1,#MRD
RDN1:       CALL    RDBYT
            MOV     @R1,A
            DJNZ    NUMBYT,ACK
            CALL    MNACK
            CALL    STOP
            POP     PSW
            RET
ACK:        CALL    MACK
            INC     R1
            SJMP    RDN1
DELAY:      MOV     R4,#02H
DEL2:       MOV     R3,#0FFH
DEL1:       NOP
            NOP
            DJNZ    R3,DEL1
            DJNZ    R4,DEL2
            RET
```

9.4.4 单片机系统电路设计

1. 系统电路及数据采集原理

本系统采用 89S52 单片机。该芯片具有与 8031 兼容的指令集及相同的外引脚封装。该芯片内部具有 8KB 闪速程序存储器及 256B 的 RAM，并具有内部看门狗电路，应用电路如图 9.20 所示。

工作时，由 AD7755 采集到的电能脉冲输入到单片机的 14 脚，单片机对输入的电能脉冲进行计数、处理，每采集到 1600 个脉冲记为一度电，并将处理后的数据存入外部数据存储器 24LC16B，利用 J1 将测得的电量送至 LED 显示器进行动态显示。在多户表系统应用时，应利用 P0 口作地址识别，可在串口接 485 转换电路以使各系统之间相互通信，从而实现集中控制。

2. 数据采集程序编写

数据采集程序流程图如图 9.21 所示，程序清单如下：

```
CHA:    MOV     R1,#21H
        JB      P3.4,QINGL
        LCALL   DEL
        JB      P3.4,QINGL
        JB      F0,PLUS
        SJMP    LOP1
```

第9章 单片机应用系统的开发

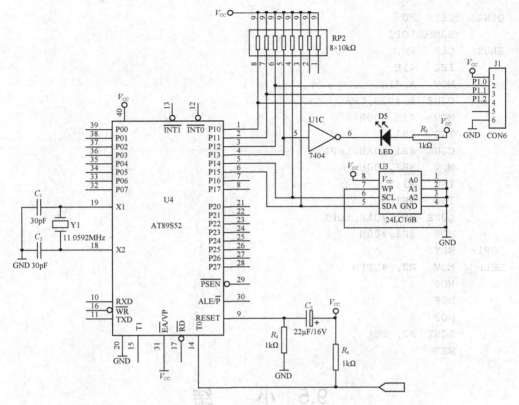

图 9.20 单片机系统应用电路

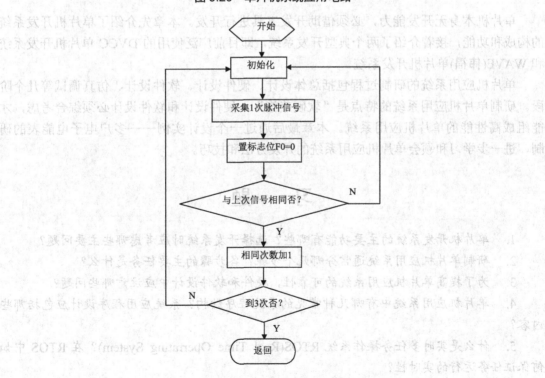

图 9.21 数据采集程序流程图

```
QINGL:  SETB  F0
        SJMP  LOP1
PLUS:   CLR   F0
        INC   41H
        MOV   A,41H
        CJNE  A,#03H,CHA
        MOV   41H,#00H
        INC   @R1
        CJNE  @R1,#0AH,LOP1
        MOV   @R1,#00H
        INC   R1
        INC   @R1
        CJNE  @R1,#0AH,LOP1
        MOV   @R1,#00H
LOP1:   RET
DEL:    MOV   R2, #0FFH
        NOP
        NOP
        NOP
        DJNZ  R2, DEL
        RET
```

9.5 小　　结

单片机本身无开发能力，必须借助开发工具进行开发。本章先介绍了单片机开发系统的构成和功能，接着介绍了两个典型开发系统，即目前广泛使用的 DVCC 单片机开发系统和 WAVE(伟福)单片机开发系统。

单片机应用系统的研制过程包括总体设计、硬件设计、软件设计、仿真调试等几个阶段。研制单片机应用系统的特点是"软硬兼施"，硬件设计和软件设计必须综合考虑，才能组成高性能的单片机应用系统。本章最后通过一个设计实例——多户电子电能表的研制，进一步学习和领会单片机应用系统的开发方法和技巧。

习　　题

1. 单片机开发系统的主要功能有哪些？选择开发系统时应考虑哪些主要问题？
2. 研制单片机应用系统通常分哪几个步骤？各步骤的主要任务是什么？
3. 为了提高单片机应用系统的可靠性，硬件和软件设计中应注意哪些问题？
4. 单片机应用系统中有哪几种常见的系统程序结构？系统应用程序设计应包括哪些内容？
5. 什么是实时多任务操作系统 RTOS(Real Time Operrating System)？在 RTOS 中如何保证任务运行的实时性？
6. 何为在线仿真开发？单片机应用系统如何进行软、硬件调试？

7. 试设计一个能对 48 点进行监测的防盗报警系统，若出现警情可进行声光报警，并用数字显示报警点。要求画出硬件电路框图和软件流程图。

8. 试设计一个十字路口交通灯控制系统。该系统要求显示 50s 倒计数时间，当计时到需变换红绿灯前 10s，各方向路口均显示黄灯。

第10章 实训练习——实用程序的设计

本章要点

- 单片机典型应用系统的控制原理
- 单片机典型应用系统软、硬件设计

本章介绍单片机应用的一些实用程序,应掌握这些典型应用系统的控制原理、硬件、软件设计。这些典型应用系统可以作为本课程的课程实训或课程设计的选题,也可供进行其他单片机应用系统开发时参考。

10.1 单片机交通灯控制器

10.1.1 控制任务与控制原理

1. 控制任务

用单片机实现十字路口交通信号灯的控制,完成系统的软、硬件设计及调试。

在正常情况下,交通信号灯的控制时序如图 10.1 所示。设东西方向、南北方向紧急切换按钮各一个,当紧急按钮按下时,相应方向紧急切换为"绿"灯,以便特种车辆通行。

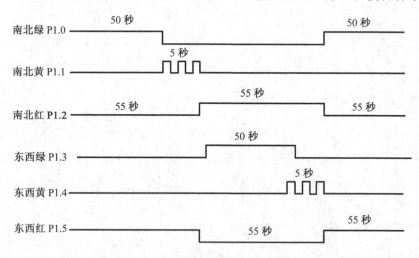

图 10.1 交通信号灯的控制时序

2. 原理概述

交通信号灯系统的控制主要以时间原则实现,延时可通过软件延时和定时器延时两种方法来实现。软件延时可先编写一段延时 1s 的子程序,然后在主程序中反复调用延时子程序，如需要延时 2s，则需调用延时子程序两次，如需 50s 延时则只需调用延时子程序 50 次并送出控制信号控制相应的交通灯即可；定时器延时可通过单片机内部定时器 T0 或 T1 产生中断来实现计时，如设 T0 工作在定时器工作方式 1，每 100ms 产生一次中断，在中断服务程序中实现需要的延时，送出信号控制相应的交通灯。

紧急切换按钮可采用中断或查询两种方法实现。

数码管的扩展可参照 10.3 节的单片机作息时间钟显示器的扩展方法，或由其他的方法实现显示器的扩展。

10.1.2 系统硬件设计

交通信号灯控制的参考电路原理如图 10.2 所示。

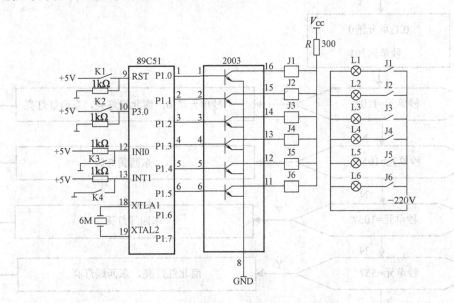

图 10.2 交通信号灯控制的参考电路原理

10.1.3 系统软件设计

1. 存储器规划及相关定义

存储器规划及相关定义如表 10.1 所示。

表 10.1 存储器规划及相关定义

内存单元或输出口	功能定义	内存单元或输出口	功能定义
26H	0.1s 单元	P1.2	南北红灯
27H	秒单元	P1.3	东西绿灯
P1.0	南北绿灯	P1.4	东西黄灯
P1.1	南北黄灯	P1.5	东西红灯

2. 软件系统框图

T0 中断服务程序框图如图 10.3 所示。

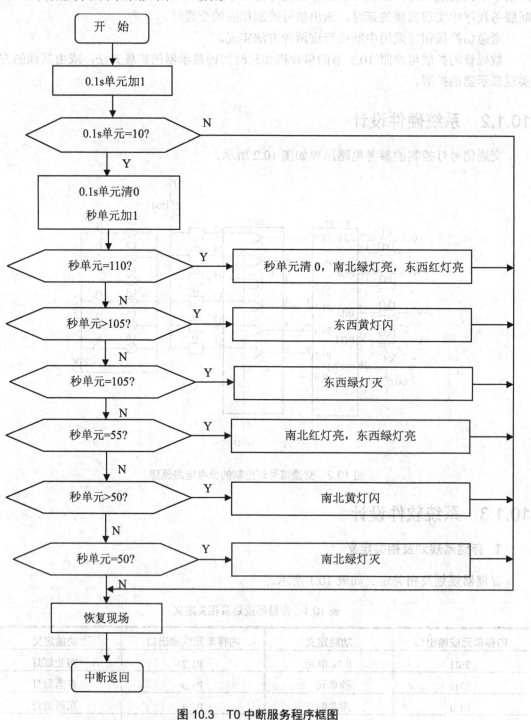

图 10.3 T0 中断服务程序框图

图 10.4 所示是利用查询方式实现紧急切换的参考程序框图。

第 10 章 实训练习——实用程序的设计

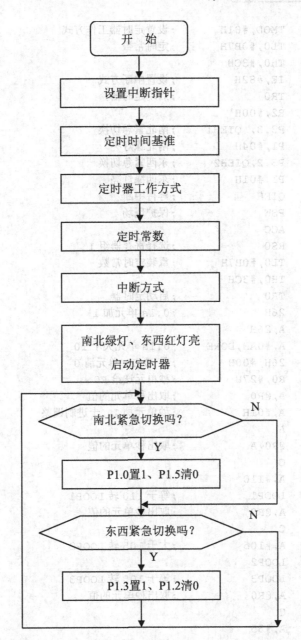

图 10.4 利用查询方式实现紧急切换的参考程序框图

3. 参考程序

```
        ORG    0000H
        LJMP   MAIN
        ORG    000BH
        LJMP   CLOCK
MAIN:   MOV    SP,#5AH       ;设置堆栈指针
        MOV    26H,#00H      ;秒单元、0.1s 单元置初值
        MOV    27H,#00H
        MOV    P1,#21H
```

```
            MOV     TMOD,#01H       ;设置定时器工作方式
            MOV     TL0,#0B7H       ;定时常数
            MOV     TH0,#3CH
            MOV     IE,#82H         ;设置中断方式
            SETB    TR0             ;启动定时器
            MOV     R2,#00H
QIEH:       JB      P3.3,QIEH1      ;南北紧急切换
            MOV     P1,#04H         ;南北绿灯亮
QIEH1:      JB      P3.2,QIEH2      ;东西紧急切换
            MOV     P1,#01H         ;东西绿灯亮
QIEH2:      LJMP    QIEH            ;等待中断
CLOCK:      PUSH    PSW             ;保护现场
            PUSH    ACC
            SETB    RS0             ;选择寄存器组1
            MOV     TL0,#0B7H       ;重装定时常数
            MOV     TH0,#3CH
            SETB    TR0             ;启动定时器
            INC     26H             ;0.1s 单元加 1
            MOV     A,26H
            CJNE    A,#0AH,DONE     ;0.1s 单元大于 10
            MOV     26H,#00H        ;是,0.1s 单元清 0
            MOV     R0,#27H         ;秒单元送给 R0
            MOV     A,@R0           ;取出秒单元的值
            ADD     A,#01H          ;秒单元加 1,十进制调整
            DA      A
            MOV     @R0,A           ;取出秒单元的值
            CLR     C
            SUBB    A,#110
            JZ      LOOP1           ;等于 110 转 LOOP1
            MOV     A,@R0           ;取出秒单元的值
            CLR     C
            SUBB    A,#105          ;大于 105 转 LOOP2
            JNC     LOOP2
            JZ      LOOP3           ;等于 105 转 LOOP3
            MOV     A,@R0           ;取出秒单元的值
            CLR     C
            SUBB    A,#55
            JZ      LOOP4           ;等于 55 转 LOOP4
            MOV     A,@R0           ;取出秒单元的值
            CLR     C
            SUBB    A,#50
            JZ      LOOP6           ;等于 50,南北绿灯灭
            JC      DONE
            MOV     A,@R0           ;大于 50 小于 55,南北黄灯闪
            CLR     C
            SUBB    A,#55
            JC      LOOP5           ;南北黄灯闪
            LJMP    DONE            ;转 DONE
LOOP1:      MOV     27H,#00H        ;秒单元清 0
```

```
            SETB    P1.0            ;南北绿灯亮，东西红灯亮
            SETB    P1.5
            CLR     P1.2            ;南北红灯灭
            CLR     P1.4            ;东西黄灯灭
            LJMP    DONE
LOOP2:      CPL     P1.4            ;东西黄灯闪
            CLR     P1.3
            LJMP    DONE
LOOP3:      CLR     P1.3            ;东西绿灯灭
            LJMP    DONE
LOOP4:      SETB    P1.2            ;南北红灯亮，东西绿灯亮
            SETB    P1.3
            CLR     P1.1            ;南北黄灯灭
            CLR     P1.5            ;东西红灯灭
            LJMP    DONE
LOOP5:      CPL     P1.1            ;南北黄灯闪
            CLR     P1.0            ;南北绿灯灭
            LJMP    DONE
LOOP6:      CLR     P1.0            ;南北绿灯灭
            LJMP    DONE
DONE:       POP     ACC
            POP     PSW
            RETI
            END
```

10.1.4 要点与思考内容

1. 要点总结

(1) 本实训使用了 MCS-51 的内部定时器 T0 及其中断功能。
(2) 在硬件上使用了 7 管驱动电路。

2. 思考内容

(1) 用软件延时代替定时器编写并调试程序，使其具有所要求的功能。
(2) 完成显示器的接线及显示程序编写。

10.2 单片机低频信号发生器

10.2.1 控制任务与控制原理

1. 控制任务

(1) 设计的单片机系统能够输出锯齿波、方波、三角波及正弦波 4 种基本波形。
(2) 输出的每一种波形至少要有 4 种可选频率，或频率可调。
(3) 输出波形的频率用 6 位数码管显示。

2. 原理概述

单片机通过扩展 D/A 接口，结合灵活的编程可方便地产生各种低频信号。低频信号发生器的软件设计：首先要设计出能产生锯齿波、方波、三角波和正弦波的基本程序；其次，要综合考虑设计出的各种波的周期，在产生各种波的程序中增加软件延时，使送出的各种低频信号的周期一致；最后再加入根据 20H 单元中的内容进行延时的延时程序，只要 20H 单元中的内容发生变化，那么相应的锯齿波、方波、三角波、正弦波的周期变化值是一样的，即 20H 中的内容决定低频信号的频率，利用软件查询方式或中断方式就可改变 20H 中的内容，从而使低频信号的频率可调。当然，输出波形的频率就可根据 20H 中的内容来显示。

单片机产生正弦波的方法如下。

单片机不能直接产生正弦波，它只能产生如图 10.5 所示的阶梯波来向正弦波逼近，在一个周期内阶梯波的阶梯数越多，单片机输出的波形越接近正弦波。先假定正弦波的振幅为 2.56V，则波谷对应的数字量为最小值 00H，波峰对应的数字量为最大值 FFH，然后将正弦波的第一个周期的波形按角度均分为若干等份，并计算出各点对应的电压值，电压值计算方法为

$$V_x = 5.0(1+\sin x)$$

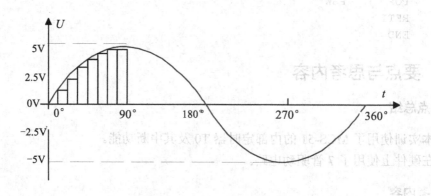

图 10.5　阶梯波逼近正弦波

因为 00H～FFH 对应的数字量为 0～256，所以根据算出的电压就可直接写出各点所对应的数字量。各点对应的角度、正弦值、输出电压值及数字量如表 10.2 所示。

在单片机中将一个周期的数字量存入一定的存储区域中，然后依次循环取出这些数字量，并送 D/A 电路转换成阶梯波，即近似的正弦波输出。输出正弦波的幅值可通过 D/A 转换电路实现，频率可通过软件延时来实现。

表 10.2　数据量

x	$\sin x$	输出电压/V	数字量	x	$\sin x$	输出电压/V	数字量
0	0	2.5	127	180	0	2.5	127
5	0.087156	2.717889	138	185	−0.087153	2.282117	116

续表

x	sinx	输出电压/V	数字量	x	sinx	输出电压/V	数字量
10	0.173648	2.93412	149	190	−0.1736454	2.065886	105
15	0.258819	3.147047	160	195	−0.2588163	1.852959	94
20	0.34202	3.35505	171	200	−0.3420174	1.644957	83
25	0.422618	3.556545	181	205	−0.4226155	1.443461	73
30	0.5	3.749999	191	210	−0.4999973	1.250007	63
35	0.573576	3.93394	200	215	−0.5735738	1.066065	54
40	0.642787	4.106968	209	220	−0.6427851	0.893037	45
45	0.707106	4.267766	217	225	−0.7071044	0.732239	37
50	0.766044	4.41511	225	230	−0.7660423	0.584894	29
55	0.819152	4.547879	231	235	−0.8191501	0.452125	23
60	0.866025	4.665062	237	240	−0.8660236	0.334941	17
65	0.906307	4.765768	243	245	−0.9063063	0.234234	11
70	0.939692	4.849231	247	250	−0.9396914	0.150772	7
75	0.965926	4.914814	250	255	−0.9659249	0.085188	4
80	0.984808	4.962019	253	260	−0.9848071	0.037982	1
85	0.996195	4.990486	254	265	−0.9961944	0.009514	0
90	1	5	254	270	−1	0	0
95	0.996195	4.990487	254	275	−0.9961951	0.009512	0
100	0.984808	4.96202	253	280	−0.9848085	0.037979	1
105	0.965926	4.914816	250	285	−0.9659269	0.085183	4
110	0.939693	4.849233	247	290	−0.9396941	0.150765	7
115	0.906309	4.765771	243	295	−0.9063096	0.234226	11
120	0.866026	4.665066	237	300	−0.8660276	0.334931	17
125	0.819153	4.547883	231	305	−0.8191546	0.452113	23
130	0.766046	4.415114	225	310	−0.7660474	0.584882	29
135	0.707108	4.26777	217	315	−0.7071101	0.732225	37
140	0.642789	4.106973	209	320	−0.6427912	0.893022	45
145	0.573578	3.933945	200	325	−0.5735804	1.066049	54
150	0.500002	3.750005	191	330	−0.5000042	1.249989	63
155	0.42262	3.556551	181	335	−0.4226227	1.443443	73
160	0.342022	3.355056	171	340	−0.3420249	1.644938	83
165	0.258821	3.147053	160	345	−0.258824	1.85294	94
170	0.173651	2.934127	149	350	−0.1736533	2.065867	105
175	0.087158	2.717896	138	355	−0.087161	2.282098	116
180	0	2.5	127	360	0	2.5	127

10.2.2 系统硬件设计

参考电路原理如图 10.6 所示。

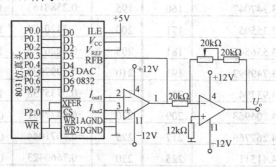

图 10.6 低频信号发生器参考电路原理

硬件扩展：首先需要扩展 D/A 转换接口，其次可通过在 INT0 端设置按钮改变 20H 中的内容；波形的选择可通过 P1 口来完成，设 P1.0 为锯齿波信号选择开关，P1.1 为方波信号选择开关，P1.2 为三角波信号选择开关，P1.3 为正弦波信号选择开关，然后将这些开关的状态经过一个或门接到 INT1 上，利用中断与查询相结合的方式进行波形选择。

10.2.3 系统软件设计

1. 软件系统框图

产生各种低频信号波形的程序框图如图 10.7～图 10.9 所示。波形选择子程序、频率选择子程序、显示子程序及主程序框图需要自己编写完成。

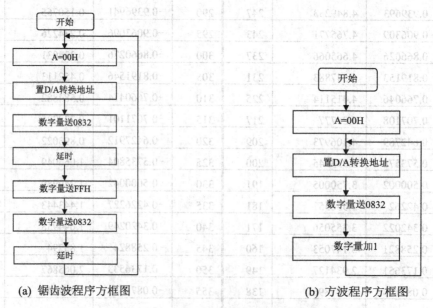

(a) 锯齿波程序方框图　　　　(b) 方波程序方框图

图 10.7 产生锯齿波和方波波形的程序框图

第 10 章 实训练习——实用程序的设计

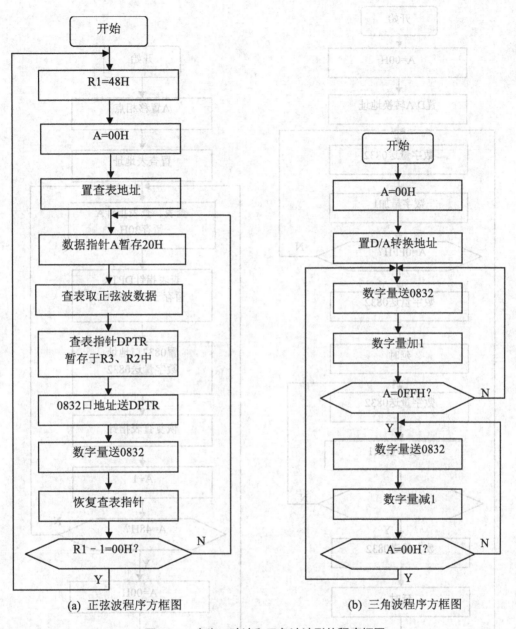

图 10.8 产生正弦波和三角波波形的程序框图

2. 部分参考程序

(1) 锯齿波程序：

```
        ORG   1000H
        MOV   A,#00H
        MOV   DPTR,#0FEFFH    ;0832 口地址送 DPTR 中
LOOP:   MOVX  @DPTR,A         ;循环送 00H～FFH 的数字量到 0832
        INC   A
        AJMP  LOOP
```

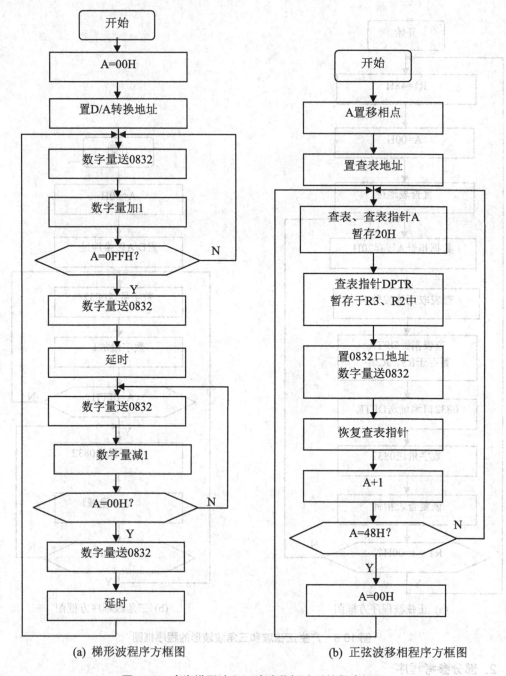

(a) 梯形波程序方框图　　(b) 正弦波移相程序方框图

图 10.9　产生梯形波和正弦波移相波形的程序框图

(2) 方波程序：

```
        ORG     2000H
        MOV     DPTR,#0FEFFH        ;0832 口地址送 DPTR 中
        MOV     A,#00H
LOOP1:  MOVX    @DPTR,A             ;循环送 00H 或 FFH 的数字量到 0832
        MOV     R1,#0FFH
D1:     DJNZ    R1,D1
```

```
                CPL     A
                LJMP    LOOP1
```

(3) 三角波程序：

```
                ORG     3000H
                MOV     DPTR,#0FEFFH        ;0832 口地址送 DPTR 中
                MOV     A,#00H
LOOP2:          MOVX    @DPTR,A             ;循环送 00H~FFH 的数字量到 0832
                INC     A
                CJNE    A,#0FFH,LOOP2
D2:             MOVX    @DPTR,A             ;循环送 FFH~00H 的数字量到 0832
                INC     A
                DEC     A
                CJNE    A,#00H,D2
                LJMP    LOOP2
```

(4) 梯形波程序：

```
                ORG     4000H
                MOV     DPTR,#0FEFFH        ;0832 口地址送 DPTR 中
                MOV     A,#0
LOOP3:          MOVX    @DPTR,A             ;循环送 00H~FFH 的数字量到 0832
                INC     A
                CJNE    A,#0FFH,LOOP3
                MOV     R7,#0FFH            ;0832 输出保持高电平
D3:             DJNZ    R7,D3
D4:             MOVX    @DPTR,A             ;循环送 FFH~00H 的数字量到 0832
                DEC     A
                CJNE    A,#00H,D4
                MOV     R7,#0FFH
D5:             DJNZ    R7,D5               ;0832 输出保持低电平
                LJMP    LOOP3
```

(5) 正弦波程序：

```
                ORG     5000H
START:          MOV     R1,#72              ;共 72 个数据
                MOV     A,#00H              ;数据项指针
                MOV     DPTR,#6000H         ;查表指针
LOOP4:          MOV     20H,A               ;数据项指针暂存
                MOVC    A,@A+DPTR           ;查表取数据
                MOV     R2,DPL              ;查表指针暂存
                MOV     R3,DPH
                MOV     DPTR,#0FEFFH        ;0832 口地址送 DPTR 中
                MOVX    @DPTR,A             ;数据送 0832
                MOV     DPL,R2              ;恢复查表指针
                MOV     DPH,R3
                MOV     A,20H               ;恢复数据项指针
                INC     A                   ;指到下一个数据项
                DJNZ    R1,LOOP4            ;循环送数
```

```
              LJMP     START
```

(6) 移相正弦波程序

```
              ORG      6000H
START:        MOV      R1,#72           ;共 72 个数据
              MOV      A,#25            ;数据项指针
              MOV      DPTR,#6000H      ;查表指针
LOOP5:        MOV      20H,A            ;数据项指针暂存
              MOVC     A,@A+DPTR        ;查表取数据
              MOV      R2,DPL           ;查表指针暂存
              MOV      R3,DPH
              MOV      DPTR,#0FEFFH     ;0832 口地址送 DPTR 中
              MOVX     @DPTR,A          ;数据送 0832
              MOV      DPL,R2           ;恢复查表指针
              MOV      DPH,R3
              MOV      A,20H            ;恢复数据项指针
              INC      A                ;指到下一个数据项
              CJNE     A,#48H,LOOP5     ;循环送数
              LJMP     LOOP5
```

10.2.4 要点与思考内容

1. 要点

(1) 本实训扩展了 D/A 转换器 DA0832。
(2) 提供了用计算机输出典型波形的思路及算法。

2. 思考内容

(1) 因为单片机的速度关系，只能产生较低频率的信号，如需提高频率，应怎样解决？
(2) 如要求输出正弦波的失真度更小，应怎样解决？

10.3 学校作息时间单片机控制

10.3.1 控制任务与控制原理

1. 控制任务

作息时间单片机控制器不仅可模拟电子钟显示时、分、秒，还可根据学校的作息时间按时打铃、播放音乐和广播体操及其他节目等。本系统设有两个按钮，分别用来调时调分，以保证时钟与标准时间相吻合。

2. 控制原理概述

本设计范例通过 MCS-51 单片机内部定时器 T0 产生中断来实现计时。设定 T0 工作在

定时器工作方式 1，每 100ms 产生一次中断，利用软件将基准 100ms(1/10s)单元进行累加计数。当定时器产生 10 次中断后就产生了 1s 信号，这时秒单元加 1，同理，可对分单元和时单元计数，从而产生秒、分、时的值，通过连接在 8155 的 A 口、B 口上的 6 位 7 段显示器进行显示。

把学校的作息时间预先制成表格存入 EPROM 数据区中，利用软件每过 1s 将当前时间与数据区时间相比较，相等说明要进行某一控制。从而可实现打铃、息铃、播放广播操等控制。

数据区中每一项时间控制字需要占用 8 个存储单元，示意如表 10.3 所示。

表 10.3　时间控制字的存储单元

启动装置时间				关闭装置时间			
控制码 1	时	分	秒	控制码 2	时	分	秒

设 8031 单片机的 P1.0 用作电铃的开启和关闭，P1.4 用作广播的开启和关闭，控制码的定义如表 10.4 所示。

表 10.4　控制码的定义

控 制 码	功　　能	对应输出口
FEH	启动电铃	P1.0 控制电铃
EFH	启动广播	P1.4 控制广播
FFH	关闭装置	P1.0、P1.4 均输出关闭信号
00H	数据区结束	

根据作息时间编制的数据区如表 10.5 所示。

表 10.5　根据作息时间编制的数据区

作息时间		地　　址	数据区(时间控制字)	
6.40	起床	1010～1017H	FE064000	FF064015
6.50	早操	1018～101FH	EF065000	FF065015
7.15	早饭			
8.00	预备铃	1020～1027H	FE080000	FF080015
8.10～8.55	第一节课	1028～102FH	FE081000	FF081015
		1030～103FH	FE085500	FF085515
9.05～9.50	第二节课	1038～103FH	FE090500	FF090515
		1040～1047H	FE095000	FF095015
9.55～9.59	课间操	1048～104FH	EF095500	FF095900
10.20～11.05	第三节课	1050～1057H	FE102000	FF102015
		1058～105FH	FE110500	FF110515
11.15～12.00	第四节课	1060～1067H	FE111500	FF111515

续表

作息时间		地 址	数据区(时间控制字)	
		1068~106FH	FE120000	FF120015
12.15~14.30	午饭及午休	1070~1077H	FE143000	FF143015
14.40~15.25	第五节课	1078~107FH	FE152500	FF152515
15.35~16.20	第六节课	1080~1087H	FE153500	FF153515
		1088~108FH	FE162000	FF162015
16.30	课外活动	1090~1097H	EF163000	FF173000
17.00	晚饭			
19.30~21.30	晚自习	1098~109FH	FE193000	FF193015
		10A0~10A8H	FE213000	FF213015

10.3.2 系统硬件设计

1. 硬件组成框图

硬件组成框图如图 10.10 所示。

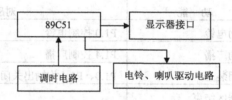

图 10.10 硬件组成框图

2. 参考电路原理图

参考电路如图 10.11 所示。

(1) 显示器参考接线。

8155 的 A 口地址为 21H，B 口地址为 22H，显示器采用动态扫描法进行显示；调试硬件的方法可采用向 A 口分别送数字 1~9 所对应的段码，然后分别选中各个数码管，使它们分别显示相应的数字。

(2) 控制装置参考接线方法。

P1.0 接电铃驱动电路。

P1.4 接喇叭驱动电路。

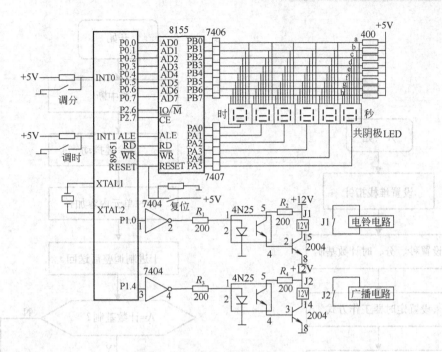

图 10.11 参考电路原理图

10.3.3 系统软件设计

1. 存储器规划及相关定义

程序所用到的数据存储单元安排如表 10.6 所示。

表 10.6 数据存储单元定义

RAM 地址	功能定义	RAM 地址	功能定义
26H	0.1s 计数单元	2CH	存放分计数基制
27H	秒计数单元	2DH	存放时计数基制
28H	分计数单元	2EH	保护数据区地址暂存
29H	时计数单元	3AH	操作码存储单元
2AH	计时单元加 1 暂存	38H、3BH	数据暂存单元
2BH	存放秒计数基制	4A～4F	显示缓冲区

2. 软件系统框图

软件系统框图如图 10.12～图 10.14 所示。其中图 10.12(a)所示为主程序框图；图 10.12(b)所示为 INT0、INT1 中断服务程序框图；图 10.13(a)所示为 T0 中断服务程序框图；图 10.13(b)所示为显示程序框图；图 10.14 所示为控制程序框图。

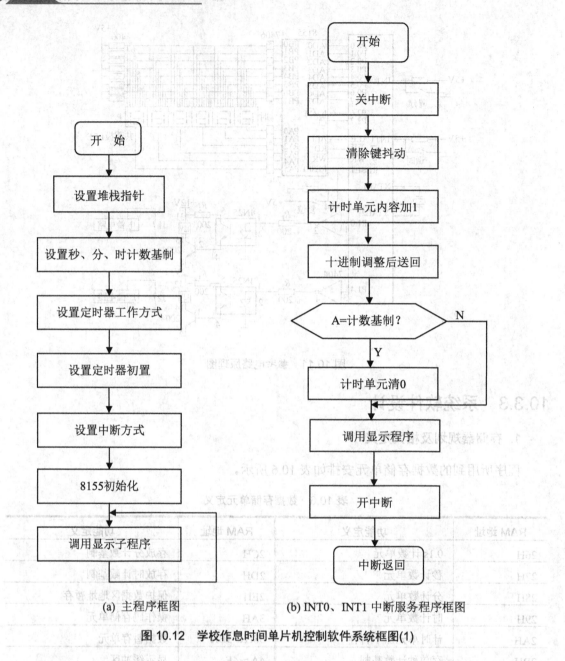

图 10.12 学校作息时间单片机控制软件系统框图(1)

第 10 章 实训练习——实用程序的设计

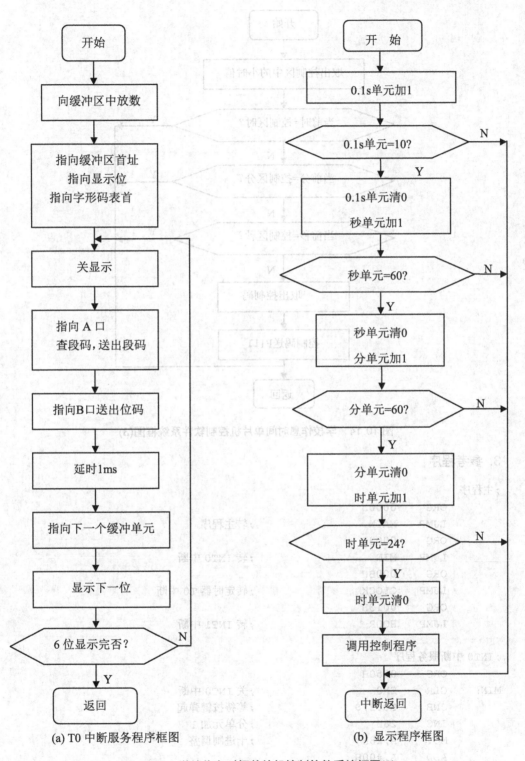

图 10.13 学校作息时间单片机控制软件系统框图(2)

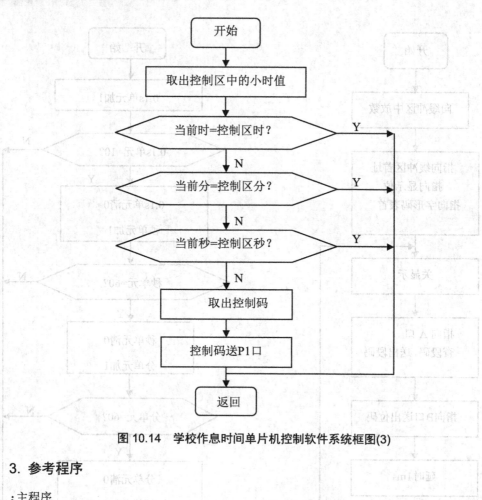

图 10.14 学校作息时间单片机控制软件系统框图(3)

3. 参考程序

;主程序

```
        ORG     0000H
        LJMP    MAIN            ;转主程序
        ORG     0003H
        LJMP    MIN             ;转 INT0 中断
        ORG     000BH
        LJMP    CLOCK           ;转定时器 T0 中断
        ORG     0013H
        LJMP    HOUR            ;转 INT1 中断
```

;INT0 中断服务程序

```
        ORG     0050H
MIN:    CLR     EX0             ;关 INT0 中断
        JNB     P3.2,$          ;等待按键弹起
        INC     28H             ;分单元加 1
        MOV     A,28H           ;十进制调整
        ADD     A,#00H
        DA      A
        MOV     28H,A
        CJNE    A,#60,L1        ;不等于计数基制调用显示子程序
```

第10章 实训练习——实用程序的设计

```
L1:     JC      DSUP2
        MOV     28H,#00H            ;分单元清 0
DSUP2:  LCALL   DSUP                ;调用显示子程序
        SETB    EX0                 ;开 INT0 中断
        RETI                        ;中断返回

                                    ;INT1 中断服务程序
HOUR:   CLR     EX1                 ;开 INT1 中断
        JNB     P3.3,$              ;消除键抖动
        INC     29H                 ;时单元加 1
        MOV     A,29H
        ADD     A,#00H              ;十进制调整
        DA      A
        MOV     29H,A
        CJNE    A,#24,L2            ;不等于计数基制转调显示子程序
L2:     JC      DSUP3
        MOV     29H,#00H            ;相等则时单元清 0
DSUP3:  LCALL   DSUP                ;调用显示子程序
        SETB    EX1                 ;开 INT1 中断
        RETI                        ;中断返回
MAIN:   MOV     A,#03H              ;8155 初始化
        MOV     DPTR,#4000H
        MOVX    @DPTR,A
        MOV     SP,#5AH             ;设堆栈指针
        MOV     2BH,#60             ;秒计数基制
        MOV     2CH,#60             ;分计数基制
        MOV     2DH,#24             ;时计数基制
        MOV     TMOD,#01H           ;定时器工作方式 1
        MOV     TL0,#0B0H           ;置 T0 初值
        MOV     TH0,#3CH
        MOV     IE,#87H             ;允许中断
        SETB    TR0                 ;启动定时器 T0
WAIT:   LCALL   DSUP                ;调用显示子程序
        LJMP    WAIT                ;循环
                                    ;显示程序
DSUP:   MOV     R0,#4FH             ;准备向缓冲区放数
        MOV     A,27H
        ACALL   PTDS                ;放秒值
        MOV     A,28H
        ACALL   PTDS                ;放分值
        MOV     A,29H
        ACALL   PTDS                ;放小时值
        MOV     R0,#4AH             ;指向缓冲区首址
        MOV     R2,#0FEH            ;左边第一位开始显示
        MOV     DPTR,#SEGPT         ;指向字形码表首
DSUP1:  MOV     A,#00H
        MOV     20H,DPL
        MOV     21H,DPH             ;熄灭码
        MOV     DPTR,#4001H         ;取显示缓冲区中的数
```

```
            MOV     A,#0FFH
            MOVX    @DPTR,A
            MOV     DPL,20H
            MOV     DPH,21H
            MOV     A,@R0
            MOVC    A,@A+DPTR          ;查表，找字形码
            CPL     A
            MOV     DPTR,#4002H
            MOVX    @DPTR,A            ;送出字形码
            MOV     A,R2               ;取字位码
            MOV     DPTR,#4001H        ;字位口地址
            MOVX    @DPTR,A
            MOV     DPL,20H
            MOV     DPH,21H            ;显示一位数
            MOV     R3,#00H
   DSUP4:   DJNZ    R3,DSUP4           ;延时一段时间
            INC     R0                 ;修改显示缓冲区指针
            CLR     C                  ;为移位作准备
            MOV     A,R2               ;取字位码
            RL      A                  ;右移一位，为显示下一位作准备
            MOV     R2,A               ;存位码
            JB      ACC.7,DSUP1        ;不到最后一位，则继续
            RET                        ;返回
   PTDS:    MOV     R1,A               ;暂存
            ACALL   PTDS1              ;低4位先放入缓冲区
            MOV     A,R1               ;取出原数
            SWAP    A                  ;高4位放入低4位中
   PTDS1:   ANL     A,#0FH             ;放进显示缓冲区
            MOV     @R0,A
            DEC     R0                 ;缓冲区地址指针减1
            RET

                                       ;T0中断服务程序
   CLOCK:   PUSH    PSW                ;保护现场
            PUSH    ACC
            SETB    RS0                ;选工作寄存器组1
            MOV     TL0,#0B7H          ;重装定时器T0初值
            MOV     TH0,#3CH
            INC     26H                ;0.1s单元加1
            MOV     A,26H              ;取0.1s单元内容
            CJNE    A,#0AH,DONE        ;不等于10转DONE
            MOV     26H,#00H           ;等于10，则清0.1s单元
            MOV     R0,#27H            ;指向秒计数单元
            MOV     R1,#2BH            ;指向秒计数单元基制
            MOV     R3,#03H            ;3次(秒、分、时)
   LOOP:    MOV     A,@R0              ;取计时单元的值
            ADD     A,#01H             ;加1
            DA      A
            MOV     @R0,A
```

```
            MOV     38H,@R1
            CJNE    A,38H,DONE0
            MOV     38H,@R1              ;暂存计时基制
            CJNE    A,38H,DONE0          ;不等于计时基制则转出
            MOV     @R0,#00H             ;相等则计时单元清 0
            INC     R0                   ;指向下一计时单元
            INC     R1                   ;指向下一计时基制单元
            DJNZ    R3,LOOP              ;秒、分、时共 3 次循环
DONE0:      ACALL   LOOP1                ;调用查看数据区子程序
DONE:       POP     ACC                  ;恢复现场
            POP     PSW
            RETI                         ;中断返回
;控制程序
LOOP1:      MOV     DPTR,#100CH          ;数据区首址 2410H - 4H=240CH
            MOV     2EH,DPL              ;保护数据区地址
LOOP4:      MOV     DPL,2EH
            MOV     R3,#04H
            MOV     R1,#2AH              ;单元 29+1=2AH
LOOP2:      INC     DPTR
            DJNZ    R3,LOOP2
            MOV     2EH,DPL
            MOV     R3,#03H              ;秒、分、时共 3 次
            CLR     A
            MOVC    A,@A+DPTR            ;取控制码
            JZ      LOOP3                ;若 A=0,则数据区结束
            MOV     3AH,A                ;保护控制码
LOOP5:      INC     DPTR                 ;修改数据区时间单元指针
            DEC     R1                   ;修改计时单元指针
            CLR     A
            MOVC    A,@A+DPTR            ;读取数据区时间
            MOV     3BH,A                ;暂存
            MOV     A,@R1                ;读取计时单元时间
            CJNE    A,3BH,LOOP4          ;比较时间是否相等
            DJNZ    R3,LOOP5             ;3 次循环
            MOV     A,3AH                ;恢复控制码
            CPL     A                    ;控制码变反
            MOV     P1,A                 ;由 P1 口输出,执行控制
LOOP3:      RET
;段码
SEGPT:      DB      3FH,06H,5BH,4FH,66H,6DH,7DH
            DB      07H,7FH,6FH,77H,7CH,39H,5EH
            DB      79H,71H
;控制码
CODE:       ORG     1010H
            DB      0FEH,06H,00H,00H,0FFH,06H,00H,15H
            DB      0EFH,06H,30H,00H,0FFH,07H,10H,00H
            DB      0FEH,07H,15H,00H,0FFH,07H,15H,10H
            DB      0FEH,08H,00H,00H,0FFH,08H,00H,10H
            DB      0FEH,08H,50H,00H,0FFH,08H,50H,10H
```

```
        DB      0FEH,09H,00H,00H,0FFH,09H,00H,10H
        DB      0FEH,09H,50H,00H,0FEH,09H,50H,10H
        DB      0EFH,09H,55H,00H,0FFH,09H,59H,10H
        DB      0FEH,10H,10H,00H,0FFH,10H,10H,10H
        DB      0FEH,11H,00H,00H,0FFH,11H,00H,10H
        DB      0FEH,11H,10H,00H,0FFH,11H,10H,10H
        DB      0FEH,12H,00H,00H,0FFH,12H,00H,10H
        DB      0FEH,12H,15H,00H,0FFH,12H,15H,10H
        DB      0FEH,13H,30H,00H,0FFH,13H,30H,10H
        DB      0FEH,14H,20H,00H,0FFH,14H,20H,10H
        DB      0FEH,14H,30H,00H,0FFH,14H,30H,10H
        DB      0FEH,15H,20H,00H,0FFH,15H,20H,10H
        DB      0FEH,15H,30H,00H,0FFH,15H,30H,10H
        DB      0FEH,17H,30H,00H,0FFH,17H,30H,10H
        DB      0EFH,18H,00H,00H,0FFH,18H,20H,00H
        DB      0FEH,18H,30H,00H,0FFH,18H,30H,10H
        DB      0FEH,22H,00H,00H,0FFH,22H,00H,10H
        DB      0FEH,22H,30H,00H,0FFH,22H,30H,20H
        DB      00H
        END
```

4. 软件调试

(1) 按照图 10.11 所示扩展显示器接口。

(2) 用单步运行和断点运行方式分段调试程序。

(3) 调试 T0 中断服务程序，首先在计数单元 26H、27H、28H、29H 中预置数，调试 0.1s 单元向秒单元进位，用同样的方法，实现秒单元向分单元进位及分单元向时单元的进位，最后将 T0 中断服务程序统调通过。

(4) 在 26H、27H、28H、29H 单元中预置数，调试显示程序。

(5) 调试主程序，使报时打铃系统正常工作。

(6) 调试校时程序及硬件，即 INT0、INT1 中断服务程序，实现题目所要求的功能。

10.3.4　要点与思考内容

1. 要点总结

(1) 本实训使用了 MCS-51 单片机内部定时/计数器 T0。

(2) 本实训扩展了可编程并行接口芯片 8155。

(3) 使用 7 段显示器以动态扫描方式进行多位数字显示的技术。

(4) 使用了定时器中断和外部中断技术。

2. 思考及提升内容

(1) 如果用 8255 并行接口进行扩展，如何接线？怎样编程？

(2) 如用串行接口扩展显示器，怎样实现？

10.4 单片机汉字显示控制

10.4.1 控制任务与控制原理

1. 控制任务

用单片机可组成图像和汉字的显示控制系统,并能实现特殊显示效果,如上下滚动、左右移动、放射式闪动等。在本实训课题中,以两个汉字的点阵循环左移显示 8 个汉字,同学们可在理解本系统的基础上进一步拓展,组成自己的控制系统。

2. 原理概述

动态字幕控制是单片机技术的一种典型应用。它利用计算机的资源并配以驱动电路,通过程序控制实现汉字和图形在二极管点阵上的显示。如果显示的信息变化了,只要将存储在 E^2PROM 上的内容改变即可,使用起来十分方便。

(1) 点阵显示原理。

图 10.15 所示为点阵显示原理图,图中所有行线为每一行 4 个二极管的共阳极连线,而 4 条列线是每一列 5 个二极管的共阴极连线。如在某一条行线上加以正电压,而在某一条列线上加以负电压,则行、列交叉点上的二极管会发亮。

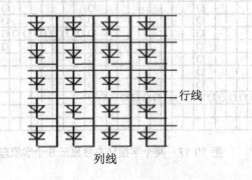

图 10.15 点阵显示原理图

(2) 汉字显示原理。

本系统中利用单片机实现汉字显示的原理:利用 8155 的 A 口、B 口送出 16 位代码,利用 P1 口送出列选信号。单片机只能一列一列送出数据,通过列选依次选中各列,逐列进行显示,由于单片机运行速度特别快,人的视觉根本无法辨别,看到的是整个一幅画面。图 10.16 所示为汉字"民"的 16×16=256 点阵显示,发光二极管点亮用"1"表示,熄灭用"0"表示,则其代码如下。

8155A 口代码:00 00 FF 11 11 11 11 11 11 F1 11 11 1F 00 00

8155B 口代码:00 20 3F 21 21 11 09 01 01 01 03 05 09 11 21 38

(3) 两个字幕机循环左移显示 8 个字原理。

首先将汉字编成表格存放在一定的存储区域,两个汉字显示一幕后,经过一段时间的延时，查表指针指到第 2 列的数据，再重新查表送出数据显示一幕；再经过一段时间的延时后，查表指针指到第 3 列数据，送出数据显示，以此类推，直到所有的数据都显示完毕后，再从头开始查表，如图 10.17 所示。

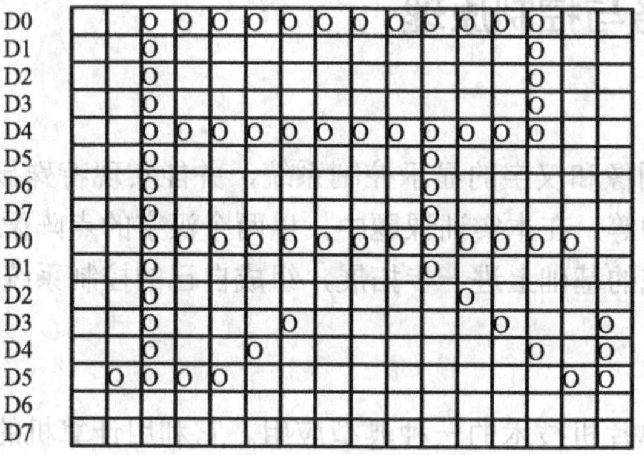

图 10.16 汉字显示原理图

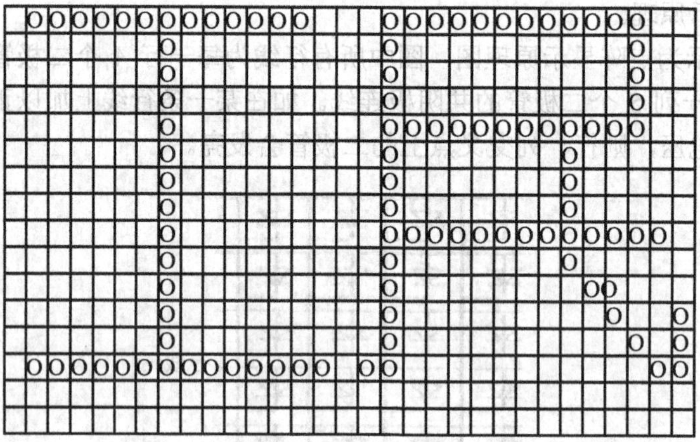

图 10.17 两个字循环左移显示 8 个字原理

10.4.2 系统硬件设计

1. 参考电路工作原理

参考电路如图 10.18 所示，系统扩展了可编程并行接口芯片 8155，用于汉字点阵的行控制码输出，从 P1.0、P1.1、P1.2 分别送出 74LS164 的清 0 信号、驱动时钟信号和列选通信号。74LS164 芯片的功能为串并转换，逐列送出列选通码，列选通码与行控制码一起完成一列信息的显示，这样通过 16 次送出行控制码，列选信号也完成 16 列一个周期的扫描，就可显示一屏汉字。图 10.18 所示的 2803 芯片为由 8 个 NPN 管组成的共发射极功率驱动集成电路。

第10章 实训练习——实用程序的设计

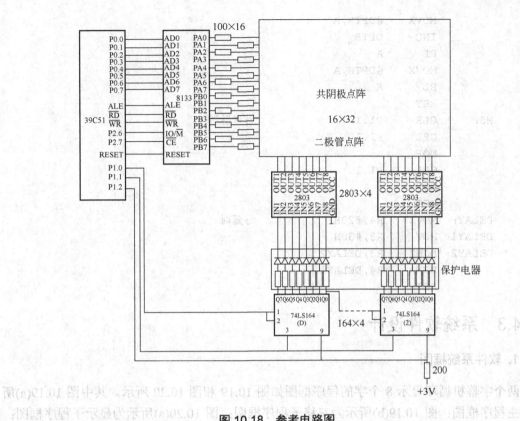

图 10.18　参考电路图

2. 硬件调试参考程序

```
            ORG     0000H
            LJMP    0100H
            ORG     0100H
            MOV     A,#03H          ;8155 初始化
            MOV     DPTR,#4000H
            MOVX    @DPTR,A
MAIN:       CLR     P1.2            ;74LS164 清 0
            SETB    P1.2
            MOV     R2,#1FH         ;两个字共 32 位
            MOV     A,#0FEH         ;低 8 位行信号
            LCALL   ZIXING          ;第一列 8155 的 A 口、B 口送数
            SETB    P1.0            ;选第一列
            LCALL   MS              ;送脉冲
            LCALL   DELAY           ;调用延时子程序
LOOP:       LCALL   ZIXING          ;下一列 8155 的 A 口、B 口送数
            CLR     P1.0            ;选下一列
            LCALL   MS
            LCALL   DELAY
            DJNZ    R2,LOOP         ;32 列没完则继续
            SJMP    MAIN            ;循环
ZIXING:     MOV     DPTR,#4001H     ;8155 的 A 口、B 口送数
```

```
                MOVX    @DPTR,A
                INC     DPTR
                RL      A
                MOVX    @DPTR,A
                RL      A
                RET
        MS:     CLR     P1.1                    ;送脉冲
                CPL     P1.1
                NOP
                CPL     P1.1
                NOP
                RET
        DELAY:  MOV     R4,#20H                 ;延时
        DELAY1: MOV     R3,#30H
        DELAY2: DJNZ    R3,DELAY2
                DJNZ    R4,DELAY1
                RET
```

10.4.3 系统软件设计

1. 软件系统框图

两个字幕机循环显示 8 个字的程序框图如图 10.19 和图 10.20 所示。其中图 10.19(a)所示为主程序框图；图 10.19(b)所示为左移子程序框图；图 10.20(a)所示为显示子程序框图；图 10.20(b)所示为取码子程序框图。

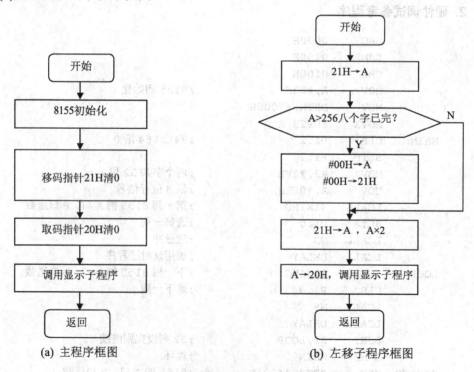

图 10.19 两个字幕机循环显示 8 个字的程序框图(1)

第 10 章 实训练习——实用程序的设计

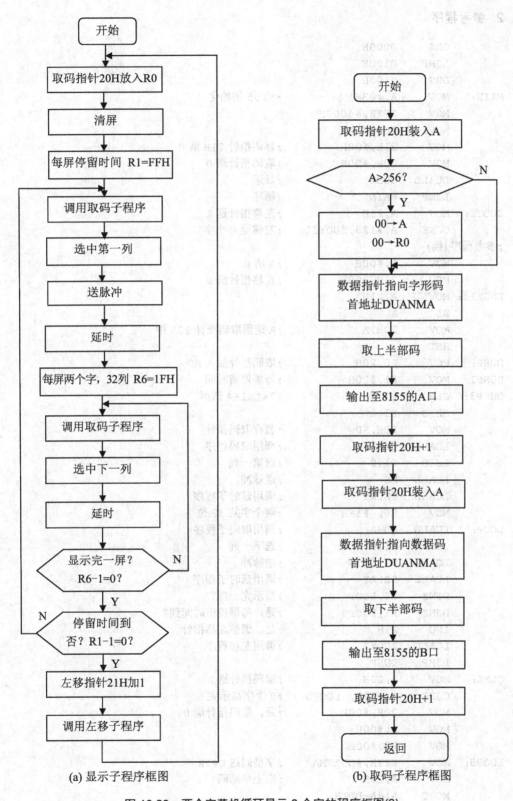

(a) 显示子程序框图　　　　(b) 取码子程序框图

图 10.20　两个字幕机循环显示 8 个字的程序框图(2)

2. 参考程序

```
            ORG     0000H
            LJMP    0100H
            ORG     0100H
MAIN:       MOV     A,#03H          ;8155 初始化
            MOV     DPTR,#4000H
            MOVX    @DPTR,A
            MOV     21H,#00H        ;移码指针 21H 清 0
            MOV     20H,#00H        ;取码指针清 0
            LCALL   DUSP            ;显示
            LJMP    MAIN            ;循环
ZUOYI:      MOV     A,21H           ;左移指针送 A
            CJNE    A,#128,ZUOYI1   ;左移至 8 个字
;参考程序(续)
            MOV     A,#00H          ;A 清 0
            MOV     21H,#00H        ;左移指针清 0
ZUOYI1:     MOV     A,21H
            RL      A
            MOV     20H,A           ;A 送回取码指针 20H 中
            RET
DUSP:       MOV     R0,20H          ;取码指针放入 R0
DUSP1:      MOV     R1,#20H         ;每屏停留时间
DUSP3:      CLR     P1.2            ;74LS164 清屏
            SETB    P1.2
            MOV     20H,R0          ;暂存取码指针
            LCALL   QUMA            ;调用取码程序
            SETB    P1.0            ;选第一列
            LCALL   MS              ;送脉冲
            LCALL   DELAY           ;调用延时子程序
            MOV     R6, #1FH        ;两个字共 32 位
LOOP:       LCALL   QUMA            ;调用取码子程序
            CLR     P1.0            ;选下一列
            LCALL   MS              ;送脉冲
            LCALL   DELAY           ;调用延时子程序
            DJNZ    R6,LOOP         ;显示完一屏?
            DJNZ    R1,DUSP3        ;是,每屏停留时间到?
            INC     21H             ;是,调整左移指针
            LCALL   ZUOYI           ;调用左移程序
            LJMP    DUSP
QUMA:       MOV     A,20H           ;取码指针送 A
            CJNE    A,#128, LOOP5   ;8 个字显示完
            MOV     20H,#00H        ;是,取码指针清 0
            MOV     A,#00H
            MOV     R0,#00H
LOOP5:      MOV     DPTR,#DUANMA    ;字型码送 DPTR
            MOV     A,20H           ;取上半部码
            MOVC    A,@A+DPTR
            CPL     A
```

```
            MOV     DPTR,#4001H        ;送 8155 的 A 口
            MOVX    @DPTR,A
            MOV     DPTR,#DUANMA       ;取下半部码
            INC     20H
            MOV     A,20H
            MOVC    A,@A+DPTR
            CPL     A
            MOV     DPTR,#4002H        ;送 8155 的 B 口
            MOVX    @DPTR,A
            INC     20H                ;调整正取码指针
            RET
MS:         CLR     P1.1               ;送脉冲
            CPL     P1.1
            NOP
            CPL     P1.1
            NOP
            RET
DELAY:      MOV     R4,#01H            ;延时
DELAY1:     MOV     R3,#80H
DELAY2:     DJNZ    R3,DELAY2
            DJNZ    R4,DELAY1
            RET
;工
DUANMA:     DB      00H,00H,00H,00H,00H,08H
            DB      00H,08H,08H,08H,08H,08H
            DB      08H,08H,08H,08H,F8H,0FH
            DB      08H,08H,08H,08H,08H,08H
            DB      08H,08H,08H,08H,00H,08H
            DB      00H,00H
;人
            DB      00H,00H,00H,01H,00H,08H
            DB      00H,04H,00H,02H,00H,01H
            DB      80H,00H,40H,00H,A0H,00H
            DB      10H,01H,08H,02H,00H,04H
            DB      00H,08H,00H,10H,00H,20H
            DB      00H,20H
            …                          ;共输入 8 个汉字的 16×16 点阵码
            END
```

10.4.4 要点与思考内容

1. 要点总结

(1) 实训使用了串-并转换电路 74LS164。
(2) 用 MCS-51 的普通 I/O 引脚用程序实现串行信号的输出技术。
(3) 实训电路中使用了功率驱动电路 2803。
(4) 该实训中使用了 16×16 共阴极高亮度点阵,它是汉字显示的基础。

2. 思考及提升内容

(1) 如果要显示 10 个汉字，怎样扩展硬件电路？有可能遇到什么问题？

(2) 如果用上位机传送要显示的内容，要采取什么措施？

10.5 单片机音乐演奏控制器

10.5.1 控制任务与控制原理

1. 控制任务

本实训要求用 MCS-51 单片机组成一个音乐演奏系统。该系统具有音乐演奏、选曲和曲目显示的功能。

2. 原理概述

(1) 声音的产生。

声音是由物体振动产生的，振动的频率不同，发出的声音也就不同，有规律的振动发出的声音叫"乐音"。乐谱中的每一个音符都与某一特定频率相对应，如 C 调中的"1"所对应的振动频率是 524Hz。

(2) 利用单片机进行乐曲演奏的原理。

音乐演奏控制器是通过控制单片机内部的定时器 T0 来产生不同频率的方波，驱动喇叭发出不同音节的声音，再利用延迟来控制发音时间的长短，即可控制音调中的节拍。把乐谱中的音符对应的频率转换为定时常数，把相应的节拍变换为延时常数，然后做成表格存放在存储器中，由程序查表得到定时常数和延迟常数，分别用以控制定时器产生方波的频率和该频率方波的持续时间。当延迟时间到时，再查下一个音符的定时常数和延迟常数。依次进行下去，就可演奏悦耳动听的音乐。

从 P1.7 脚输出方波经过驱动电路驱动扬声器，发出不同音节的声音，节拍的控制可通过调用 200ms 延时子程序的次数来实现。如果单片机的晶振频率为 6MHz，乐谱中的音符、频率和定时常数的关系如下：

$$T_0 = 2^{16} - \frac{1}{2fF_i}$$

式中，f 为音符对应的频率；F_i 为内部计时一次所用时间。

例如：C 调 1 对应的频率为 524Hz，其半周期 $T/2=1/2f=0.95$ms，用定时器 T0 方式 1 定时器定时常数计算公式得到定时常数为十六进制的 FE25。乐曲中的音符、频率及定时常数三者之间的关系如表 10.7 所示。各调值 1/4 节拍对应的时间如表 10.8 所示。

(3) 增加选曲和显示功能。

要求：

- 设置按钮，使所设计的程序能在 9 首歌曲之间进行选曲。
- 设计显示器，使其显示歌曲序号。

表 10.7 音符、频率及定时常数三者之间的关系

C 调音符	1	2	3	4	5	6	7
频率/Hz	263	294	330	349	392	440	494
半周期/ms	1.90	1.70	1.52	1.43	1.28	1.14	1.095
定时值	FC4A	FCAE	FD08	FD35	FD80	FDC6	FE07
C 调音符	1	2	3	4	5	6	7
频率/Hz	524	588	660	698	784	880	988
半周期/ms	0.95	0.85	0.76	0.72	0.64	0.57	0.51
定时值	FE25	FE57	FE84	FE98	FEC0	FEE3	FF01
C 调音符	1	2	3	4	5	6	7
频率/Hz	1046	1175	1318	1397	1568	1760	1976
半周期/ms	0.478	0.426	0.379	0.358	0.319	0.284	0.253
定时值	FF11	FF2B	FF43	FF5D	FF61	FF72	FF82

表 10.8 各调值 1/4 节拍对应的时间

曲 调 值	延时时间
调 4/4	125ms
调 3/4	187ms
调 2/4	250ms

10.5.2 系统硬件设计

系统硬件接线如图 10.21 所示。

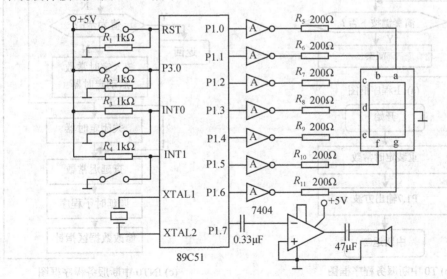

图 10.21 系统硬件接线

10.5.3 系统软件设计

1. 存储器规划及相关定义

(1) P3.0 为演奏键，RST 为复位，高电平有效。
(2) INT0 为选曲键，INT1 为扩展用，低电平有效。
(3) R_6 存放歌曲曲目。
(4) P1.0～P1.6 为显示输出，经反相器接数码管，低电平有效。
(5) P1.7 经反相器接喇叭。
(6) SONG1～SONG9 为 9 首歌曲首地址，选曲程序，利用外部中断信号 INT0 来选曲，选曲结果存放在 R_6 中。

2. 软件系统框图

程序框图如图 10.22 和图 10.23 所示。其中图 10.22(a)所示为主程序框图；图 10.22(b)所示为 T0 中断服务程序框图；图 10.22(c)所示为 INT0 中断服务程序框图；图 10.23(a)所示为演奏程序框图；图 10.23(b)所示为选曲程序框图。

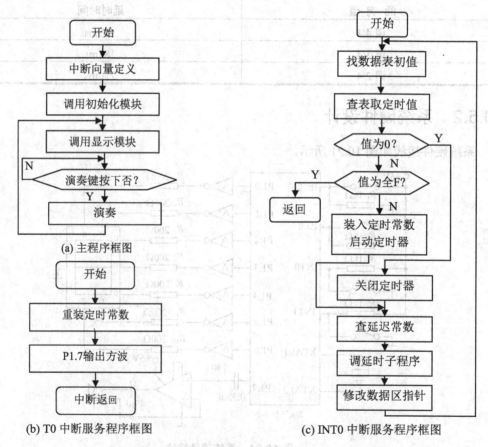

图 10.22 单片机音乐演奏控制器程序框图(1)

第 10 章 实训练习——实用程序的设计

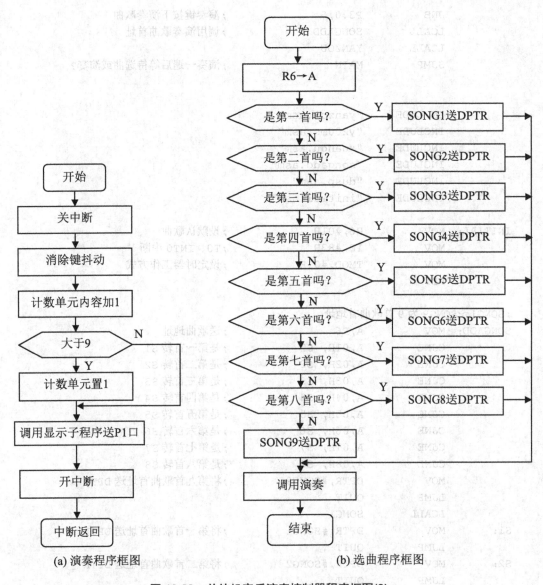

图 10.23 单片机音乐演奏控制器程序框图(2)

3. 参考程序清单

```
        ORG     0000H
        LJMP    MAIN
        ORG     0003H                ;INT0 中断入口,选曲
        LJMP    INTERRUPTINT0
        ORG     000BH                ;定时器中断入口
        MOV     TH0,R1               ;在 P1.7 引脚演奏
        MOV     TL0,R0
        CPL     P1.7
        RETI
MAIN:   LCALL   INITIAL
        LCALL   DSUP                 ;调用显示子程序
```

```
                JNB     P3.0,$                  ;演奏键按下演奏歌曲
                LCALL   SONGADD                 ;调用演奏歌曲首址
                LCALL   YANZOU
                SJMP    MAIN                    ;演奏一遍后等待选曲或演奏？

                INCLUDE "yanzou.asm"
                INCLUDE "y200ms.asm"
                INCLUDE "xuanqu.asm"
                INCLUDE "songadd.asm"
                INCLUDE "dusp.asm"
                INCLUDE "initial.asm"

INITIAL:        MOV     R6,#01H                 ;设默认歌曲
                MOV     IE,#83H                 ;T0、INT0 中断
                MOV     TMOD,#01H               ;设定时器工作方式
                RET

;SONG1~SONG9 为 9 首歌曲首地址
SONGADD:        MOV     A,R6                    ;送歌曲地址
                CJNE    A,01H, S1               ;是第一首转 S1
                CJNE    A,02H, S2               ;是第二首转 S2
                CJNE    A,03H, S3               ;是第三首转 S3
                CJNE    A,04H, S4               ;是第四首转 S4
                CJNE    A,05H, S5               ;是第五首转 S5
                CJNE    A,06H, S6               ;是第六首转 S6
                CJNE    A,07H, S7               ;是第七首转 S7
                CJNE    A,08H, S8               ;是第八首转 S8
                MOV     DPTR,#SONG9             ;将第九首歌曲首址送 DPTR
                LJMP    QUIT
                LCALL   SONG1
S1:             MOV     DPTR,#SONG1             ;将第一首歌曲首址送 DPTR
                LJMP    QUIT
S2:             MOV     DPTR,#SONG2             ;将第二首歌曲首址送 DPTR
                LJMP    QUIT
S3:             MOV     DPTR,#SONG3             ;将第三首歌曲首址送 DPTR
                LJMP    QUIT
S4:             MOV     DPTR,#SONG4             ;将第四首歌曲首址送 DPTR
                LJMP    QUIT
S5:             MOV     DPTR,#SONG5             ;将第五首歌曲首址送 DPTR
                LJMP    QUIT
S6:             MOV     DPTR,#SONG6             ;将第六首歌曲首址送 DPTR
                LJMP    QUIT
S7:             MOV     DPTR,#SONG7             ;将第七首歌曲首址送 DPTR
                LJMP    QUIT
S8:             MOV     DPTR,#SONG8             ;将第八首歌曲首址送 DPTR
QUIT:           LCALL   YANZOU
                RET
```

```
;歌曲"新年好"时间常数表
SONG1:      DB   0FEH,25H,04H,0FEH,25H,02H
            DB   0FEH,25H,04H,0FDH,80H,04H
            DB   0FEH,84H,02H,0FEH,84H,02H
            DB   0FEH,84H,04H,0FDH,80H,04H
            DB   0FEH,25H,04H,0FEH,25H,02H
            DB   0FEH,25H,04H,0FDH,80H,04H
            DB   0FEH,84H,02H,0FEH,84H,02H
            DB   0FEH,84H,04H,0FDH,80H,04H
            DB   0FFH,0FFH
SONG2:      …
            …
SONG9:      …

;演奏音乐
YANZOU:     CLR    A
            MOVC   A,@A+DPTR                ;查表送音符定时常数
            MOV    R1,A                     ;高位送 R1
            INC    DPTR
            CLR    A
            MOVC   A,@A+DPTR
            MOV    R0,A                     ;低位送 R0
            ORL    A,R1
            JZ     NEXT0                    ;全 0 为休止符
            MOV    A,R0
            ANL    A,R1
            CJNE   A,#0FFH,NEXT             ;全 1 表示乐曲结束
            RET
NEXT:       MOV    TH0,R1                   ;装入定时常数
            MOV    TL0,R0
            SETB   TR0                      ;启动定时器
            SJMP   NEXT1
NEXT0:      CLR    TR0                      ;关闭定时器,停止发音
NEXT1:      CLR    A
            INC    DPTR
            MOVC   A,@A+DPTR                ;查延时常数
            MOV    R2,A
LOOP2:      ACALL  D200                     ;调用延时 200ms 子程序
            DJNZ   R2,LOOP2                 ;控制延时次数
            INC    DPTR
            AJMP   YANZOU                   ;处理下一个音符
;延时 200ms 子程序
D200:       MOV    R3,#81H
D200A:      MOV    A,#0FFH
D200B:      DEC    A
            JNZ    D200B
            DEC    R3
            CJNE   R3,#00H,D200A
            RET
```

```
;选曲程序,利用外部中断 INT0 来选曲
;选曲结果存放在 R6 中
INTERRUPTINT0:  JNB    P3.2,$              ;消除键抖动
                INC    R6                  ;曲目加 1
                MOV    A,R6
                CJNE   A,#09H,DONE         ;9 首歌曲结束
                MOV    R6,#01H             ;是
DONE:           LCALL  DSUP                ;调用显示
                SETB   EX0
                RETI
;显示程序:在 P1 口显示 0~F16 个数
;数码管为共阴极,P1 口输出低电平点亮
;R6 存放 0~F16 个数
;DUANMA 为数码管字型表
DSUP:           MOV    DPTR,#DUANMA
                MOV    A,R6
                MOVC   A,@A+DPTR
                MOV    P1,A
                RET
DUANMA:         DB     0C0H,0F9H,0A4H,0B0H,99H   ;字型表,低电平数码管点亮
                DB     92H,82H,0F8H,80H,90H
                DB     88H,83H,0C6H,0A1H,86H
                DB     8EH,8CH,0BFH,0FFH         ;0FFH 为熄灭码
;共阳极段码
DUANMA:         DB     3FH,6H,5BH,4FH,66H        ;字型表,高电平数码管点亮
                DB     6DH,7DH,7H,7FH,6FH
                DB     77H,7CH,39H,5EH,79H
                DB     71H,73H,40H,00H           ;00H 为熄灭码
```

10.5.4 要点与思考内容

1. 要点总结

(1) 本实训使用了 MCS-51 单片机内部定时/计数器 T0。
(2) 该实训提供了用单片机产生音乐的一种方案。

2. 思考及提升内容

(1) 能否用音符及定时值或其他方案产生音乐?怎样编程?
(2) 能否用单片机进行语音录制及播放?如何实现?

附录 1 MCS-51 单片机按功能排序的指令表

1. 数据传送类指令

助记符	功能说明	对标志位影响				字节数	周期数
		Cy	AC	OV	P		
MOV A, Rn	寄存器内容送入累加器				√	1	1
MOV A, direct	直接地址单元中的数据送入累加器				√	2	1
MOV A, @Ri	间接 RAM 中的数据送入累加器				√	1	1
MOV A, #data	8 位立即数送入累加器				√	2	1
MOV Rn, A	累加器内容送入寄存器					1	1
MOV Rn, direct	直接地址单元中的数据送入寄存器					2	2
MOV Rn, #data	8 位立即数送入寄存器					2	1
MOV direct, A	累加器内容送入直接地址单元					2	1
MOV direct, Rn	寄存器内容送入直接地址单元					2	2
MOV direct1, direct2	直接地址单元 direct2 中的数据送 direct1					3	2
MOV direct, @Ri	间接 RAM 中的数据送入直接地址单元					2	2
MOV direct, #data	8 位立即数送入直接地址单元					3	2
MOV @Ri, A	累加器内容送入间接 RAM 单元					1	1
MOV @Ri, direct	直接地址单元数据送间接 RAM 单元					2	2
MOV @Ri, #data	8 位立即数送入间接 RAM 单元					2	1
MOV DPTR, #data16	16 位立即数地址送入地址寄存器					3	2
MOVC A, @A+DPTR	以 DPTR 为基址变址单元中的数据送 A				√	1	2
MOVC A, @A+PC	以 PC 为基址变址单元中的数据送 A				√	1	2
MOVX A, @Ri	外部 RAM(8 位地址)送入累加器				√	1	2
MOVX A, @DPTR	外部 RAM(16 位地址)送入累加器				√	1	2
MOVX @Ri, A	累加器送入外部 RAM(8 位地址)					1	2
MOVX @DPTR, A	累加器送入外部 RAM(16 位地址)					1	2
PUSH direct	直接地址单元中的数据压入堆栈					2	2
POP direct	堆栈中的数据弹出到直接地址单元					2	2
XCH A, Rn	寄存器与累加器交换				√	1	1

续表

助记符	功能说明	对标志位影响 Cy	AC	OV	P	字节数	周期数
XCH A, direct	直接地址单元与累加器交换				√	2	1
XCH A, @Ri	间接 RAM 与累加器交换				√	1	1
XCHD A, @Ri	间接 RAM 与累加器进行低半字节交换				√	1	1

2. 算术运算类指令

助记符	功能说明	对标志位影响 Cy	AC	OV	P	字节数	周期数
ADD A, Rn	寄存器内容加到累加器	√	√	√	√	1	1
ADD A, direct	直接地址单元加到累加器	√	√	√	√	2	1
ADD A, @Ri	间接 RAM 内容加到累加器	√	√	√	√	1	1
ADD A, #data	8 位立即数加到累加器	√	√	√	√	2	1
ADDC A, Rn	寄存器内容带进位加到累加器	√	√	√	√	1	1
ADDC A, direct	直接地址单元带进位加到累加器	√	√	√	√	2	1
ADDC A, @Ri	间接 RAM 内容带进位加到累加器	√	√	√	√	1	1
ADDC A, #data	8 位立即数带进位加到累加器	√	√	√	√	2	1
SUBB A, Rn	累加器带借位减寄存器内容	√	√	√	√	1	1
SUBB A, direct	累加器带借位减直接地址单元	√	√	√	√	2	1
SUBB A, @Ri	累加器带借位减间接 RAM 内容	√	√	√	√	1	1
SUBB A, #data	累加器带借位减 8 位立即数	√	√	√	√	2	1
INC A	累加器加 1				√	1	1
INC Rn	寄存器加 1					1	1
INC direct	直接地址单元内容加 1					2	1
INC @Ri	间接 RAM 内容加 1					1	1
INC DPTR	DPTR 加 1					1	2
DEC A	累加器减 1				√	1	1
DEC Rn	寄存器减 1					1	1
DEC direct	直接地址单元内容减 1					2	1
DEC @Ri	间接 RAM 内容减 1					1	1
MUL AB	A 乘以 B			√	√	1	4
DIV AB	A 除以 B			√	√	1	4
DA A	累加器进行十进制转换	√	√	√	√	1	1

242

附录1 MCS-51单片机按功能排序的指令表

3. 逻辑运算及移位指令

助 记 符	功能说明	对标志位影响 Cy	AC	OV	P	字节数	周期数
ANL A，Rn	累加器与寄存器相"与"				√	1	1
ANL A，direct	累加器与直接地址单元相"与"				√	2	1
ANL A，@Ri	累加器与间接RAM内容相"与"				√	1	1
ANL A，#data	累加器与8位立即数相"与"				√	2	1
ANL direct，A	直接地址单元与累加器相"与"					2	1
ANL direct，#data	直接地址单元与8位立即数相"与"					3	2
ORL A，Rn	累加器与寄存器相"或"				√	1	1
ORL A，direct	累加器与直接地址单元相"或"				√	2	1
ORL A，@Ri	累加器与间接RAM内容相"与"				√	1	1
ORL A，#data	累加器与8位立即数相"与"				√	2	1
ORL direct，A	直接地址单元与累加器相"或"					2	1
ORL direct，#data	直接地址单元与8位立即数相"与"					3	2
XRL A，Rn	累加器与寄存器相"异或"				√	1	1
XRL A，direct	累加器与直接地址单元相"异或"				√	2	1
XRL A，@Ri	累加器与间接RAM内容相"与"				√	1	1
XRL A，#data	累加器与8位立即数相"与"				√	2	1
XRL direct，A	直接地址单元与累加器相"异或"					2	1
XRL direct，#data	直接地址单元与8位立即数相"与"					3	2
CLR A	累加器清0				√	1	1
CPL A	累加器求反					1	1
RL A	累加器循环左移					1	1
RLC A	累加器带进位循环左移	√			√	1	1
RR A	累加器循环右移					1	1
RRC A	累加器带进位循环右移	√			√	1	1
SWAP A	累加器半字节交换					1	1

4. 控制转移类指令

助 记 符	功能说明	对标志位影响 Cy	AC	OV	P	字节数	周期数
ACALL addr11	绝对短调用子程序					2	2
LACLL addr16	长调用子程序					3	2
RET	子程序返回					1	2
RETI	中断返回					1	2
AJMP addr11	绝对短转移					2	2

续表

助记符	功能说明	对标志位影响 Cy	AC	OV	P	字节数	周期数
LJMP addr16	长转移					3	2
SJMP rel	相对转移					2	2
JMP @A+DPTR	相对于 DPTR 的间接转移					1	2
JZ rel	累加器为零转移					2	2
JNZ rel	累加器非零转移					2	2
CJNE A，direct，rel	累加器与直接地址单元比较，不等则转移	√				3	2
CJNE A，#data，rel	累加器与 8 位立即数比较，不等则转移	√				3	2
CJNE Rn，#data，rel	寄存器与 8 位立即数比较，不等则转移	√				3	2
CJNE @Ri，#data，rel	间接 RAM 单元，不等则转移	√				3	2
DJNZ Rn，rel	寄存器减 1，非 0 转移					3	2
DJNZ direct，rel	直接地址单元减 1，非 0 转移					3	2
NOP	空操作						1

5. 位操作类指令

助记符	功能说明	对标志位影响 Cy	AC	OV	P	字节数	周期数
CLR C	清进位位	√				1	1
CLR bit	清直接地址位					2	1
SETB C	置进位位	√				1	1
SETB bit	置直接地址位					2	1
CPL C	进位位求反	√				1	1
CPL bit	直接地址位求反					2	1
ANL C, bit	进位位和直接地址位相"与"	√				2	2
ANL C, /bit	进位位和直接地址位的反码相"与"	√				2	2
ORL C, bit	进位位和直接地址位相"或"	√				2	2
ORL C, /bit	进位位和直接地址位的反码相"或"	√				2	2
MOV C, bit	直接地址位送入进位位	√				2	1
MOV bit, C	进位位送入直接地址位					2	2
JC rel	进位位为 1 则转移					2	2
JNC rel	进位位为 0 则转移					2	2
JB bit, rel	直接地址位为 1 则转移					3	2
JNB bit, rel	直接地址位为 0 则转移					3	2
JBC bit, rel	直接地址位为 1 则转移，该位清 0					3	2

附录2 MCS-51 单片机按字母排序的指令表

助 记 符	指令功能	机器代码(十六进制)
ACALL addr11	PC←(PC)+2, SP←(SP)+1; (SP)←(PC)$_{7\sim0}$, SP←(SP)+1; (SP)←(PC)$_{15\sim8}$, PC$_{10\sim0}$←addr11	*
ADD A, #data	A←(A)+data	24 data
ADD A, direct	A←(A)+(direct)	25 direct
ADD A, @Ri	A←(A)+(Ri)	26~27
ADD A, Rn	A←(A)+(Rn)	28~2F
ADDC A, #data	A←(A)+data+(C)	34 data
ADDC A, direct	A←(A)+(direct)+(C)	35 direct
ADDC A, @Ri	A←(A)+(Ri)+(C)	36~37
ADDC A, Rn	A←(A)+(Rn)+(C)	38~3F
AJMP addr11	PC←(PC)+2, PC10~0←addr11	$a_{10}a_9a_8$00001 addr$_{7\sim0}$
ANL A, #data	A←(A)∧(data)	54 data
ANL A, direct	A←(A)∧(direct)	55 direct
ANL A, @Ri	A←(A)∧(Ri)	56~57
ANL A, Rn	A←(A)∧(Rn)	58~5F
ANL direct, A	direct←(direct)∧(A)	52 direct
ANL direct, #data	direct←(direct)∧(data)	53 direct data
ANL C, bit	C←(C)∧(bit)	82 bit
ANL C, /bit	C←(C)∧(-bit)	B0 bit
CJNE A, #data, rel	若 data<(A), 则 PC←(PC)+3+rel, 且 Cy←0; 若 data>(A), 则 PC←(PC)+3+rel, 且 Cy←1; 若 data=(A), 则 PC←(PC)+3	B4 data rel
CJNE A, direct, rel	若(direct)<(A), 则 PC←(PC)+3+rel, 且 Cy←0; 若(direct)>(A), 则 PC←(PC)+3+rel, 且 Cy←1; 若(direct)=(A), 则 PC←(PC)+3	B5 direct rel
CJNE @Ri, #data, rel	若 data<(Ri), 则 PC←(PC)+3+rel, 且 Cy←0; 若 data>(Ri), 则 PC←(PC)+3+rel, 且 Cy←1; 若 data=(Ri), 则 PC←(PC)+3	B6~B7 data rel
CJNE Rn, #data, rel	若 data<(Rn), 则 PC←(PC)+3+rel, 且 Cy←0; 若 data>(Rn), 则 PC←(PC)+3+rel, 且 Cy←1;	B8~BF data rel

续表

助记符	指令功能	机器代码(十六进制)
	若 data=(Rn)，则 PC←(PC)+3	
CLR A	A←0	E4
CLR bit	bit←0	C2 bit
CLR C	C←0	C3
CPL A	A←$\overline{A}$	F4
CPL bit	bit←$\overline{bit}$	B2 bit
CPL C	Cy←$\overline{Cy}$	B3
DA A	对 A 进行十进制调整	D4
DEC @Ri	Ri←(Ri)−1	16～17
DEC A	A←(A)−1	14
DEC direct	direct←(direct)−1	15 direct
DEC Rn	Rn←(Rn)−1	18～1F
DIV AB	A/B	84
DJNZ direct, rel	direct=(direct)−1； 若(direct)=0，则 PC←(PC)+3； 若(direct)≠0，则 PC←(PC)+3+rel	D5 direct rel
DJNZ Rn, rel	Rn=(Rn)−1； 若(Rn)=0，则 PC←(PC)+2； 若(Rn)≠0，则 PC←(PC)+2+rel	D8～DF rel
INC @Ri	Ri←(Ri)+1	06～07
INC A	A←(A)+1	04
INC direct	direct←(direct)+1	05 direct
INC DPTR	DPTR←(DPTR)+1	A3
INC Rn	Rn←(Rn)+1	08～0F
JB bit, rel	若(bit)=1，则 PC←(PC)+3+rel； 若(bit)=0，则 PC←(PC)+3	20 bit rel
JBC bit, rel	若(bit)=0，则 PC←(PC)+3+rel，且 bit←0； 若(bit)=1，则 PC←(PC)+3	10 bit rel
JC rel	若 Cy=1，则 PC←(PC)+2+rel； 若 Cy=0，则 PC←(PC)+2	40 rel
JMP @A+DPTR	PC←(A+DPTR)	73
JNB bit, rel	若(bit)=0，则 PC←(PC)+3+rel； 若(bit)=1，则 PC←(PC)+3	30 bit rel
JNC rel	若 Cy=0，则 PC←(PC)+2+rel； 若 Cy=1，则 PC←(PC)+2	50 rel

附录2 MCS-51 单片机按字母排序的指令表

续表

助 记 符	指令功能	机器代码(十六进制)
JNZ rel	若$(A) \neq 0$，则PC←(PC)+2+rel； 若(A)=0，则PC←(PC)+2	70 rel
JZ rel	若(A)=0，则PC←(PC)+2+rel； 若$(A) \neq 0$，则PC←(PC)+2	60 rel
LCALL addr16	PC←(PC)+3； SP←(SP)+1，(SP)←$(PC)_{7\sim0}$； SP←(SP)+1，(SP)←$(PC)_{15\sim8}$，$PC_{15\sim0}$←adde16	12 $addr_{15\sim8}$ $addr_{7\sim0}$
LJMP addr16	PC←$addr_{15\sim0}$	02 $addr_{15\sim8}$ $addr_{7\sim0}$
MOV @Ri, #data	(Ri)←data	76~77 data
MOV @Ri, direct	(Ri)←direct	A6~A7 direct
MOV @Ri, A	(Ri)←(A)	F6~F7
MOV A, #data	A←data	74 data
MOV A, direct	A←(direct)	E5 direct
MOV A, @Ri	A←(Ri)	E6~E7
MOV A, Rn	A←(Rn)	E8~EF
MOV bit, C	bit←Cy	92 bit
MOV C, bit	Cy←(bit)	A2 bit
MOV direct, #data	direct←data	75 direct data
MOV direct, @Ri	direct←(Ri)	86~87 direct
MOV direct, A	direct←(A)	F5 direct
MOV direct, Rn	direct←(Rn)	88~8F direct
MOV direct1, direct2	Direct1←direct2	85 direct1 direct2
MOV DPTR, #data16	DPTR→data16	90 $data_{15\sim8}$ $data_{7\sim0}$
MOV Rn, #data	Rn←data	78~7F data
MOV Rn, direct	Rn←(direct)	A8~AF direct
MOV Rn, A	Rn←(A)	F8~FF
MOVC A, @A+DPTR	A←(A+DPTR)	93
MOVC A, @A+PC	PC←(PC)+1，A←(A+PC)	83
MOVX @PDTR, A	(DPTR)←(A)	F0
MOVX @Ri, A	(Ri)←(A)	F2~F3
MOVX A, @DPTR	A←(DPTR)	E0
MOVX A, @Ri	A←(Ri)	E2~E3
MUL AB	BA←(A)×(B)	A4
NOP	PC←(PC)+1	00
ORL A, #data	A←(A)∨data	44 data

续表

助 记 符	指令功能	机器代码(十六进制)
ORL A, direct	A←(A)∨(direct)	45 direct
ORL A, @Ri	A←(A)∨(Ri)	46~47
ORL A, Rn	A←(A)∨(Rn)	48~4F
ORL direct, A	direct←(direct)∨(A)	42 direct
ORL direct, #data	direct←(direct)∨(data)	43 direct data
ORL C, bit	C←(C)∨bit	72 bit
ORL C, /bit	C←(C)∨$\overline{bit}$	A0 bit
PUSH direct	SP←(SP)+1, (SP)←(direct); 压堆栈	C0 direct
POP direct	(direct)←SP, SP←(SP)−1; 出栈	D0 direct
RET	$PC_{15\sim8}$←(SP), SP←(SP)−1 $PC_{7\sim0}$←(SP), SP←(SP)−1	22
RETI	$PC_{15\sim8}$←(SP), SP←(SP)−1 $PC_{7\sim0}$←(SP), SP←(SP)−1	32
RL A	A_{n+1}←A_n (n=0~6), A_0←A_7	23
RLC A	A_{n+1}←A_n (n=0~6), A_0←Cy, Cy←A_7	33
RR A	A_n←A_{n+1} (n=0~6), A_7←A_0	03
RRC A	A_n←A_{n+1} (n=0~6), A_7←Cy, Cy←A_0	13
SETB bit	bit←1	D2 bit
SETB C	Cy←1	D3
SJMP rel	PC←(PC)+rel; 短跳转, 取值范围: −128~+127	80 rel
SUBB A, #data	A←(A)−(data)−Cy	94 data
SUBB A, direct	A←(A)−(direct)−Cy	95 direct
SUBB A, @Ri	A←(A)−(Ri)−Cy	96~97
SUBB A, Rn	A←(A)−(Rn)−Cy	98~9F
SWAP A	$A_{3\sim0}$←→$A_{7\sim4}$	C4
XCH A, direct	(A)←→(direct)	C5 direct
XCH A, @Ri	(A)←→(Ri)	C6~C7
XCH A, Rn	(A)←→(Rn)	C8~CF
XCHD A, @Ri	$(A)_{3\sim0}$←→$(Ri)_{3\sim0}$	D6~D7
XRL A, #data	A←A⊕data	64 data
XRL A, direct	A←A⊕(direct)	65 direct
XRL A, @Ri	A←A⊕(Ri)	66~67
XRL A, Rn	A←A⊕Rn	68~6F
XRL direct, A	direct←A⊕(direct)	62 direct
XRL direct, #data	direct←(direct)⊕data	63 direct data

习 题 答 案

第 1 章

1. 单片机是在一块集成电路上把 CPU、存储器、定时/计数器及多种形式的 I/O 接口集成在一起而构成的微型计算机。它与通用微型计算机相比,具有以下特点。

(1) 单片机的程序存储器和数据存储器是分工的,前者为 ROM,后者为 RAM。
(2) 采用面向控制的指令系统,控制功能强。
(3) 多样化的 I/O 接口,多功能的 I/O 引脚。
(4) 产品系列齐全,功能扩展性强。
(5) 功能是通用的,像一般微处理机那样可广泛地应用在各个方面。

5. MCS-51 系列单片机的典型产品为 8051、8031、8751。它们的差别主要在程序存储器方面。8031 无内部程序存储器 ROM,必须外接 EPROM 程序存储器;8751 内部有 4KB 用户可编程的 EPROM;8051 内部有 4KB 工厂掩膜编程的程序存储器 ROM。

第 2 章

1. 8051 单片机内部主要包含有 CPU、存储器、并行 I/O 口、定时/计数器、串行口、时钟电路、复位电路等逻辑功能部件,各部分通过内部总线相连。各部分主要功能如下。

(1) 中央处理器:是单片机的核心部分,是单片机的控制和运算中心,主要完成运算和控制功能。8051 单片机的 CPU 是一个字长为 8 位的中央处理单元,即其对数据的处理是以字节为单位进行的。

(2) 内部数据存储器:8051 单片机中共有 256 个 RAM 单元,但其中能作为寄存器供用户使用的仅有前面 128 个,后面 128 个被特殊功能寄存器占用。内部 RAM 一般用来暂存数据。

(3) 内部程序存储器:8051 单片机片内集成了 ROM,用于存放程序、原始数据等。

(4) 定时/计数器:共有 2 个 16 位的定时/计数器,可以实现定时和计数功能。

(5) 并行 I/O 口:共有 4 个 8 位的 I/O 口,可以实现数据的并行输入、输出。

(6) 串行口:有 1 个全双工的异步串行口,以实现单片机和其他设备之间的串行数据传送。

(7) 时钟电路:8051 单片机内部的时钟电路为单片机产生时钟脉冲序列,使计算机按照时钟信号的节拍顺序严格地执行各种操作。

(8) 复位电路:复位是单片机的初始化操作,单片机在启动运行时,都需要先复位。它的作用是使 CPU 和系统中其他部件都处于一个确定的初始状态,并从这个状态开始工作。

2. $\overline{EA}$ 是复用引脚，在编程时，其上施加编程电压；在正常情况下，为片外程序存储器访问允许信号。$\overline{EA}$ 引脚接高电平时，程序从片内程序存储器开始执行，当程序空间超出片内程序存储器范围时，再执行片外程序存储器的程序，$\overline{EA}$ 引脚接低电平时，系统全部执行片外程序存储器程序。

因为 8031 没有片内程序存储器，所以在使用它时必须要有外部程序存储器，$\overline{EA}$ 引脚应接低电平。

3. 指令周期是指 CPU 执行一条指令占用的时间(用机器周期表示)；指令字节是指令占用存储空间的长度(用字节表示)。指令周期和指令字节是两个完全不同的概念，前者表示执行一条指令所用的时间，后者表示一条指令在 ROM 中所占的存储空间，两者不能混淆。

4. 8051 单片机复位的条件是使 RST 引脚保持两个机器周期以上的高电平。主要有上电自动复位和手动按键复位两种。

复位后单片机特殊功能寄存器的状态如表 2.1 所示。

5. 在访问片外程序存储器和片外数据存储器逻辑空间时，因为采用了不同形式的指令，故产生不同的选通控制信号，访问片外程序存储器时 $\overline{PSEN}$ 信号有效；而访问片外数据存储器时，$\overline{WR}$ 和 $\overline{RD}$ 信号有效，所以不会发生总线冲突。

6. 0000H～0023H 是 8051 系统专用单元，其中 0000H 是 CPU 复位地址，0003H～0023H 是 5 个中断源中断服务程序入口地址，用户不能安排其他内容。例如：

0003H：外部中断 0 入口地址。

000BH：定时器 0 溢出中断入口地址。

0013H：外部中断 1 入口地址。

001BH：定时器 1 溢出中断入口地址。

0023H：串行口中断入口地址。

一般来讲，从 0030H 以后，用户可以自由安排。

7. 根据程序状态字寄存器 PSW 中工作寄存器区选择控制位 RS1、RS0(PSW.4、PSW.3)来确定和改变当前工作寄存器区：

RS1、RS0=00 —— 0 区(00H～07H)

RS1、RS0=01 —— 1 区(08H～0FH)

RS1、RS0=10 —— 2 区(10H～17H)

RS1、RS0=11 —— 3 区(18H～1FH)

9. 数据指针 DPTR 是一个 16 位的特殊功能寄存器。由两个 8 位寄存器 DPH、DPL 组成，DPH 是 DPTR 高 8 位，DPL 是 DPTR 低 8 位，既可合并作为一个 16 位寄存器，又可分开按 8 位寄存器单独操作。相对于地址指针，DPTR 称为数据指针。但实际上 DPTR 主要用于存放一个 16 位地址，作为访问外部存储器的地址指针。

10. 堆栈是个特殊的存储区，是 CPU 用于暂时存放特殊数据的"仓库"。其主要功能是暂时存放数据和地址，通常在调用子程序时，用来保护断点和现场。在堆栈中存取数据时按先进后出，后进先出的原则。

SP 称为堆栈指针，专用于指出堆栈顶部数据的地址。无论是存入还是取出数据，SP

始终指向堆栈最顶部数据的地址。

12．位地址 00H 表示 00H 这一二进制的位地址，字节地址 00H 表示地址为 00H 的字节地址，位地址 00H 在内存中 20H 单元的第 0 位。

13．P3 口的第二功能如表 2.6 所示。

第 3 章

2．寻址就是寻找操作数的地址。MCS-51 单片机指令系统共有 7 种寻址方式。

(1) 立即寻址，寻址范围：ROM 0000H～FFFFH。

(2) 直接寻址，寻址范围：内 RAM 00H～FFH。

(3) 寄存器寻址，寻址范围：R0～R7，A，AB，DPTR，Cy。

(4) 寄存器间接寻址，寻址范围：内 RAM 00H～FFH，外 RAM 0000H～FFFFH。

(5) 变址寻址，寻址范围：ROM 0000H～FFFFH。

(6) 相对寻址，寻址范围：ROM PC-128B～PC+127B。

(7) 位寻址，寻址范围：内部 RAM 20H～2FH(位地址 00H～FFH)和 SFR 中可寻址位。

3．有直接寻址、寄存器寻址、寄存器间接寻址和位寻址。

4．20H 是直接寻址，是内部 RAM 中的一个存储单元。#20H 是立即数，即数据。

5．合法指令：(3)；非法指令：(1)、(2)、(4)、(5)、(6)。

6．(1)寄存器寻址；(2)直接寻址；(3)直接寻址；(4)立即数寻址；(5)寄存器间接寻址

7. MOV   DPTR,#1000H;
    MOVX   A,@DPTR;
    MOV   DPTR,#2000H;
    MOVX   @DPTR,A;

8.
(1) MOV   A,R0;
    MOV   R7,A;
(2) MOV   A,50H;
    MOV   R0,#50H;
    MOVX @R0,A;
(3) MOV   R0,#50H;
    MOVX @R0,A;
(4) MOV   DPTR,#4000H;
    MOV   A,#00H;
    MOVC A,@A+DPTR;
    MOV   20H,A;

9.
         MOV   P2,#20H;
         MOV   R0,#40H;
    LOOP: MOVX A,@R0;
         MOV   @R0,A

```
        MOV    A,#0FFH;
        MOVX   @R0,A;
        INC    R0;
        CJNE   R0,#61H,LOOP
        RET
```

10. 依题意编写程序如下：

```
        MOV    B,40H;
        MOV    A,R4;
        MUL    AB;
        MOV    50H,A;
        MOV    40H,B;
        MOV    B,41H;
        MOV    A,R4;
        MUL    AB;
        ADD    A,40H;
        MOV    51H,A;
        MOV    52H,B;
        MOV    A,52H;
        ADDC   A,#0;
        MOV    52H,A;
        RET
```

11. 依程序运行结果如下：
A=44H，R0=44H，(33H)=22H，(44H)=33H，外部 RAM(44H)=44H。

第 4 章

3. 在外部中断源中，有两种中断触发方式可选择：低电平有效或下降沿有效。定时器控制寄存器(TMOD)中，IT0、IT1 为外部中断 $\overline{\text{INT0}}$、$\overline{\text{INT1}}$ 引脚电平/边沿触发方式选择位。置"0"时，选择低电平触发；置"1"时，选择下降沿触发。

4. 通常，在系统中有多个中断源，有时会出现两个或更多个中断源同时提出中断请求的情况。这就要求计算机既能区分各中断源的请求，又能确定首先为哪一个中断服务。为了解决这一问题，通常给各中断源规定了优先级别，称为优先权或中断优先级。

中断优先级处理的原则：当两个或两个以上的中断源同时提出中断请求时，计算机首先为优先权最高的中断源服务，服务结束后，再响应级别较低的中断源。

5. MCS-51 各中断标志是：T0 溢出中断请求标志 TF0；T1 溢出中断请求标志 TF1；外中断 $\overline{\text{INT0}}$ 中断请求标志 IE0；外中断 $\overline{\text{INT1}}$ 中断请求标志 IE1；串行口发送中断请求标志 TI；串行口接收中断请求标志 RI。

中断标志可以随着中断被响应而撤除的有：定时/计数器 T0、T1 中断和外中断 $\overline{\text{INT0}}$、$\overline{\text{INT1}}$ 边沿触发方式。

需要用户来撤除的有：串行口中断(包括串发 TI、串收 RI)、外中断 $\overline{\text{INT0}}$、$\overline{\text{INT1}}$ 采用电平触发方式。

6. MCS-51 中断系统中主要有中断请求、中断允许和中断优先级控制 3 个方面，4 个特殊功能寄存器：定时和外中断控制寄存器 TCON、串行控制寄存器 SCON、中断允许控制寄存器 IE、中断优先级控制寄存器 IP。

8. 高优先级中断"中断"正在执行的低优先级中断，这就是中断嵌套。

中断嵌套只能是高优先级"中断"低优先级，低优先级不能"中断"高优先级，同一优先级之间也不能相互"中断"。

9. MCS-51 单片机内部有两个 16 位的可编程定时/计数器，简称定时器 0(T0)和定时器 1(T1)。这两个 16 位的计数器是由两个 8 位专用寄存器 TH0、TL0、TH1、TL1 组成。

10. MCS-51 单片机的定时/计数器有 4 种/3 种工作方式。各工作方式的特点如下：

方式 0 是一个 13 位的定时/计数器。当 TLX 的低 5 位溢出时向 THX 进位，而 THX 溢出时向中断标志 TFX 进位(称硬件置位 TFX)，并申请中断。定时器 TX 计数溢出与否，可通过查询 TFX 是否置位或产生定时器 TX 中断。

方式 1 中，定时/计数器的结构与操作几乎与方式 0 完全相同，唯一的差别是定时器是以 16 位二进制参与操作。

方式 2 是能重新装载初值的 8 位定时/计数器。具有自动恢复初值(初值自动再装入)功能，适合用作较精确的定时脉冲信号发生器。

方式 3 只适用于定时器 T0。定时器 T0 在方式 3 下被拆成两个独立的 8 位计数器 TL0 和 TH0。其中 TL0 用原 T0 的控制位、引脚和中断源，即 C/T、GATE、TR0、TF0 和 T0(P3.4)引脚、$\overline{\text{INT0}}$ (P3.2)引脚。除了仅用 8 位寄存器 TL0 外，其功能和操作与方式 0 和方式 1 完全相同，可定时亦可计数。此时 TH0 只可用作简单的内部定时功能。它占用原定时器 T1 的控制位 TR1 和 TF1，同时占用 T1 的中断源，其启动和关闭仅受 TR1 控制。

11. 定时/计数器用作定时方式时，其定时时间与时钟周期、计数器的长度(如 8 位、13 位、16 位等)、定时初值等因素有关。作计数器时，外部事件的最高计数频率为振荡频率的 1/24。

12. 定时/计数器归根到底是一个计数器，基本功能是加 1。对外部事件脉冲(T0 必须从 P3.4 输入、T1 必须从 P3.5 输入)计数，是计数器；对片内机器周期脉冲计数，是定时器。因为片内机器周期脉冲频率是固定的，是 f_{osc} 的 1/12。若 f_{osc}=12MHz，1 个机器周期为 1μs，机器周期脉冲时间乘以机器周期数就是定时时间。

13. 单片机晶振频率为 12MHz，则 T(机器周期)=1μs。

用 P1.0 作方波输出信号，周期为 2ms 的方波即每 1ms 改变一次电平，故定时值为 1ms，可和 "+1" 运算 1000 次，使 T1 作定时器工作在方式 0，即 13 位计数器。

定时器初值=2^{13}-1000=8192-1000=7192=11100000 11000B

则：TH1=E0H，TL1=000 11000B=18H

编制程序如下：

```
        ORG     0000H
        LJMP    MAIN            ;转主程序
        ORG     001BH           ;定时器1中断服务入口地址
        AJMP    BRT1            ;转中断程序
        ORG     0030H
```

```
MAIN:   MOV   TMOD,#00H         ;T1 按方式 0 工作
        MOV   TH1,#0E0H         ;计数器装初值
        MOV   TL1,#18H
        SETB  EA                ;开中断
        SETB  ET1               ;T1 允许中断
        SETB  TR1               ;启动 T1
        SJMP  $
BRT1:   MOV   TH1,#0E0H         ;重装 T1 初值
        MOV   TL1,#18H
        CPL   P1.0              ;输出方波
        RET1                    ;返回
```

14. 由于机器周期 $T=1\mu s$，产生 $1000\mu s$ 定时，则需要 "+1" 1000 次，定时器方能产生溢出。采用方式 1，则有：定时器初值=$2^{16}-1000=64536=FC18H$。

即：TH1 装入 FCH，TH1 装入 18H。

编制程序如下：

```
        MOV   TMOD,#00010000B   ;设置 T1 为方式 1，由 TR1 控制启动
        SETB  TR1               ;启动 T1 定时
LOOP:   MOV   TH1,#0FCH         ;装入初值
        MOV   TL1,#18H
        JNB   TF1,$             ;TF1=1 继续查询
        CPL   P1.0              ;输出方波
        CLR   TF1               ;TF1=0
        SJMP  LOOP              ;重复下一次循环
```

15.
(1) TMOD=00101101B=2DH；
(2) TMOD=11101000B=E8H；
(3) TMOD=11010110B=D6H；
(4) TMOD=00100011B=23H。

16.
(1) f_{osc}=6MHz 时，最大定时 131.072ms。
(2) f_{osc}=12MHz 时，最大定时 65.536ms。

17.
(1) T0 定时器方式 3 时，被拆成两个独立的 8 位计数器 TH0、TL0，定时初值应分别计算，其中定时 1ms 将超出 8 位计数器最大计数器，可按 0.5ms×2 编程。

TL0(初值)=$2^8-400\mu s/2\mu s=256-200=56=38H$

TH0(初值)=$2^8-500\mu s/2\mu s=256-250=6$

(2) TMOD=00000011B

(3) 编制程序如下：

```
        ORG   0000H             ;复位地址
        LJMP  STAT              ;转初始化程序
        ORG   000BH             ;T0 中断入口地址
        LJMP  IT0               ;转 T0 中断服务程序
```

```
              ORG    001BH              ;T1 中断入口地址(被 TH0 借用)
              LJMP   IT1                ;转 T1 中断服务程序
              ORG    1000H              ;初始化程序首地址
     STAT:    CLR    P1.0               ;P1.0 输出低电平
              CLR    P1.1               ;P1.1 输出低电平
              MOV    TMOD,#03H          ;置 T0 定时器方式 3
              MOV    TL0,#38H           ;置 TL0 初值，定时 40μs
              MOV    TH0,#06H           ;置 TH0 初值，定时 500μs
              MOV    IP,#00001010B      ;置 T0、T1 为高优先级
              SETB   TR0                ;T0 启动
              SETB   P1.0               ;输出高电平
              SETB   TR1                ;T1 启动
              SETB   P1.1               ;输出高电平
              SETB   F0                 ;置 1ms 标志
              MOV    IE,#10001010B      ;T0、T1 开中断
              LJMP   MAIN               ;转主程序，并等待中断
              ORG    2000H              ;T0 中断服务子程序首地址
     IT0:     MOV    TL0,#38H           ;重置 TL0 初值 40μs
              CPL    P1.0               ;输出波形取反
              RETI                      ;中断返回
              ORG    2100H              ;T1 中断服务子程序首地址
     IT1:     MOV    TH0,#06H           ;重置 TL0 初值 500μs
              CPL    F0                 ;1ms 标志取反
              JNB    F0,IT01            ;无 1ms 标志，转返回
              CPL    P1.1               ;有 1ms 标志，输出波形取反
     IT01:    RETI                      ;中断返回
```

18. 编制程序如下：

```
              MOV    TMOD,#00010101B    ;定时器 1 为定时方式 1，定时器 0 为外部计数方式 1
     EX:      MOV    TH0,#0FCH          ;定时器 0 赋 1000 的计数初值
              MOV    TL0,#18H
              SETB   TR0                ;启动定时器 0
              JNB    TF0,$              ;查询计数溢出
              CLR    TR0                ;关定时器 0
              CLR    TF0                ;清溢出标志
              MOV    TH1,#0FCH          ;定时器 1 赋 2ms 初值
              MOV    TL0,#18H
              SETB   TR1                ;启动定时器 1
              JNB    TF1,$              ;查询计数溢出
              CLR    TR1                ;关定时器 1
              CLR    TF1                ;清溢出标志
              LJMP   EX                 ;循环
```

19.

(1) MOV   IP，#00010001B

(2) MOV   IP，#00011001B

20.

(1) T(机器周期)=2μs

T(初值)$=2^{16}-40\text{ms}/2\mu\text{s}=65536-20000=45536=\text{B1E0H}$

TH0=0B1H，TL0=0E0H

(2) T(机器周期)$=1\mu\text{s}$

T(初值)$=2^8-180\mu\text{s}/1\mu\text{s}=256-180=76=4\text{CH}$

TH0=4CH，TL0=4CH

21. 编程如下：

```
        ORG    0000H              ;复位地址
        LJMP   START              ;转初始程序
        ORG    0003H              ;INT0 中断入口地址
        LJMP   COUNT              ;转统计程序
        ORG    000BH              ;T0 中断入口地址
        LJMP   COUNT              ;转统计程序
        ORG    0013H              ;INT1 中断入口地址
        LJMP   COUNT              ;转统计程序
        ORG    001BH              ;T1 中断入口地址
        LJMP   COUNT              ;转统计程序
        ORG    0100H              ;初始化程序首地址
START:  MOV    SP,#60H            ;设置堆栈指针
        SETB   IT0                ;置INT0 边沿触发方式
        SETB   IT1                ;置INT1 边沿触发方式
        MOV    TMOD,#66H          ;置 T0、T1 计数器方式 2
        MOV    TH0,#0FFH          ;置 T0 初值
        MOV    TL0,#0FFH
        MOV    TH1,#0FFH          ;置 T1 初值
        MOV    TL1,#0FFH
        MOV    IE,#0FFH           ;全部开中断
        SETB   TR0                ;T0 启动
        SETB   TR1                ;T1 启动
        CLR    A
        MOV    30H,A              ;参展人数清零
        MOV    31H,A
        MOV    32H,A
        SJMP   START              ;转主程序,并等待中断
        ORG    2000H              ;统计程序首地址
COUNT:  MOV    A,#1
        ADD    A,30H              ;低 8 位累加 1
        MOV    30H,A              ;回存
        CLR    A
        ADDC   A,31H              ;进位累加
        MOV    31H,A              ;回存
        CLR    A
        ADDC   A,32H              ;进位累加
        MOV    32H,A              ;回存
        RETI                      ;中断返回
```

第 5 章

3. 波特率是串行通信传输数据的速率。定义为每秒传输的数据位数，即 1 波特=1 位/秒(1b/s)。

串行通信对波特率的基本要求是互相通信的甲、乙双方必须具有相同的波特率。

4. 设每个字符由 1 个起始位、8 个数据位、1 个可编程位和 1 个停止位组成，则其传送波特率为 11×3600b/60s=660b/s。

8. 分析：选定正确的控制字，以保证接口功能的初始化；选择合适的波特率，主要是选择定时器 1 的方式和时间常数的确定；最后还应注意是在串行中断服务程序中要设置清除中断标志指令，否则将产生另一中断。

甲机发送程序：

```
MAINT:  MOV   SCON,#01000000B      ;置串行口工作方式 1
        MOV   TMOD,#00100000B      ;定时器 1 为工作方式 2
        MOV   PCON,#00H            ;置 SMOD=0
        MOV   TH1,#0D9H            ;产生 400 波特率的时间常数
        MOV   TL1,#0D9H
        SETB  TR1                  ;启动定时器 1
        SETB  EA                   ;开中断
        SETB  ES                   ;串行口开中断
        MOV   DPTR,ADDRT           ;首址送给 DPTR
        MOV   R0,#00H              ;传送字节数初值
        MOVX  A,@DPTR              ;取第一个发送字节
        MOV   SBUF,A               ;启动串行口发送
        INC   R0
        SJMP  $                    ;等待中断
        ORG   0023H
        LJMP  INTSE1               ;转子程序 INTSE1
INTSE1: CLR   TI                   ;清中断标志
        CJNE  R0,#80H,LOOP         ;判别 128 个字节都发送完没有，若没完则转
                                    LOOP 继续接收/发送数据
        CLR   ES                   ;全部发送完毕，禁止串行口中断
        SJMP  ENDT                 ;转中断返回
LOOP:   INC   R0                   ;修改字节数指针
        INC   DPTR                 ;修改地址指针
        MOVX  A,@DPTR              ;取发送数据
        MOVX  SBUF,A               ;启动串行口
ENDT:   RETI                       ;中断返回
```

乙机接收程序：

```
MAINR:  MOV   SCON,#01010000B      ;串行口为接收口，工作方式 1
        MOV   TMOD,#20H            ;定时器 1 为工作方式 2
        MOV   PCON,#00H            ;置 SMOD=0
        MOV   TH1,#0D9H            ;产生 400 波特率的时间常数
```

```
        MOV    TL1,#0D9H
        SETB   TR1                    ;启动定时器1
        SETB   EA                     ;开中断
        SETB   ES                     ;串行口开中断
        MOV    DPTR,ADDRR             ;数据缓冲区首地址送给DPTR
        MOV    R0,#00H                ;置传送字节数初值
        SJMP   $                      ;等待中断
        ORG    0023H
        LJMP   INTSE2                 ;转中断服务子程序
INTSE2: CLR    RI                     ;清中断标志
        MOV    A,SBUF                 ;取接收的数据
        MOVX   @DPTR,A                ;接收的数据送缓冲区
        INC    R0                     ;修改计数指针
        INC    DPTR                   ;修改地址指针
        CJNE   R0,#80H,LOOP           ;判断128个字节接收完没有,若没有转
                                       LOOP继续接收数据
        CLR    ES                     ;全部接收完毕,禁止串行口中断
LOOP:   RETI                          ;中断返回
```

9. 在串行通信中,收、发双方对发送或接收的数据速率(即波特率)要有一定的约定。通过软件对8051串行口编程可约定4种工作方式。其中方式0和方式2的波特率是固定的,而方式1和方式3的波特率是可变的,由定时器T1的溢出控制。定时器T1用做串行口波特率发生器时,因为工作方式2是自动重装载方式,不占用T1运行时间,定时精确,从而波特率精确,因而当定时器T1作波特率发生器时常采用工作方式2。

10. 双机通信时,两台单片机是平等的。而在多机通信中,有主机和从机之分,多机通信是指一台主机和多台从机之间的通信。主机发送的信息可传送到各个从机,而各从机发送的信息只能被主机接收。

11. 初始化程序如下:

```
START:  MOV    TMOD,#00100000B        ;置T1定时器工作方式2
        MOV    TL1,#0E6               ;置T1计数初值
        MOV    TH1,#0E6               ;置T1计数重装初值
        CLR    ET1                    ;禁止T1中断
        SETB   TR1                    ;T1启动
        MOV    SCON,#40H              ;置串行方式1,禁止接收
        MOV    PCON,#00H              ;置SMOD=0
        CLR    ES                     ;禁止串行中断
        …
```

12. 串行方式1波特率取决于T1溢出率,计算T1定时初值。
发送子程序编制如下:

```
TXDA:   MOV    TMOD,#20H              ;置T1定时器工作方式2
        MOV    TL1,#0F3H              ;置T1计数初值
        MOV    TH1,#0F3H              ;置T1计数重装值
        CLR    ET1                    ;禁止T1中断
        SETB   TR1                    ;T1启动
        MOV    SCON,#40H              ;置串行方式1,禁止接收
```

```
        MOV     PCON,#80H           ;置 SMOD=1
        CLR     ES                  ;禁止串行中断
        MOV     DPTR,#4000H         ;置发送数据区首地址
        MOV     R2,#8               ;置发送数据长度
        MOV     SBUF,#8             ;先发送数据长度
        JNB     TI,$                ;等待一帧数据发送完毕
        CLR     TI                  ;清发送中断标志
TRSA:   MOVX    A,@DPTR             ;读一个数据
        MOV     SBUF,A              ;发送
        JNB     TI,$                ;等待一帧数据发送完毕
        INC     DPTR                ;指向下一字节单元
        DJNZ    R2,TRSA             ;判断 8 个数据发完否？未完继续
        RET
```

第 6 章

1. 将汇编语言程序转换为二进制码组成的机器代码程序的过程称为汇编。反之，将由二进制码组成的机器代码程序转换为汇编语言源程序的过程称为反汇编。

单片机只能识别由二进制码组成的目标程序，而不能识别由汇编语言编写的源程序，因此必须将汇编语言源程序转换为由二进制码组成的机器代码程序后，单片机才能执行。

2. 循环程序一般包括 4 部分：循环初值、循环体、循环修改和循环控制。

循环初值：在进入循环之前，要对循环中需要使用的寄存器和存储器赋予规定的初始值。比如循环次数，循环体中工作单元的初值等。

循环体：循环体就是循环程序中需要重复执行的部分，是循环结构中的主体部分。

循环修改：每执行一次循环，就要对有关参数进行修改，使指针指向下一数据所在的位置，为进入下一轮循环做准备。

循环控制：在程序中还须根据循环计数器的值或其他条件，来控制循环是否该结束。

3. 注释如下：

```
MOV     R0,#32H         ;将待拆的数据送入 A 中
MOV     A,@R0
ANL     A,#0FH          ;取 BCD 码的低位送入 A
ORL     A,#30H          ;将低位变成相应的 ASCII 码
MOV     31H,A           ;将变换后的 ASCII 码送 31H 单元中
MOV     A,@R0           ;重新取待拆的数据送入 A 中
SWAP    A               ;取 BCD 码的高位送入 A
ANL     A,#0FH
ORL     A,#30H          ;将高位变成相应的 ASCII 码
MOV     32H,A           ;将变换后的 ASCII 码送 32H 单元中
```

拆后的 ASCII 码各自存放在内部 RAM 的 31H 和 32H 单元中。

4. (30H)=25H

5. 编程如下：

```
MAIN:   MOV     DPTR,#TAB                   ;置 ROM 平方表首地址
```

```
            ADD     A,Acc               ;A×2→A
            MOVC    A,@A+DPTR           ;读平方值高8位
            MOV     31H,A               ;平方值高8位送31H
            INC     A                   ;指向平方值低8位
            MOVC    A,@A+DPTR           ;读平方值低8位
            MOV     30H,A               ;平方值低8位送30H
            RET
    TAB:    DW      0,0,0,1,0,4,0,9,0,16,0,25,…   ;0～100平方表
```

6. 编程如下：

```
            MOV     R2,#100;
    DELAY:  MOV     R3,#10
    DELAY1: MOV     R4,#125
    DELAY2: NOP
            NOP
            DJNZ    R4,DELAY2;
            DJNZ    R3,DELAY1
            DJNZ    R2,DELAY
            RET
```

7. 当内部 RAM 的 30H 单元的内容的最高位为 1 时，则求其补码，并送入累加器 A 中；若为 0 时，则把 30H 单元中的内容传送到 32H 单元中。

8. 编程如下：

```
    MAIN:   MOV     51H,#00H            ;计数器清0
            MOV     R0,#30H             ;置数据区首地址
    LOOP:   MOV     A,@R0               ;读数据
            CPL     A                   ;取反
            JNZ     LP1                 ;判断是否为FFH，非FFH则跳转
            INC     51H                 ;计数器加1
    LP1:    INC     R0                  ;指向下一数据
            CJNE    R0,#51H,LOOP        ;判循环
            RET
```

9. 按题意编程如下：

```
            MOV     P2,#30H             ;设置高8位地址为30H
            MOV     R0,#30H             ;指向数据区首地址
    LOOP:   MOVX    A,@R0               ;取外部RAM中数据
            MOV     @R0,A               ;存入片内RAM中
            MOVX    A,#00H              ;将原数据区清零
            MOVX    @R0,A
            INC     R0                  ;指针加1
            CJNE    R0,#21H,LOOP        ;到数据区末地址吗？没有则循环
            RET                         ;到了结束
```

10. 编程如下：

```
            MOV     R2,#10              ;组合次数
            MOV     R3,#20H             ;源地址送R3、R4
```

```
            MOV     R4,#00H
            MOV     R5,#30H             ;目的地址送 R5、R6
            MOV     R6,#00H
    LOOP:   MOV     DPH,R3              ;取源地址
            MOV     DPL,R4
            MOVX    A,@DPTR             ;读一个数
            ANL     A,#0FH              ;屏蔽高 4 位,保留低 4 位
            SWAP    A                   ;将低 4 位暂存
            XCH     A,B
            INC     DPTR                ;修改源地址
            MOVX    A,@DPTR             ;读下一个数
            ANL     A,#0FH              ;屏蔽高 4 位,保留低 4 位
            ORL     A,B                 ;和暂存数据组合成新 BCD 码
            INC     DPTR                ;修改源地址
            MOV     R3,DPH              ;保存源地址
            MOV     R4,DPL
            MOV     DPH,R5              ;取目的地址
            MOV     DPL,R6
            MOVX    @DPTR,A             ;保存 BCD 码
            INC     DPTR                ;修改目的地址
            MOV     R5,DPH              ;保存目的地址
            MOV     R6,DPL
            DJNZ    R2,LOOP             ;转换未完,继续
            RET
```

11. 分析:和超过 8 位需要占两个单元,设为 SUM 和 SUM+1 单元,两个有符号数的加法是作补码加法数来处理的,由于和超过 8 位,因此,和就是一个 16 位符号数,其符号位在 16 位数的最高位。为此,直接相加进位是不够的,还要作一些处理。例如,-65 和 65 相加,若直接相加求和,即使扩展到 16 位,结果也是不正确的,正确的处理方法是先将 8 位有符号数扩展成 16 位有符号数,然后再相加。若是 8 位正数,则高 8 位扩展为 00H,若是 8 位负数,则高位扩展为 FFH。这样处理之后,再按双字节相加,就可以得到正确的结果。在编程时,可令寄存器 R2 和 R3 为两个加数的高 8 位,并先令其为 0,即先假定两个加数为正数,然后判断符号位,再决定是否要将高 8 位改为 FFH。

编程如下:

```
            BLOCK   EQU     30H
            SUM     EQU     32H
    START:  MOV     R0,#BLOCK
            MOV     R1,#SUM             ;R0 指向加数
            MOV     R2,#0               ;R1 指向和
            MOV     R3,#0               ;高 8 位先设为 0
            MOV     A,@R0
            JNB     ACC.7,N1            ;取出第一个加数
            MOV     R2,#0FFH            ;若是正数,则转 N1
    N1:     INC     R0                  ;若是负数,高 8 位全为 1
            MOV     B,@R0               ;修改 R0 指针
            JNB     B.7,N2              ;取第二个加数到 B
                                        ;若是正数则转 N2
```

```
            MOV     R3,#0FFH        ;若是负数,高8位全为1
    N2:     ADD     A,B             ;低8位相加
            MOV     @R1,A           ;存低8位和
            INC     R1              ;修改R1指针
            MOV     A,R2            ;高8位相加
            ADDC    A,R3
            MOV     @R1,A           ;存高8位和
    ED:     RET
```

12. 编程如下:

```
            MOV     DPTR,#7000H
            MOVX    A,@DPTR
            CLR     A
            MOVX    @DPTR,A
            MOV     R2,#FFH
            MOV     DPTR,#7001H
    LOOP:   MOVX    A,@DPTR
            CLR     A
            MOVX    @DPTR,A
            INC     DPTR
            DJNZ    R2,LOOP
```

13. 编程如下:

```
    MAIN:   CLR     A
            MOV     R2,30H
            MOV     R1,#40H
    LOOP:   CLR     C
            SUBB    A,@R1
            JNC     NEXT
            MOV     A,@R1
            SJMP    NEXT1
    NEXT:   ADD     A,@R1
    NEXT1:  INC     R1
            DJNZ    R2,LOOP
            MOV     31H,A
            RET
```

14. 编程如下:

```
    MAIN:   MOV     50H,#00H        ;商累加寄存器清0
            MOV     51H,#00H        ;余数累加寄存器清0
            MOV     R2,#60          ;置平均次数
    LOOP:   MOV     A,SBUF          ;读8位温度A/D值
            MOV     B,#60           ;置除数
            DIV     AB              ;数据除以60
            ADD     A,50H           ;商累加
            MOV     50H,A           ;回存
            MOV     A,B
            ADD     A,51H           ;余数累加
```

```
            MOV    51H,A           ;回存
            CLR    C
            SUBB   A,#60
            JC     GO              ;余数累加＜60,余数累加寄存器不变
            INC    50H             ;余数累加≥60,商累加寄存器+1
            MOV    51H,A           ;减去60后差送余数累加寄存器
GO:         LCALL  DELAY           ;延时1s(参考本章习题6)
            DJNZ   R2,LOOP         ;判断60次累加完否？未完继续
            MOV    A,51H           ;60次累加完毕,余数累加四舍五入
            CJNE   A,#30,NEXT
NEXT:       JC     GORET           ;C=1,＜30,舍
            INC    50H             ;C=0,≥30,入
GORET:      RET
```

第8章

1. P0口是80C51单片机中使用最频繁的总线通道,既要传送低8位地址信号,又要传送数据信号,它是用分时传送的方法解决这一矛盾的。由于P0口要分时传送地址和数据信号,无法形成稳定的低电位地址。因此,在P0口传送低电位地址信号时,要用锁存器锁存低8位地址信号。ALE信号用于控制锁存器锁存低8位地址,经锁存器锁存后从Q0～Q7输出,与P2口输出的高8位地址组成稳定的16位地址总线A0～A15。

2. 虽然80C51外部ROM和外部RAM地址是重叠的,都是0000H～FFFFH,但访问外部ROM是执行MOVC指令,$\overline{PSEN}$信号控制;访问外部RAM是执行MOVX指令,$\overline{WR}$、$\overline{RD}$信号控制,因此不会发生冲突。

3. 电路图:

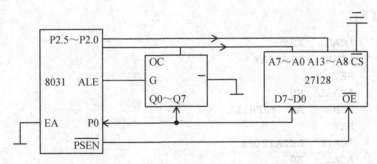

8031引脚: P2.7 P2.6 P2.5 P2.4 P2.3 P2.2 2.1 P2.0 P0.7……P0.0
地址线: A15 A14 A13 A12 A11 A10 A9 A8 A7 A6 A5 A4 A3 A2 A1 A0
地址为: 0000 0000 0000 0000B～0011 1111 1111 1111,即0000H～3FFFH。

4. 通过查阅有关集成手册,27256是28管脚的双列直插式EPROM存储器,且容量正好是32KB,因此,选用27256进行扩展程序存储器。电路连接如下图所示,27256的地址与系统地址线相连接,数据线与P0口连接,$\overline{OE}$端与$\overline{PSEN}$连接。

5. 静态显示:系统在每一次显示输出后,能保持显示不变,仅在待显示数字需要改

变时,才更新其数字显示器中锁存的内容,这种显示占用 CPU 时间少,显示稳定可靠。缺点是,当显示位数较多时,占用 I/O 较多。

动态显示:CPU 需定时地对每位 LED 显示器进行扫描,每位 LED 显示器分时轮流工作,每次只能使一位 LED 显示,但由于人眼视觉暂留现象,仍感觉所有的 LED 显示器都同时显示。这种显示的优点是使用硬件少,占用 I/O 少;缺点是占用 CPU 时间长,只要不执行显示程序,就立刻停止显示。

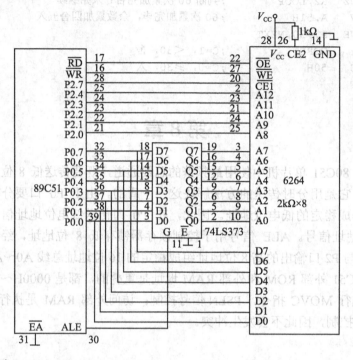

6. 编程如下:

```
MAIN:       LCALL   KEY
            LCALL   DISPLAY
            RET
Key:        ACALL   K0
            CJNE    A, #0FH,LK1
            RET
LK1:        ACALL   DELAY20ms
            ACALL   K0
            CJNE    A, #0FH,LK2
            RET
LK2:        MOV     R2,#0EFH
            MOV     R4,#00H
            MOV     A,R2
            MOV     P1,A
            MOV     A,P1
            JB      ACC.0 LONE
            MOV     A,#00H
            AJMP    KN
```

```
LONE:       JB      ACC.1,LTW0
            MOV     A,#04H
            AJMP    KN
LTW0:       JB      ACC.2, LTHR
            MOV     A,#08H
            AJMP    KN
LTHR:       JB      ACC.3, NEXT
            MOV     A,#00CH
KN:         ADD     A, R4
            RET
K0:         MOV     P1,#0FH
            MOV     A,P1
RET
NEXT:       INC     R4
            MOV     A, R2
            JNB     ACC.7, KND
            RL      A
            MOV     R2, A
            AJMP    LK4
KND:        RET
DELAY20ms:  MOV     R7, #18H
            MOV     R6, #0FFH
            DJNZ    R6, Tm6
            DJNZ    R7, Tm
            RET
DISPLAY:    MOV     DPTR, #TAB
            MOVC    A, @A+DPTR
            MOV     P3, A
            RET
TAB:        DB      0C0H, 0F9H, 0A4H, 0B0H, 99H
            DB      92H, 82H, 0F8H, 80H, 90H
            DB      88H,83H,0C6H,0A1H,86H,8EH
```

7. P2.2 与 DAC0832 $\overline{CS}$、$\overline{XFER}$ 连接，其余不变。

$D=2^N \times U_A/U_{REF}=256\times 3/5\approx 154=9AH$，编程如下：

```
START:  MOV     DPTR,#0FBFFH    ;置 DAC0832 地址
        CLR     A
STEP1:  MOVX    @DPTR,A         ;输出
        INC     A               ;上升
        CJNE    A,#9AH,STEP1    ;判上升周期结束否？
STEP2:  DEC     A               ;下降
        MOVX    @ DPTR,A        ;输出
        CJNE    A,#0,STEP2      ;判下降周期结束否？
        INC     A               ; A=01H
        SJMP    STEP1           ;循环输出
```

参考文献

1. 刘守义. 单片机应用技术. 西安：西安电子科技大学出版社，2002
2. 马彪. 单片机应用技术. 北京：中国轻工业出版社，2007
3. 徐安，陈耀，等. 单片机原理与应用. 北京：北京希望电子出版社，2003
4. 张毅刚，彭喜源，等. MCS-51 单片机应用设计. 哈尔滨：哈尔滨工业大学出版社，2002
5. 靳达. 单片机应用系统开发实例导航. 北京：人民邮电出版社，2003
6. 何立民. 单片机高级教程. 北京：北京航空航天大学出版社，2000
7. 王为清，邱文勋. 51单片机应用开发案例精选. 北京：人民邮电出版社，2007
8. 王义军. 单片机原理及应用习题与实验指导书. 北京：中国电力出版社，2006
9. 张志良. 单片机学习指导及习题解答. 北京：机械工业出版社，2007